Micha Brumlik

Wer Sturm sät

Micha Brumlik

Wer Sturm sät

Die Vertreibung der Deutschen

Aufbau-Verlag

Herausgegeben von Michel Friedman

ISBN 3-351-02580-7

1. Auflage 2005

Einbandgestaltung Therese Schneider, Berlin
unter Verwendung eines Fotos von Hulton Getty, Picture Collection
Druck und Binden AALEXX GmbH, Großburgwedel
Printed in Germany

www.aufbau-verlag.de

Inhalt

Statt einer Einleitung: Ein Leserbrief ...

Die Jahre 2004 und 2005 markieren weltweit und zumal in Deutschland eine geschichtspolitische und gedächtniskulturelle Schwelle. In diesen beiden Jahren wird des Endes des Zweiten Weltkriegs und einer Reihe diesem Ende vorhergehender Ereignisse gedacht. Die Rituale und Kontroversen reichen vom Gedenken an die Landung der Alliierten in der Normandie, an den von Wehrmacht und SS brutal beendeten Warschauer Aufstand bis zur Debatte über die »Deutschen als Opfer« und einen Spielfilm, der Hitlers letzte Tage in der Reichskanzlei zeigt.

Es scheint, als ob die historische Schwelle 60 Jahre nach dem Ende des Zweiten Weltkriegs eine erinnerungspolitische Torschlußpanik, das Bewußtwerden eines so nicht vermuteten gedächtniskulturellen Gefühlsstaus ausgelöst hat, gerade so, als ob alle Themen und Anliegen, die nicht diesseits dieser Schwelle verhandelt, besprochen oder eben beigelegt werden, entweder für immer versinken oder als Verdrängtes besonders schädlich weiterwirken würden. Über einige Themen wurde in einem sogar für die stets gereizte bundesdeutsche Debatte besonders giftigen Tonfall gestritten: Etwa darüber, ob – und wenn ja, wie – die Kunstsammlung eines Enkels des in Nürnberg verurteilten industriellen Sklavenhalters Friedrich Flick in der deutschen Hauptstadt als Leihgabe auf sieben Jahre gezeigt werden soll, also darüber, ob der Glanz einer gewiß nicht verklärenden Kunst den Makel des Geldes überstrahlen kann, mit dem sie erworben wurde. Daß der Großvater des Leihgebers ein verurteilter, für den Rest seines Lebens uneinsichtiger und verstockter nationalsozialistischer Kriegsverbrecher war und daß die Mittel, die er seinen Erben hinterließ, aus Mord,

Erpressung und Sklaverei stammten, konfrontiert nicht nur die in der Sache kontroversen Enkel mit der Frage, wie das Erbe des Dritten Reiches zu übernehmen sei – als lästige Haftpflicht oder als demokratische Verantwortung –, sondern auch das Land Berlin sowie die deutsche Bundesregierung, die sich mit ihrer Fürsprache der Leihausstellung zum Steigbügelhalter von »Mick« Flick gemacht haben.

An der Unterstützung der Bundesregierung für die Flick-Schau fällt eine erinnerungskulturelle Fühllosigkeit auf, die der Sucht nach Repräsentation sowie dem Wunsch nach einer modernen Staatsästhetik in der chronisch unterfinanzierten Hauptstadt geschuldet sein mag und sich gleichwohl eigentümlich von sensibleren Auskünften des Kanzlers Gerhard Schröder im gedächtnispolitischen Schwellenjahr 2004 abhebt. Seine Äußerungen im Juni 2004 während der Feiern in der Normandie anläßlich des D-Days sowie bei seinem Staatsbesuch in Polen im August 2004 in Erinnerung an die Befreiung vom Nationalsozialismus und wider die Ansprüche der Vertriebenenverbände wurden zu Recht als verantwortlich gewertet – wenngleich seine Meinungen zu den Ansprüchen der Vertriebenen Rückfragen provozierten, die bis heute nicht angemessen beantwortet sind.

Die Debatte um die »Flick Collection«, die nach dem Einspruch zweier anderer Erben nur noch »Friedrich Christian Flick Collection« genannt werden darf, rührt das Thema der generationenübergreifenden Verantwortung der Deutschen als Täter in äußerster Zuspitzung wohl ein letztes Mal auf. Die Auseinandersetzung um ein geplantes »Zentrum gegen Vertreibungen« sowie darum, ob und in welchem Ausmaß Vertriebene aus den ehemaligen deutschen Ostgebieten individuelle Restitutionsansprüche an die Rechtsnachfolger der dort damals politisch Verantwortlichen stellen können, wirkt um so nachhaltiger, da hier mit gleicher Zuspitzung die Frage nach der generationenübergreifenden Rolle der Deutschen als *Opfer* des Zweiten Weltkrieges zur Debatte steht.

Der vorliegende Essay befaßt sich mit dieser Frage und soll

die Grenzen der Legitimität dieses Diskurses überprüfen. Er nimmt den Umstand ernst, daß Millionen von Deutschen, die in keinem strafrechtlich oder auch nur moralisch relevanten Sinne am Menschheitsverbrechen des Judenmords schuldig geworden sind, auf der Basis politischer Übereinkünfte und Maßnahmen, die von Großbritannien und den USA gebilligt und hingenommen, von der Roten Armee und bewaffneten Kräften Polens und der Tschechoslowakei am Ende des Krieges entwurzelt, beraubt, traumatisiert, vergewaltigt oder auch ermordet wurden. Dabei geht es mir um eine staatsbürgerliche Selbstverständigung, nicht um eine Vollständigkeit beanspruchende Darstellung oder gar um neue Auslegung der Quellen. Vielmehr habe ich mich zu dieser Selbstverständigung allgemein zugänglicher, seit vielen Jahren vorliegender geschichtswissenschaftlicher Untersuchungen bedient und mich dabei doch wundern müssen, wie wenig diese Ergebnisse in der öffentlichen Debatte zur Kenntnis genommen worden sind: insbesondere der Umstand, daß für die »Flucht« sehr wesentlich die nationalsozialistischen Behörden und für die »Vertreibung«, d. h. die Aussiedlung, wie sie im Potsdamer Abkommen beglaubigt wurde, die westlichen Alliierten, vor allem Großbritannien, verantwortlich waren. Daß es dazu kommen konnte, hat indes zwei eindeutig benennbare Ursachen: Die Illoyalität der Deutschen in der Tschechoslowakei und den Krieg, den das nationalsozialistische Deutschland seinen Nachbarn und der Welt aufgezwungen hat. Aus diesen historischen Tatsachen resultieren Konsequenzen moralischer und politischer Art, die ich zu entfalten versuche.

So komme ich zu dem Schluß, daß wir, die Bürgerinnen und Bürger der Bundesrepublik Deutschland, aus Gründen unserer demokratischen Verfassung gut beraten sind, das von der CDU-Politikerin Erika Steinbach und dem SPD-Mitglied Peter Glotz befürwortete »Zentrum gegen Vertreibungen« nicht als nationales Erinnerungs- und Trauerprojekt umzusetzen, sondern, dem Vorschlag der Bundesregierung folgend, es als transnationales Projekt verwirklichen sollten.

Andererseits befürworte ich die von der gegenwärtigen Präsidentin des »Bundes der Vertriebenen«, Erika Steinbach, vorgeschlagene »Nullösung«, gemäß derer die demokratische Gemeinschaft der deutschen Staatsbürger, gleich welcher ethnischen Herkunft, eventuelle rechtliche, jedoch keine moralisch begründeten individuellen Ansprüche von Vertriebenen oder ihren Rechtsnachfolgern gesetzlich abgelten soll – also genau jenen Vorschlag, den sich auch weite Kreise im heutigen Polen zu eigen gemacht haben.

Die Diskussion der Vertreibungsthematik ist aber nicht nur deshalb von allerhöchster Aktualität, weil hier das moralische Selbstverständnis der deutschen Nachkriegsdemokratie auf dem Spiel steht oder die europäische Einigung vor allem in Ost- und Mitteleuropa durch einen (gedächtnis-)politischen Sprengsatz bedroht wird, sondern auch deshalb, weil mit ihr – im Unterschied zur »Flick-Debatte« – unmittelbar eine politische Frage berührt wird, die für Krieg und Frieden in der globalisierten Welt des 21. Jahrhunderts von größter Bedeutung ist. Während ein totalitärer Rassismus, wie ihn das nationalsozialistische Deutschland auf höchstem technischem Niveau verwirklicht hatte, jedenfalls in der heutigen Welt nicht zu beobachten ist, sind Vertreibungen – wie zuletzt die jugoslawischen Nachfolgekriege, vor allem der Kosovokrieg, aber auch die genozidalen Auseinandersetzungen in der sudanesischen Provinz Darfur und im Kongo gezeigt haben und zeigen – gang und gäbe. Unter vielen, mindestens ebenso gefährlichen weltpolitischen Krisenherden fällt darüber hinaus der Israel-Palästina-Konflikt dadurch auf, daß auch hier ein ungelöstes Flüchtlingsproblem pragmatische, territoriale Kompromisse zumindest behindert.

Deutschland strebt derzeit nach einem Sitz im keineswegs demokratisch zustande gekommenen Exekutivorgan der Weltgemeinschaft, dem Sicherheitsrat der Vereinten Nationen. Es kann hier nicht um Sinn oder Unsinn dieses Begehrens gehen, sondern nur darum: Mit der angestrebten Übernahme dieses Sitzes würde die Bundesrepublik eine große Verantwortung auch bei künftigen Stellungnahmen zu vergangenen, gegenwärtigen oder auch zukünftigen Vertreibungsverbrechen übernehmen. Ist es denkbar, sich zu diesen Problemen juristisch korrekt, moralisch konsequent und politisch verantwortlich zu verhalten, wenn zu dieser Kernfrage deutschen Selbstverständnisses nicht mindestens unter den sogenannten politischen Eliten im Lande Einverständnis besteht?

Dies scheint jedoch, wie die Diskussionen des Sommers 2004 gezeigt haben, nicht der Fall zu sein, was nicht nur an den vorhersehbaren Einwänden der Oppositionsführerin Angela Merkel gegen den Kanzler deutlich wurde, als sie Gerhard Schröder vorhielt, mit seiner Festlegung, Individualansprüche von Vertriebenen vor jedem internationalen Gericht zurückzuweisen, »dem eigenen Volk in den Rücken gefallen« zu sein, sondern auch an ihrer und der Haltung der CDU zu Erika Steinbachs Vorschlag einer »Nullösung«. Diese »Nullösung« besagt nichts anderes, als daß eventuelle Anspruchsberechtigte ihre Ansprüche gegen Polen und Tschechien unwiderruflich aufgeben und statt dessen auf Basis eines Bundesgesetzes aus deutschen Steuermitteln entschädigt werden. Angela Merkel widersprach dem Vorschlag ihrer Parteifreundin zwar nicht im gleichen scharfen Tonfall, in dem dies Steinbachs Kollegen aus dem Vorstand des »Bundes der Vertriebenen« taten, wohl aber in der Sache. Das ist um so erstaunlicher, als die CDU-Bundestagsabgeordnete Steinbach, die die Legitimität ihrer Position als Vorsitzende des »Bundes der Vertriebenen« aus dem Umstand zieht, daß ihr westdeutscher Vater während des Zweiten Weltkrieges nach Danzig versetzt wurde, sowohl in Deutschland, vor allem aber auch in Polen als eine zwar medial geschickte und im Tonfall moderate, in der Sache jedoch unnachgiebige Revanchistin gilt; die vielbeachtete Fotomontage einer polnischen Zeitung zeigt sie als eine in SS-Uniform gekleidete Domina, die auf dem Rücken des Kanzlers Schröder reitet.

Erika Steinbach hatte – über Gründe ist hier nicht weiter zu spekulieren – für das von ihr geplante »Zentrum gegen Vertreibungen« einen wissenschaftlichen Beirat sowie eine

Jury einberufen, dem auch eine Reihe jüdischer Wissenschaftler und Publizisten angehören, neben den Historikern Julius Schoeps vom Moses Mendelssohn Zentrum an der Universität Potsdam und Michael Wolffsohn von der Hochschule der Bundeswehr in München auch der Essayist, Journalist und Romanautor Ralph Giordano, der sich seit vielen Jahrzehnten kritisch mit der verdrängenden Weise, in der Politik und Kultur in der Bundesrepublik die nationalsozialistischen Verbrechen behandeln, auseinandersetzt. Giordanos 1987 erschienenes Buch »Die zweite Schuld« nimmt das Thema des Psychoanalytikerehepaars Alexander und Margarete Mitscherlich über die »Unfähigkeit« der Deutschen »zu trauern« aus den späten sechziger Jahren wieder auf und verschärft deren Analyse um die Annahme, daß die ausgebliebene trauernde Auseinandersetzung sowohl mit den Opfern des Nationalsozialismus als auch mit den eigenen Idolen und der eigenen Schuld den nachfolgenden Generationen eine kaum zu bewältigende Bürde, eine kaum zu tilgende politische Hypothek auferlegt habe.

Giordano, der im Sommer des Jahres 2004 als Berater von Erika Steinbach in Erscheinung trat, hielt am 19. Juli im Französischen Dom in Berlin eine bemerkenswerte Rede anläßlich einer Gedenkveranstaltung des »Bundes der Vertriebenen« zum 60. Jahrestag des Warschauer Aufstandes. Die Feierstunde selbst – in der polnischen Presse meist mit dem Vorwurf der Heuchelei wütend abgelehnt – sollte die Leiden des polnischen Volkes unter dem Nationalsozialismus hervorheben und damit – wie es in den Presseberichten immer wieder hieß – das Gedenken an den in Deutschland weitaus bekannteren jüdischen Aufstand im Warschauer Ghetto »ergänzen«. Auf die innere Widersprüchlichkeit einer von deutschen Vertriebenenverbänden inszenierten Gedenkveranstaltung für einen polnischen Nationalaufstand, dessen Führung genau das befürwortete, wogegen sich der »Bund der Vertriebenen« stellt, nämlich die Aussiedlung der Deutschen, wird noch einzugehen sein.

Beinahe einen Monat nach der Feierstunde im Berliner

Dom erschien in den Leserbriefspalten der »Frankfurter Allgemeinen Zeitung«, die Wochen zuvor Giordanos Rede im Berliner Dom dokumentiert hatte, eine bemerkenswerte Einlassung. Der Verfasser des Leserbriefs, Dr. Herbert Hupka, wurde 1915 im damaligen Ceylon in einem Internierungslager geboren und wuchs in Ratibor auf. Weil er den Umstand verschwieg, daß seine Mutter gemäß der nationalsozialistischen Rassegesetze »Halbjüdin« war – sie wurde im Konzentrationslager Theresienstadt inhaftiert –, wurde auch er in Haft genommen. Nach dem Zweiten Weltkrieg war Hupka zunächst Mitbegründer der Landsmannschaft der Schlesier im »Bund der Vertriebenen«, dann – von 1968 bis 2000 – deren langjähriger Vorsitzender. Als 1969 in den Bundestag gewählter sozialdemokratischer Bundestagsabgeordneter verließ er 1970 aus Protest gegen den von der Regierung Brandt/Genscher geschlossenen Deutsch-Polnischen Vertrag Partei und Fraktion, ohne sein Bundestagsmandat aufzugeben, und stimmte im gleichen Jahr als einer der wenigen CDU-Abgeordneten gegen die Ostverträge. Bis 1982 als Abgeordneter der CDU im Deutschen Bundestag, bemühte sich Hupka auf seine Art – durch häufige Besuche und Kontakte in seiner Geburtsstadt Ratibor – um die deutsch-polnische Versöhnung. Bemühungen, die schließlich mit der Verdienstmedaille der Stadt Ratibor gewürdigt wurden. Im Jahr 2004, beinahe neunzig Jahre alt, schrieb Hupka am 11. August zu Giordanos Rede unter der Überschrift »Wichtigtuerei« einen Brief, in dem er dessen historische Ausführungen zum Warschauer Aufstand vollauf billigte, um desto schärfer mit Giordanos Haltung zum »Bund der Vertriebenen« ins Gericht zu gehen:

»Giordanos Urteil über das Tun der Vertriebenen«, so Hupka, »und damit auch der Landsmannschaften, ist sowohl falsch als auch bösartig. Erst jetzt sei der ›Bund der Vertriebenen‹ ein anderer, ein guter ›Bund der Vertriebenen‹ geworden, so daß auch Giordano habe dazustoßen können.« Der ehemalige Vorsitzende der Landsmannschaft der Schlesier will die von ihm als beleidigend empfundene Unterstellung

Giordanos zurückweisen, daß sogar vom Nationalsozialismus verfolgte Mitglieder des »Bundes der Vertriebenen« angesichts der Erinnerung an Auschwitz einäugig gewesen seien. »Es seien kurz«, so Hupkas Gegenbeweis, »die Präsidenten des Bundes der Vertriebenen wie Wenzel Jaksch, 1938 in die Emigration nach England gezwungen, Dr. Herbert Czaja, dem die Erlaubnis, sich zu habilitieren, versagt worden ist, genannt, und auch von den Sprechern der Landsmannschaft Schlesien darf gesprochen werden, denn drei von ihnen waren Verfolgte der Hitler-Diktatur. Jetzt diesen Männern schuldhaftes Verschweigen anzulasten ist nicht nur unglaubwürdig, sondern eine schuldhafte Beleidigung.«

In wütendem Widerspruch gegen Giordanos vermeintlich gönnerhafte Feststellung, daß der »Bund der Vertriebenen« sich gleichwohl unterdessen geläutert habe, versucht Hupka nicht nur Giordano mit Hinweis auf dessen Sympathien für den Kommunismus, genauer gesagt den Antifaschismus der fünfziger Jahre, zu diskreditieren, sondern auch dessen zentrales Argument zu entkräften. Habe doch Giordano in seinem Buch »Die zweite Schuld« – auch noch in der 2000 erschienenen Neuauflage – folgende »Rechtfertigung« der Vertreibung weder widerrufen noch korrigiert, es folgt im Leserbrief ein wörtliches Zitat Giordanos: »Nach der nationalsozialistischen Vernichtungs-, Ausrottungs- und Eindeutschungspraxis war es keineswegs unverständlich, daß sich die Völker Osteuropas nach ihren Erfahrungen mit deutschen Minderheiten im geschichtlichen Vorfeld der Besetzung dieser vollständig und für immer entledigen wollten.«

Man kann diese historische *Erklärung* als Entschuldigung verstehen und das von Giordano bemühte »Verständnis« nicht nur als Entschuldigung, sondern sogar als Rechtfertigung lesen – es wäre interessant zu wissen, wie Hupka und die Spitzen des »Bundes der Vertriebenen« die von Stalin, der polnischen und der tschechischen Exilregierung, von den USA und Großbritannien einvernehmlich gebilligte Aussiedlungspolitik mit all ihren Opfern *erklären*. Vor allem aber erregt sich der ehemalige Vorsitzende der Landsmannschaft der Schlesier über die immerwährenden Angriffe auf die »Charta der Heimatvertriebenen«, die er seinerseits mit einem Zitat aus einer Rezension über Giordanos Buch aus einer politischen Wochenzeitung kontert: »Giordano disqualifiziert sich vollends mit seinen Ausfällen gegen die Charta der deutschen Heimatvertriebenen aus dem Jahre 1950, die er als Dokument des Revanchismus zu charakterisieren sucht.« Hupkas Leserbrief endet mit einer leisen Spitze auch gegen die gegenwärtige Führung des »Bundes der Vertriebenen«: »Die Behauptung eines jetzt besseren Bundes der Vertriebenen gegenüber einem schlechten bis zur Entdeckung im Jahre 2002 durch Giordano ist Wortgeklüngel aus eigener Wichtigtuerei.«

Mit diesem bemerkenswerten Leserbrief, zu dessen Behauptungen man wie auch immer stehen kann, sind gleichwohl die zentralen, nach wie vor irritierenden Themen der Vertreibungsdebatte angesprochen:

1. die Frage nach den historischen *Ursachen* der Vertreibung der Deutschen,
2. die Frage nach den (eventuell *entschuldbaren* oder *rechtfertigbaren*) *Gründen* für diese Vertreibung,
3. die Frage nach der *moralischen Legitimität* der politischen Ziele der Vertriebenen, wie sie in der Charta niedergelegt sind – die Rede ist vom Revanchismusvorwurf –, sowie
4. die Frage nach dem *Verhältnis von Holocaust und Vertreibung* im kollektiven Gedächtnis der gegenwärtigen deutschen Nation und nach einer moralisch inspirierten Betrachtung des 20. Jahrhunderts.

Diese vier Fragen: nach den Ursachen, den Gründen, den politischen Konsequenzen und der geschichtlichen Bedeutung der Vertreibung der Deutschen in der Folge des vom nationalsozialistischen Deutschland begonnenen, als Vernichtungskrieg geführten und mit einer beispiellosen Katastrophe zu Ende gegangenen Krieges sind heute – nach der deutschen Vereinigung und den Zwei-plus-Vier-Verträgen – weniger im Hinblick auf die Sicherheit und Stabilität der in der EU geeinten Staaten von Bedeutung als im Hinblick auf das künftige Selbstverständnis Deutschlands und der EU in einer krisengeschüttelten, globalisierten Welt, die auch künftig politisch gewollte Vertreibungen kennen wird. Ursachen, Gründe, Bedeutung und politische Ziele sollen in diesem Essay in sechs Kapiteln behandelt werden:

Im ersten Kapitel versuche ich, die realgeschichtlichen Ereignisse der Vertreibung der Deutschen zu skizzieren und in den Zusammenhang der Geschichte des nationalsozialistischen Deutschlands zu stellen. Dabei soll auch auf Forschungsergebnisse hingewiesen werden, die in der öffentlichen Diskussion bisher wenig beachtet wurden.

Im zweiten Kapitel wird dann die aktuelle politische Kontroverse um das »Zentrum gegen Vertreibungen« und die von Erika Steinbach eingeleitete geschichtspolitische Wende des »Bundes der Vertrieben« dargestellt und bewertet, wobei der Geschichte des »Bundes der Vertriebenen« eine ebenso zentrale Rolle zukommt wie der Einsatz des Zentrums für ein Gedenken des jungtürkischen Genozids an den Armeniern als instrumentalisierende Ideologie zurückgewiesen wird.

Das dritte Kapitel nähert sich der Problematik auf dem Wege der Literaturanalyse. Die Auseinandersetzungen sowohl um das Zentrum als auch um das Ende des Zweiten Weltkrieges sind gegenwärtig vom sogenannten deutschen Opferdiskurs geprägt, der sowohl in Fernsehserien, in Sachbüchern als auch in der Belletristik geführt wird, während sich die Sozialwissenschaften dieser Thematik – auch jener der Traumatisierung der Deutschen – nur zögerlich nähern. Ausgehend von Grass' Novelle »Im Krebsgang« wird in diesem Kapitel weitere zeitgenössische und auch ältere deutsche Literatur unter dem Gesichtspunkt »Verantwortung und Verdrängung« untersucht und der Umstand ernst genommen, daß auch Deutsche durch den Zweiten Weltkrieg in vielen Fällen traumatisiert wurden. Dieses Trauma – so meine zentrale These – läßt sich jedoch nicht durch eine nachholende Gedenkpolitik heilen.

Das vierte Kapitel weitet den Horizont und skizziert die Politik der Vertreibung im Europa und in der Welt des 20. Jahrhunderts vom jungtürkischen Genozid bis zur »Entstädterung« der Roten Khmer und den Vertreibungen in den jugoslawischen Zerfallskriegen. Dabei kommt es in besonderer Weise auf Gemeinsamkeiten und Differenzen von »Vertreibungen« sowie genozidalen Handlungen an – sosehr beinahe allen Genoziden Vertreibungen vorangehen, sowenig sind doch alle Vertreibungen deshalb mit Genoziden identisch. Die vom »Bund der Vertriebenen« und dem »Zentrum gegen Vertreibungen« systematisch betriebene Annäherung von beidem erweist sich als Kern eines revisionistischen Geschichtsverständnisses.

Das fünfte Kapitel entfaltet den Versuch einer sozial- und geschichtsphilosophischen Einordnung der Vertreibungen und unterzieht sich dem schwierigen Unterfangen, die im öffentlichen Diskurs immer wieder bemühte, systematisch indes kaum entfaltete Zuweisung kollektiver Schuld, Verantwortung, Sühne und Versöhnung zu präzisieren und daraus politische Konsequenzen zu ziehen.

Das sechste Kapitel fragt schließlich nach Konsequenzen und Politikmodellen für das 21. Jahrhundert. Ausgehend von dem beispielhaften Abkommen zwischen israelischen Oppositionellen und von der Autonomiebehörde geduldeten palästinensischen Politikern in Genf im Dezember 2004 wird die Frage nach »historischen« Schlußstrichen vor dem Hintergrund eines verdrängungsfreien Blicks auf die Geschichte gestellt und abschließend erörtert, ob auch ein europäisches »Zentrum gegen Vertreibungen« in diesem Sinn wirklich friedensförderlich sein kann.

Erstes Kapitel
Flucht und Vertreibung

Flucht und Vertreibung der Deutschen aus den Gebieten östlich von Oder und Neiße, aus den »Sudetenland« genannten Gebieten Böhmens und Mährens sowie aus verschiedenen Siedlungsinseln in Südosteuropa waren das Ergebnis nationalsozialistischer »Umvolkungspolitik«, panischer Reaktionen der deutschen Bevölkerung angesichts der nahenden Roten Armee, des politischen Wollens der Alliierten sowie politisch geplanter und auch ungeplanter pogromartiger Angriffe durch reguläre und irreguläre Milizen in den vom Nationalsozialismus befreiten Ländern Ostmitteleuropas. Verantwortung für die Beschlüsse zur Vertreibung tragen die politische Führung der USA und Großbritanniens nicht minder als Stalin oder die tschechische und die polnische Exilregierung; die oft grausame, tödliche und nach heutigen Maßstäben menschenrechtswidrige Exekution der Abkommen indes ist vor allem der Roten Armee sowie polnischen und tschechischen Milizen anzulasten. Dabei ist allerdings festzustellen, daß das Potsdamer Abkommen in vielem nichts anderes als die nachträgliche Billigung bereits vollzogener Handlungen darstellte. Gleichwohl ist vor dem Hintergrund der im Sommer 2004 abgehaltenen Gedenkfeier des »Bundes der Vertriebenen« an den Warschauer Aufstand von 1944 im Französischen Dom zu Berlin energisch darauf zu verweisen, daß keineswegs nur die tschechoslowakische Exilregierung auf eine Aussiedlung der Deutschen drängte, sondern maßgebliche Kreise der polnischen Exilregierung in London diesem Kurs folgten, und zwar nicht erst gegen Ende, sondern schon in den ersten Jahren des Zweiten Weltkrieges …

Ereignisgeschichtlich aber steht am Anfang all dessen nicht – wie es die Befürworter des »Zentrums gegen Vertreibungen«

darstellen – die von den Nationalsozialisten brutal erzwungene Emigration deutscher Juden bzw. die Deportation in Deutschland lebender Juden nach dem Novemberpogrom von 1938, sondern die nationalsozialistische, auf Auslandsdeutsche bezogene »Heim ins Reich«-Politik, die spätestens mit dem deutschen Überfall auf Polen am 1. September 1939 ihre volle Wucht gewann, jedoch schon Monate, ja Jahre zuvor in Gang gesetzt wurde. Die nationalsozialistische Umsiedlungspolitik zielte auf nicht weniger als darauf, die für die heimgeholten »Volksdeutschen« vorgesehenen Siedlungsräume durch Aussiedlung und Vertreibung der dort ansässigen Juden zu gewinnen. Der Historiker Götz Aly hat dazu schon 1985 seine detaillierte Chronik der »Endlösung« (Aly 1999) vorgelegt, aus der im folgenden einige charakteristische Ereignisabfolgen wiedergegeben werden.

Diese Umsiedlungspläne wurden unmittelbar nach dem Beginn des Zweiten Weltkriegs, dem Überfall auf Polen konkretisiert. Am 18. September 1939 schon plante die Sicherheitspolizei in Mährisch-Ostrau die Abschiebung von mehreren Tausend Juden nach Galizien. Am 21. September erließ Heydrich Richtlinien zur Konzentrierung der jüdischen Bevölkerung im besetzten Polen und skizzierte den Plan zur Schaffung eines Judenreservats östlich von Krakau. Einen Tag später informierte er den Generalquartiermeister des Heeres Walther von Brauchitsch über das Vorhaben, alle Polen im ehemals russischen Teil des Landes nach Osten zu verdrängen und bei Krakau einen »Judenstaat« einzurichten. Am 28. September einigten sich das Deutsche Reich und die Sowjetunion vertraulich auf die »Übersiedlung Deutschstämmiger« aus dem sowjetischen Machtbereich. Am 6. Oktober erhielt Adolf Eichmann den Auftrag, 70000 bis 80000 Juden aus dem Kattowitzer Bezirk abzuschieben. Himmler wurde als »Reichskommissar für die Festigung deutschen Volkstums« dafür zuständig, die Rückkehr und Umsiedlung der Volksdeutschen zu koordinieren. Am 9. Oktober beabsichtigte Reinhard Heydrich, 40000 Polen aus Gotenhafen in die östlichen Teile des von deutschen Truppen besetzten polnischen Gebiets abzuschieben, um Platz für umgesiedelte Baltendeutsche zu gewinnen. Am 15. Oktober schlossen das Deutsche Reich und Estland einen Vertrag, nach dem zwischen dem 18. Oktober und 15. November 1939 etwa 13000 Deutsche ausgesiedelt wurden. Am 20. Oktober wurden die ersten Wiener Juden nach Nisko südlich von Lublin deportiert – freilich wurde die »Auswanderungsaktion nach Polen« unterbrochen, bis alle Balten-, Galizien- und Wolhyniendeutschen umgesiedelt sein sollten (laut Plan bis zum Februar 1940). Am 21. Oktober einigten sich Hitler und Mussolini darauf, deutschstämmige Südtiroler ins Reich umzusiedeln. Mehr als 80 Prozent der Südtiroler stimmten dem zu. Am 30. Oktober 1939 ordnete Heinrich Himmler an, bis Januar 1940 mehr als eine halbe Million Juden und (Kongreß-) Polen aus Danzig-Westpreußen in das »Generalgouvernement« abzuschieben. Zwischen dem 7. November und dem 15. Dezember wurden etwa 47000 Lettland-Deutsche ausgesiedelt und in Gotenhafen in Heil- und Pflegeanstalten untergebracht, deren Insassen zuvor ermordet worden waren. Am 16. November einigten sich das Deutsche Reich und die Sowjetunion vertraglich darauf, Volksdeutsche aus Ost- und Südpolen nach Westen umzusiedeln.

Ende November wurde im Reichssicherheitshauptamt der »Fernplan« der Umsiedlung in den Ostprovinzen ausgearbeitet, der u.a. folgendes vorsieht: »Das Ziel der Umsiedlung ist die Entpolonisierung und Entjudung der deutschen Ostprovinzen. Die Durchführung hat, um wirtschaftliche Schädigungen der Ostprovinzen zu vermeiden, in bestimmten Etappen zu erfolgen. 1. Zunächst sind die Juden und die politisch führend hervorgetretenen Polen nach dem Generalgouvernement abzuschieben.«

Darüber hinaus plädiert der »Fernplan« – jedenfalls zeitweise – für die Eindeutschung von »rassisch guten« und »assimilierten« polnischen Arbeitskräften. Im Generalgouvernement sollten qualifizierte, rassisch gute und assimilierte polnische Arbeiter »Zug um Zug gegen entsprechende Arbeitskräfte aus dem Reich« abgelöst werden. (Aly 1999, 70f.)

Bald zeigte sich, daß die logistische Aufgabe, gleichzeitig umzusiedelnde Deutsche unterzubringen sowie Polen und Juden zu deportieren, kaum zu lösen war. So notierte Reichspropagandaminister Goebbels am 23. Januar 1940 in seinem Tagebuch: »Himmler verschiebt augenblicklich die Völker. Nicht immer mit Erfolg.« (Aly 1999, 95)

In den ersten zwei Dezemberwochen des Jahres 1939 wurden nahezu 90000 Menschen in das Generalgouvernement deportiert, darunter alle Juden, die im westlichen Warthegau lebten. Am 23. Januar 1940 legte schließlich der Vorgesetzte der Planungshauptabteilung des »Reichskommissars für die Festigung des deutschen Volkstums«, Professor Konrad Meyer, einen »Generalplan« zur Besiedlung der annektierten Ostgebiete vor, in dem er forderte, »zunächst Zug um Zug 3,4 Millionen Polen« abzuschieben. Der Entwurf setzt voraus, daß die »Evakuierung« der Juden aus diesen Gebieten »im Laufe dieses Winters« abgeschlossen wird, was aber vor allem wegen der Überlastung der Eisenbahn unrealistisch war. (Aly 1999, 81 f.) Die Umsetzung dieser Pläne selbst war außerordentlich kompliziert und bediente sich zunächst der neuen Instrumentarien einer volkstumspolitischen, siedlungssoziologisch interessierten Forschung: So ließ der Höhere SS- und Polizeiführer (HSSPF) Wilhelm Koppe für die »Wolhynienaktion« für jeden möglichen polnischen Hof eine Kartei anlegen, Untersuchungen, die freilich verdeckt zu geschehen hatten, damit die polnischen Bauern nicht alarmiert würden und ihre Ernte vernichteten oder ihr Vieh schlachteten. Alle im Rahmen dieser Aktion enteigneten Polen sollten in der Wiesenstraße in Łódź in ein Durchschleusungslager gebracht werden, in dem sie auf ihre Rassezugehörigkeit und Gesundheit untersucht wurden. Für die Deportation ins Generalgouvernement bestimmte Personen sollten in ein »Lager II« in der Luisenstraße geschickt werden, das als »Übergangslager« fungierte. Zweck dieses Raster- und Filtersystems war es, die irrtümliche Deportation von Deutschstämmigen zu verhindern. Im »Lager III« wurden jene untergebracht, die für die »Eindeutschung«

geeignet schienen und zum »Arbeitseinsatz« ins Reich geschickt werden sollten. (Browning 2003, 109) Tatsächlich wurden nach der deutsch-sowjetischen Übereinkunft bis Ende des Jahres 1940 etwa 900000 Menschen ins Generalgouvernement ausgesiedelt oder als Zwangsarbeiter verschleppt. (Borodziej 2001, 24)

Der Konflikt zwischen Himmlers Aussiedlungsplänen, Görings – er leitete die Haupttreuhandstelle Ost (HTO), eine staatliche Institution zur Ausplünderung und Enteignung von Juden und Polen – Wunsch nach Arbeitskräften in den nun deutschen Ostgebieten und dem Wunsch Hans Franks, jenem Chef der deutschen Zivilverwaltung, der das Generalgouvernement regierte, keine weiteren Juden mehr aufzunehmen, wurde schließlich durch die Bildung von Ghettos sowie weiterer Deportationen in die Vernichtungslager gelöst.

Himmlers Umsiedlungspläne und seine Denkschrift über die »Behandlung der Fremdvölkischen im Osten«, die er im Mai 1940 Hitler vorlegte, basierte u.a. auf einem Memorandum zweier Beamter des Rassepolitischen Amtes der NSDAP, Erhard Wetzel und Gerhard Hecht. Danach waren nur 7 Prozent der Bevölkerung der eingegliederten Gebiete deutsch, 5 Prozent Juden, der Rest Polen, weshalb »die Notwendigkeit einer rücksichtslosen Verminderung der Polen und die selbstverständliche Ausweisung sämtlicher Juden und polnisch-jüdischer Mischlinge als zwangsläufig« anzusehen sei. Durch die Umsiedlung von »Volksdeutschen« aus der Sowjetunion, aus Südosteuropa, aus Australien und Palästina sollten jene Polen ersetzt werden, die vielleicht rassisch geeignet, aber dem Deutschtum gegenüber feindlich eingestellt seien.

Den Planungen von Wetzel und Hecht gemäß sollten 5,6 Millionen Polen mit 530000 Juden »nach Osten« umgesiedelt werden – anders als Hans Frank hatten sie keine Sorgen bezüglich der Regierbarkeit des Generalgouvernements. Die Gefahr der Überbevölkerung »dürfte aber beseitigt werden«, heißt es in dem Memorandum, »wenn in das Land neue

Bevölkerungsmassen einströmen und damit die Bevölkerungsdichte vermehrt wird. Schon um den rapiden Bevölkerungszuwachs dieser Gebiete zu verhindern, ist eine Umsiedlung der Polen aus dem Reichsgebiet in diese Gebiete dringend erforderlich.« (Browning 2003, 76f.) Wetzel und Hecht rechneten mit einer wegen der Überbevölkerung systematisch steigenden Todesrate. Der später in Nürnberg hingerichtete Generalgouverneur Hans Frank teilte diese Auffassung im Grundsatz durchaus, als er Ende November 1939 Beamten seines Generalgouvernements mitteilte: »Bei den Juden nicht viel Federlesens.« Angesichts des kommenden Winters entstehe »eine Freude, endlich einmal die jüdische Rasse körperlich angehen zu können. Je mehr sterben, umso besser.« (Browning 2003, 78f.) Nichts anderes wünschte Hitler den Polen: »Des Führers Urteil über die Polen«, notierte Joseph Goebbels schon am 10. Oktober 1939, »ist vernichtend. Mehr Tiere als Menschen, gänzlich stumpf und amorph. [...] Der Führer will mit den Polen keine Assimilation. Sie sollen in ihren verkleinerten Staat hineingedrückt und ganz unter sich gelassen werden.« (Browning 2003, 78) Heinrich Himmler hat dieses Programm später bekanntlich präzisiert, indem er die Polen nach Ausschaltung ihrer Führungsschicht durch schlechte medizinische Versorgung von allen Bildungsinstitutionen fernhalten und sie so in eine des Rechnens und Schreibens kaum fähige »Helotenbevölkerung« umwandeln wollte. Die Schwierigkeit der Umsetzung dieser Pläne führte endlich – nachdem im Westen Frankreich besiegt worden war – zu der Idee, die Juden im deutschen Herrschaftsbereich nach Madagaskar zu deportieren.

»Völkische Raumbereinigung« – Theodor Schieder

Das, was hier in kruden Anweisungen zur direkten und indirekten Tötung von Juden und Polen gipfelt, war von Wissenschaftlern Jahre zuvor und parallel zu den Maßnahmen des Sicherheitsdienstes (SD) als »bevölkerungsökonomische« Maßnahme geplant, und es ist kein Zufall, daß man nicht wenige jener bevölkerungspolitischen Experten nach dem Krieg an Schaltstellen der Vertriebenenpolitik wiederfinden wird. Der spätere Bundesvertriebenenminister Theodor Oberländer, der bekannte Heidelberger Sozialhistoriker Werner Conze, der Studienleiter der »Verwaltungsakademie Industriebezirk in Düsseldorf« Peter-Heinz Seraphim sowie der Historiker Theodor Schieder – sie alle nahmen ihre wissenschaftlichen Anfänge an der als »Grenzlanduniversität« geltenden Universität Königsberg, etwa an dem dort ansässigen »Institut für osteuropäische Wirtschaft«.

Spiritus rector jener volkstumspolitischen wissenschaftlichen Richtung war der in Königsberg lehrende, einer jüdischen Familie entstammende jungkonservative Protestant Hans Rothfels, der später in die USA emigrierte und nach dem Zweiten Weltkrieg zu den ersten Historikern der Militäropposition gegen Hitler gehörte. An der »Grenzlanduniversität« Königsberg war die Frage nach den deutschen Minderheiten, die jenseits der Grenzen des Deutschen Reiches lebten, weltanschaulich zentral, wurde aber zugleich mit den damals modernsten Methoden von Ökonomie und sozialwissenschaftlicher Forschung angegangen, und zwar so, daß sich schließlich Instrumentarien der Bevölkerungs- bzw. der Bevölkerungsverschiebungspolitik entwickeln ließen, die nur ihrer Anwendung harrten. In dem Augenblick, als nach dem siegreichen Feldzug des nationalsozialistischen Deutschlands erst gegen Polen, dann gegen die Sowjetunion das Terrain offen lag, konnten die wissenschaftlich aufgerüsteten Volkstumskämpfer zur Tat schreiten – mit so großem Erfolg, daß sie nach 1945 von alledem nichts mehr wissen wollten und zu den bekanntesten und wissenschaftlich kreativsten Historikern der jungen Bundesrepublik avancierten.

Theodor Oberländer, der spätere Bundesvertriebenenminister, steht beispielhaft für jene wissenschaftlich verbrämte Theorie der Umvolkung: Der 1905 in Meiningen geborene Theodor Oberländer, der in seiner Zeit als Bundesminister für

Vertriebene die große Dokumentation zur Vertreibung der Deutschen aus dem Osten in Auftrag gab, kam über die in den Anfängen der Bundesrepublik weit rechts stehende FDP und dann über den rechtsextremen und revanchistischen »Block der Heimatvertriebenen und Entrechteten« (BHE) 1955 zur CDU und wurde bereits 1957 Vertriebenenminister im Kabinett Adenauer. Oberländer war als Nationalsozialist der ersten Stunde schon 1923 beim Putsch Hitlers in München beteiligt. Der 1929 promovierte Agrarwissenschaftler trat 1933 in die NSDAP ein und leitete seit diesem Jahr das schon erwähnte Institut für osteuropäische Wirtschaft an der Universität Königsberg. Typische Beiträge aus seiner Feder handelten von Siedlungs- und volkstumspolitischen Fragen: »Die Landflucht in Deutschland und ihre Bekämpfung durch agrarpolitische Maßnahmen« (1933); »Die agrarische Übervölkerung Polens« (1935); »Die Landwirtschaft Posen-Pomerellens vor und nach der Trennung von Deutschland« (1937). Als Mitbegründer der »Nord-und Ostdeutschen Forschungsgemeinschaft« gehörte er zu den ideologischen Avantgardisten einer imperialistischen, völkischen und volkstumspolitischen Wissenschaft.

1941 wurde Oberländer zum Dekan an der rechts- und staatswissenschaftlichen Fakultät der »Reichsuniversität Prag« ernannt.

In den späten fünfziger Jahren erhobene Vorwürfe, Oberländer sei als Soldat der Wehrmachtseinheit »Nachtigall« in Lemberg vom 30. Juni bis zum 7. Juli an mörderischen Pogromen gegen Juden beteiligt gewesen, ließen sich in den neunziger Jahren gerichtlich nicht erhärten, hatten aber gleichwohl auf Adenauers Drängen 1960 zu seinem Rücktritt als Vertriebenenminister geführt. Immerhin mußte Oberländer in einer eidesstattlichen Versicherung vom 25.5.1993 (10. Zivilkammer des Landgerichts Bonn) einräumen, daß er als »Ukraine-Referent des Oberkommandos der Wehrmacht« als »Berater des Einheitsführers« tätig war. 1981 unterschrieb Oberländer das rassistische »Heidelberger Manifest« und erhielt 1986 aus der Hand von Franz Josef

Strauss den Bayrischen Verdienstorden. Nach seinem Tod 1998 widmete ihm der damalige CDU-Vorsitzende Helmut Kohl eine ehrenvolle Todesanzeige in der »Frankfurter Allgemeinen Zeitung«.

Theodor Schieder, der nach dem Zweiten Weltkrieg im Jahr 1951 von Vertriebenenminister Hans Lukaschek zum Koordinator des Dokumentations- und Forschungsprojekts zum Schicksal der vertriebenen Deutschen berufen worden war, hatte gerade zwölf Jahre zuvor, im Oktober 1939, eine bevölkerungspolitische Denkschrift vorgelegt, in der er für die massenhafte Enteignung von Polen, die in den jetzt vom Deutschen Reich annektierten Gebieten lebten, plädierte. Das Grundmuster seiner Argumentation war – dem geistigen Habitus einer »Grenzlanduniversität« entsprechend – volkstumspolitisch, also völkisch geprägt. Schieder ging davon aus, daß einerseits das in diesen Gebieten liegende polnische Eigentum, der Grund und Boden polnischer Eigentümer, von diesen im wesentlichen unrechtmäßig erworben worden und daß andererseits die »deutsche Bevölkerungssubstanz« zu stärken sei. In seiner Denkschrift forderte er etwa »die Schaffung einer Generalvollmacht für den Staat zur Einziehung von ländlichem und städtischem Grundbesitz aus polnischer Hand. Die sofortige Einziehung der Besitztümer geflüchteter oder rechtskräftig wegen deutschfeindlicher Ausschreitungen verurteilter Polen. Die Ausweisung aller seit 1919 nach Posen-Westpreußen zugewanderten Polen. Dazu vorausgehend die Ermittlung des Wohnsitzes der Bevölkerung im Jahr 1914.« (Aly in: Schulze 1999, 164)

Im Winter 1941/42 gab Schieder zu den demographischen Gegebenheiten in und um das annektierte Białystok und dessen jüdischen Einwohnern zu Protokoll: »Diese rein äußerliche Tünche hat das jüdische Element, das seine Rasse genauso zäh wie früher bewahrte, nur um so besser befähigt, wichtige wirtschaftliche Schlüsselstellungen zu besetzen.« (Aly in: Schulze 1999, 167)

Schieders frühe völkische und rassistische Prägung kann schon deshalb nicht als überwundene »Jugendsünde«

angesehen werden, da Schieder als verantwortlicher Koordinator der großen, vom Bundesministerium unter Theodor Oberländer herausgegebenen Dokumentation zur Vertreibung der Deutschen aus Ostmitteleuropa fungierte und sich auch dort, vieler sozialhistorischer Innovationen und auch politischer Ernüchterungen zum Trotz nie wirklich vom volkstumspolitischen Argumentationsgang seiner frühen Jahre befreit hat. In Wirken und Werk des frühen Theodor Schieder zeigt sich am deutlichsten, daß es letztlich die nationalsozialistische Volkstumspolitik in Polen und der Tschechoslowakei gewesen ist, die der späteren Vertreibung der Deutschen den Weg gebahnt hat.

Ursache der Vertreibung war also nicht die unmenschliche Innenpolitik des nationalsozialistischen Deutschlands, die in den Nürnberger Gesetzen und der Vertreibung der Juden gipfelte, sondern dessen zwar von unüberhörbaren Kriegsdrohungen begleitete, zunächst »friedliche«, dann jedoch durch einen Rassenvernichtungskrieg vorangetriebene Ausdehnung des deutschen Herrschaftsbereiches auf Ost- und Mitteleuropa. Gewiß ist nicht zu leugnen, daß seit dem Zerfall der österreichisch-ungarischen Monarchie und der Gründung ostmitteleuropäischer Nationalstaaten mit größeren deutschsprachigen Minderheiten auch nationalistische Kreise sowohl in Polen, zumal in Oberschlesien, als auch in der Tschechoslowakei sowie in Südosteuropa Pläne zur ethnischen Homogenisierung auch der dort lebenden Deutschen hegten; Pläne, die entweder auf eine völlige kulturelle Assimilation der »Deutschen« oder gar auf deren Entfernung hinausliefen. Ebensowenig ist zu bezweifeln, daß Vertreter dieser Vorstellungen sich die Situation nach dem Kriege zunutze machten, um ihre seit langem gehegten und nun endlich mit einer höheren Legitimation versehenen Pläne durchzusetzen. Ein, wenn auch gewagtes, Gedankenexperiment zeigt aber schnell, daß – angenommen, Hitler wäre aus welchen Gründen auch immer in Deutschland nicht an die Macht gekommen – nichts dafür spricht, daß es beliebigen polnischen oder tschechoslowakischen Regierungen in irgendeiner Weise je möglich gewesen wäre, ihre deutschen Minderheiten auszusiedeln oder – krasser noch – die deutschen Ostgebiete militärisch zu erobern.

Die vielfältigen Ursachen der Vertreibung

Die Frage nach den Ursachen der Vertreibung erweist sich auch heute noch als Angelpunkt der aktuellen innenpolitischen Kontroverse – der eingangs zitierte Herbert Hupka jedenfalls glaubte Giordanos These, daß jene, die den Zweiten Weltkrieg angezettelt hatten, auch für die Vertreibung primär verantwortlich seien, in seinem Leserbrief bestreiten zu sollen: »Folgt man dieser Logik, dann hat«, so Hupka, »der Verbrecher Hitler vorgegeben, daß man gleich ihm das Verbrechen der Vertreibung vollzieht.« (FAZ vom 11. August 2004) Noch im Widerspruch trifft der ehemalige Vertriebenenfunktionär den Nagel auf den Kopf: Es waren tatsächlich die vom nationalsozialistischen Deutschland initiierten Vertreibungsverbrechen und »Umvolkungspolitiken«, die es ethnisch-völkisch denkenden nationalistischen Politikern in Mittelosteuropa und der in geopolitischen Großmachtvorstellungen schwelgenden sowjetischen Führung ermöglichten, ihre Vorstellungen von einer Arrondierung Ostmitteleuropas durch Aussiedlung und Vertreibung der Deutschen umzusetzen.

An dieser Ursachenkette läßt nicht einmal ein ansonsten vor allem die westlichen Alliierten kritisierender Autor wie Alfred M. de Zayas Zweifel: »Die Verdrängung der Deutschen nach Westen während des Zweiten Weltkrieges und danach ging in mehreren Phasen vor sich. Zunächst kamen die Deutschen aus den baltischen Staaten, aus Bessarabien, Bukowina, Dobrudscha und Wolhynien; sie hatten für die deutsche Staatsbürgerschaft optiert, wie es ihnen nach den Bevölkerungsaussiedlungs-Verträgen möglich war, die das Hitler-Reich zwischen 1939 und 1941 mit den baltischen Staaten, mit Rußland und mit Rumänien ausgehandelt hatte.«

(Zayas 1996, 94) Dabei unterschlägt de Zayas noch, daß diese Umsiedlungsaktionen in unmittelbarem Zusammenhang mit der Expropriation und Deportation osteuropäischer Juden standen.

Die Umsiedlung der Volksdeutschen und die ersten Deportationen osteuropäischer Juden markieren die erste Phase des Vertreibungsprozesses. Darauf folgte gegen Ende des Zweiten Weltkriegs und mit der zurückweichenden Ostfront die von der Wehrmacht befohlene Evakuierung der von Deutschen bewohnten Gegenden – die zweite Phase. Ihr folgte die dritte Phase unorganisierter Flucht aus Furcht vor Greueltaten der Roten Armee, an die sich schließlich die vierte, die Phase der politisch ausgehandelten Vertreibung, die sich von März 1945 bis ins Jahr 1949 erstreckte, anschloß.

Die dritte Phase wurde durch ein traumatisch wirkendes Ereignis eingeleitet – die gut verbürgten und bezeugten Greueltaten der Roten Armee im ostpreußischen Dorf Nemmersdorf. Die am 16. Oktober 1944 begonnene Großoffensive der Roten Armee, die drei Tage später zum Überschreiten der Reichsgrenze nach Ostpreußen führte, bot der Roten Armee nun auch die Wohngebiete deutscher Zivilisten dar – ein Umstand, der in einer Reihe von Fällen zu unerhörten Massakern und Grausamkeiten führte. Bekannt geworden ist vor allem durch die Bestätigung neutraler Korrespondenten das von Angehörigen der Roten Armee begangene Massaker von Nemmersdorf, bei dem deutsche Nonkombattanten erschossen, Frauen vergewaltigt und darüber hinaus besonders grausame Foltern an Zivilisten – etwa das Annageln von Menschen an Scheunentore – verübt wurden. (BM 1984 IV/1, 7)

Freilich war auch seitens der Wehrmacht nicht zu erweisen, daß diese Verbrechen zentral angeordnet wurden, wenngleich kein Zweifel daran bestehen kann, daß einige sowjetische Kriegspublizisten eine Haßpropaganda schürten, die derartige Taten als rechtfertigbar erscheinen ließ. Der Duktus dieser Publikationen folgte der Melodie eines auf Rache sinnenden Haßgesangs; man mag darüber richten, ob derlei nach den Erfahrungen, die die Bevölkerung der Sowjetunion mit der deutschen Wehrmacht gemacht hatte, psychologisch verständlich ist – nach heutigen kriegsvölkerrechtlichen Begriffen wären Beiträge wie die des sowjetischen Publizisten Ilja Ehrenburg, die auch in von der Roten Armee verantworteten Frontzeitungen erschienen, inakzeptabel:

»Wir vergessen nichts. Wir marschieren durch Pommern, vor unseren Augen aber liegt das zerstörte, blutende Weißrußland. Den penetranten Brandgeruch, der in unsere Soldatenmäntel in Smolensk und Orel drang, wollen wir jetzt nach Berlin tragen. Vor Königsberg, vor Breslau und vor Schneidmühl denken wir an die Ruinen von Woronesch und von Stalingrad. Rotarmisten, die z. Zt. deutsche Städte stürmen, vergessen nicht, wie in Leningrad Mütter ihre toten Kinder auf kleinen Handschlitten fortschafften. Für die Qualen Leningrads hat uns Berlin noch nichts bezahlt …« (Zayas 1996, 86)

Die von der nationalsozialistischen Propaganda geschickt genutzten Greueltaten sollten den Abwehr- und Kampfeswillen der deutschen Bevölkerung und zumal der kämpfenden Truppe stärken, hatten aber tatsächlich vor allem den Effekt, eine beispiellose Fluchtwelle auszulösen. So verließen zwischen Januar und April 1945 zunächst mehr als 450000 Menschen Königsberg über die See – seit dem Juli 1944 bis in den Winter 1944/45 waren es insgesamt etwa zweieinhalb Millionen meist älterer Menschen, Frauen und Kinder, die über die Ostsee nach Westen evakuiert wurden. Bei dieser Flucht wurde auch die mit 10000 Menschen beladene »Wilhelm Gustloff« von einem sowjetischen U-Boot versenkt – von den Passagieren konnten etwa 1000 gerettet werden, die anderen ertranken in der eiskalten Ostsee.

Günter Grass' Erzählung »Im Krebsgang« aus dem Jahr 2002, mit der die belletristische Auseinandersetzung mit den angeblich verdrängten Leidenserfahrungen der Deutschen erneut einsetzte und auf die ich im dritten Kapitel ausführlicher eingehe, handelt von dieser Katastrophe. Neben den Flüchtlingstrecks über Land und der Evakuierung über die

Ostsee schien die Flucht über das Frische Haff, über Eis oder vereistes Wasser, für all jene, denen es nicht mehr möglich war, ein Schiff zu erreichen, die letzte Möglichkeit zu sein, Leib und Leben zu retten. Dieser Rettungsweg war jedoch allzuoft der kürzeste Weg in den Tod. Neben der Kälte und den für alte Menschen und Kinder besonders anstrengenden, mehr als sechs Stunden währenden Märschen waren es zumal die militärisch sinnlosen Tieffliegerangriffe der sowjetischen Luftwaffe mit Maschinengewehren und Bomben, die die Flucht über das dünner werdende Eis zu einem unkalkulierbaren Risiko machten.

Etwa einer halben Million Menschen gelang gleichwohl die Flucht. Ein Superintendent aus Heiligenbeil im Norden Ostpreußens berichtete seine Erlebnisse aus dem Herbst 1944, als infolge der Verweigerung einer geregelten Evakuierung durch den nationalsozialistischen Gauleiter Koch eine panische Fluchtbewegung ins Rollen kam:

»Beim Beginn der Fahrt über das Haff spielten sich schon furchtbare Szenen ab, da ein großes Polizeiaufgebot die Besitzer der Wagen zwang, ihr Hab und Gut und die Lebensmittelvorräte, die sie aufgeladen hatten, abzuwerfen und Frauen und Kinder mitzunehmen. Auf diese Weise häuften sich auf den Wiesen in der Nähe des Haffs Berge von neuen Betten, Wäsche, Gebrauchsgegenständen, Nahrungsmittel usw. Neben den Wagenkolonnen zogen Tag und Nacht die Menschen mit kleinerem oder größerem Gepäck, Frauen mit Kinderwagen und Kindern, Eisenbahn- und Postbeamte in Uniform in endlosem Marsch der Nehrung zu. Dabei nahm der Frost Ende Januar eine Stärke von ca. 25 Grad an, so daß eine Anzahl der Fliehenden auf dem Haff erfror. Einer Mutter z. B. waren, als sie die Mitte des Haffs erreicht hatte, bereits 2 Kinder erfroren, die sie einfach liegen lassen musste, mit den anderen beiden Kindern zog sie weiter, als sie jedoch in der Nähe der Nehrung war, waren auch diese beiden Kinder erfroren. Alte Leute saßen und lagen sterbend oder schon erfroren auf dem Wege […].« (BM 1984 I/1, 68)

Die Flucht der Deutschen vor der Roten Armee kam der politischen Planung der Alliierten entgegen. Zwar hatte die 1941 von den USA und Großbritannien verabschiedete »Atlantik-Charta« »territoriale Veränderungen verworfen, die nicht mit den frei geäußerten Wünschen der beteiligten Völker übereinstimmen«, und »das Recht jedes Volkes, sich die Regierungsform, unter der es leben will, selbst zu wählen«, hervorgehoben, doch diese Charta sollte – zumindest nach dem Willen Großbritanniens – keineswegs für das besiegte Deutschland gelten.

Churchill äußerte bereits 1941 gegenüber seinem Außenminister Eden: »Die Trennung Preußens von Süddeutschland und die territoriale Gestaltung Preußens gehören zu den größten zu entscheidenden Problemen.« (Rexin 1964, 296) Seit Beginn des Zweiten Weltkrieges, auf jeden Fall aber nach dem Angriff Hitler-Deutschlands auf die bis dahin mit ihm verbündete Sowjetunion stand zumindest eines fest: daß die polnische Ostgrenze nach dem Krieg sich nicht mehr an der in den Pariser Vorortverträgen verabredeten Linie orientieren, sondern – und das war Gegenstand diplomatischer Verhandlungen – westlich dieser Linie verlaufen sollte. Umgekehrt stand bezüglich der Tschechoslowakei fest, daß sie ihre Vorkriegsgrenzen auf jeden Fall behalten sollte. Beide Zielsetzungen konnten unter den gegebenen politischen Umständen, aufgrund zahlloser Greueltaten der deutschen Besatzung in Polen und der Illoyalität des größten Teils der Sudetendeutschen (keineswegs aller) auf nichts anderes hinauslaufen als auf die »Aussiedlung« der Deutschen.

Während die Deutschen aus der Tschechoslowakei ausgesiedelt werden sollten, weil dieser Staat seine in den Pariser Vorortverträgen festgelegte Gestalt behalten sollte, mußten sie ihre ostdeutsche Heimat aufgeben, weil der polnische Staat durch die Besetzung Stalins im Osten wie Hitlers im Westen faktisch aufgehört hatte zu existieren und eine neue Gestalt bekommen sollte. Diese sich mit den Jahren verdichtenden und konkretisierenden Kriegsziele verfolgten die westlichen Alliierten und die Sowjetunion mit unterschiedlicher Intensität, aber durchaus aufeinander bezogen. Lag die Westverschiebung Polens eindeutig im Interesse Stalins, so war die Wahrung der Integrität der Grenzen der Tschechoslowakei ein britisches Kriegsziel.

Die polnische Exilregierung »legte [...] den Alliierten, lange bevor der Gebietsverlust im Osten klar war, Gebietsansprüche auf Danzig (Gdańsk), Ostpreußen und deutscher Territorien östlich der Oder vor.« (Naimark 2004, 156) Sie hatte schon kurz nach Kriegsbeginn gefordert, Ostpreußen in ein mögliches Nachkriegspolen zu integrieren. Dieser Wunsch wurde zunächst von den USA und Großbritannien als Kriegsziel akzeptiert, auch Stalin sah sich nach dem deutschen Angriff auf die Sowjetunion zu einem gewissen Entgegenkommen gegenüber Polen gezwungen. Mit dem am 30. Juli 1941 geschlossenen polnisch-sowjetischen Vertrag wurde der Hitler-Stalin-Pakt von 1939 samt dem geheimen, die Aufteilung Polens besiegelnden Zusatzprotokoll annulliert, ein begleitendes Militärabkommen legte die Aufstellung einer neuen polnischen Armee auf sowjetischem Boden fest, ja, die sowjetische Regierung schien sogar anzuerkennen, daß der Vorkriegsstatus Polens wiederhergestellt werden sollte. Im Dezember 1941 schlug Stalin dem britischen Außenminister Eden scheinbar vor, ganz Ostpreußen an Polen abzutreten. (Ross 1984, 82). Intern hatte er Anfang September eine andere Meinung geäußert: »Wenn wir siegen, geben wir Ostpreußen dem Slawentum, dem es schließlich gehört, zurück. Wir werden es mit Slawen besiedeln« – und meinte damit Russen und nicht Polen. (Dimitroff 2000, 424)

Das Deutsche Reich, das war unter den Kriegsgegnern des nationalsozialistischen Deutschlands spätestens 1943 Konsens, sollte einen Teil seiner Ostgebiete so oder so verlieren. In Unterlagen des US-amerikanischen Subcommittee on Security Problems vom 22. März 1943 mit dem Titel »Die europäische Sicherheit im Zeitraum nach der bedingungslosen Kapitulation und vor der Errichtung einer internationalen Organisation für die Sicherheit der Welt« heißt es zum Stichwort »Russia's Intentions«: »Possibly Stalin might occupy East Prussia as a token of victory and a pledge in hand that Germany would fulfill the armistic conditions to be imposed upon her.« (BM 1984, I/1, 281) Im Sommer 1943 wurde im Subcommittee on Political Problems und im Subcommittee on Security Problems noch über eine künftige polnische Verwaltung Ostpreußens debattiert.

Als sich schließlich im November 1943 Stalin, Churchill und Roosevelt in Teheran trafen, schlug der britische Premier vor, die deutsch-sowjetische Demarkationslinie von 1939, die sogenannte Curzon-Linie, als Grundlage für Verhandlungen über die polnische Ostgrenze anzunehmen. Stalin äußerte auf dieser Konferenz erstmals den Wunsch, der Sowjetunion das nördliche Ostpreußen einschließlich Tilsit und Königsberg zuzusprechen, und begründete dies unter anderem mit dem Bedarf eines »eisfreien Hafens«. (BM 1984 I/1, 6706) Ohne Vertreter Polens zu konsultieren, waren sich Churchill und Stalin darin einig, die Gebietsverluste Polens durch die Verschiebung seiner Grenzen nach Westen mit deutschem Territorium im Osten des Reiches zu kompensieren.

Am 28. Januar 1944 bekräftigte der britische Premierminister in einem Brief an Stalin seine Meinung, ein Teil Ostpreußens solle der Sowjetunion zufallen. Er betrachte »diesen Krieg gegen die deutsche Aggression als Ganzes und als einen dreißigjährigen Krieg von 1914 an« und habe den polnischen Premier Stanisław Mikołajczyk daran erinnert, »daß die Erde dieses Teils von Ostpreußen mit russischem Blut getränkt sei, das reichlich für die gemeinsame Sache vergossen wurde«. (Rexin 1964, 255) Ende Mai 1944 – ein Jahr vor Kriegsende, kurz vor der Landung der Alliierten in der Normandie – erklärte Churchill vor dem britischen Unterhaus: »Es ist keine Rede davon, daß sich Deutschland auf irgendwelche Garantien gegen territoriale Veränderungen berufen könnte, falls es den Anschein hat, daß solche Veränderungen den Frieden in Europa sicherer und dauerhafter machen.« (Zayas 1996, 76) In einer Parlamentsrede vom 15. Dezember 1944 stellte er klar, daß die britische Regierung dem Wunsch der Sowjets, sich den eisfreien Hafen Königsberg zu sichern, zustimme.

Dies war nichts anderes als eine schlüssige Konsequenz der britischen Polenpolitik seit dem Sommer 1939. Das Foreign Office hatte kurz nach dem deutschen Angriff auf Polen gegenüber dem polnischen Botschafter in London betont, daß sich die in der Erklärung vom 25. August 1939 formulierte Beistandsverpflichtung Großbritanniens gegenüber Polen nur gegen das nationalsozialistische Deutschland, nicht aber gegen die Sowjetunion richte. (Davies 2003, 50) Dazu ließ das Außenministerium verlautbaren, die britische Garantie beziehe sich nur auf die grundsätzliche Souveränität Polens, nicht aber auf dessen Nachkriegsgrenzen. Einer korrespondierenden Erklärung des Foreign Office zum polnisch-sowjetischen Vertrag vom Juli 1941, es werde keine territorialen Veränderungen Polens anerkennen, wurde vom Außenminister sofort ihre Verbindlichkeit abgesprochen. Auf Nachfrage im Unterhaus gab er zu verstehen, die entsprechende Note beinhalte »keinerlei Garantie der Grenzen seitens der Regierung seiner Majestät«. (Davies 2003, 61) Derartige Überlegungen waren für die Tschechoslowakei niemals im Schwange – im Gegenteil: deren Vorkriegsgrenzen, genauer sogar die Grenzen aus der Zeit vor dem Münchner Abkommen, galten schon früh als sakrosankt.

Der polnischen Exilregierung aber wurde im Lauf des Jahres 1943 schmerzlich klar, daß Polen in seiner Vorkriegsgestalt, namentlich in bezug auf seine östlichen Gebiete, nicht wiederhergestellt werden sollte. Im November 1943 schlug Mikołajczyk Präsident Roosevelt in einem Memorandum weitreichende Übertragungen deutschen Territoriums an Polen vor: »Die Zuerkennung von Ostpreußen, Danzig, Oberschlesien und die Begradigung und Verkürzung der polnischen Westgrenze werden in jedem Fall von der Notwendigkeit diktiert, für die Stabilität des künftigen Friedens zu sorgen, für die Entwaffnung Deutschlands und die Sicherheit Polens wie anderer Länder Mitteleuropas. Der Anschluß dieser Gebiete an Polen kann deshalb gerechterweise nicht als Gegenstand der Entschädigung für die Abtretung Ostpolens an die UdSSR behandelt werden.« (Zayas 1996, 273) Recht verstanden: Die polnische Exilregierung vertrat damit die Auffassung, daß ein kleinerer Teil der deutschen Ostgebiete ohnehin – um der europäischen Sicherheit willen – an Polen fallen sollten, und beharrte zusätzlich darauf, daß die polnische Ostgrenze auf den Linien von vor dem Hitler-Stalin-Pakt verlaufen sollte.

Die Ende November 1943 stattfindende Konferenz von Teheran erweiterte die von Mikołajczyk vorgeschlagenen Gebietsveränderungen um eine Verschiebung der polnischen Westgrenze bis an die Oder. Churchill protokollierte entsprechend: »Man ist der Meinung, daß sich das Territorium des polnischen Staates im Prinzip ungefähr zwischen der Curzon-Linie und der Oder erstrecken soll, und zwar unter Einschluß Ostpreußens und Oppelns; die eigentliche Grenzziehung erfordert jedoch weiteres eingehendes Studium und möglicherweise an einigen Punkten Bevölkerungsumsiedlungen.« (Zayas 1996, 64)

Anderthalb Jahre vor Ende des Krieges in Europa, ein halbes Jahr vor der Landung der Westalliierten in der Normandie und dem Warschauer Aufstand, mehrere Monate vor dem Übertritt der Roten Armee auf deutsches Territorium waren also die basalen Entscheidungen für das, was später als »Aussiedlung« bezeichnet und in Millionen von Fällen in Verbrechen gegen die Menschlichkeit münden sollte, grundsätzlich beschlossen. Die USA widersetzten sich dem nicht.

Die in London residierenden tschechoslowakischen und polnischen Exilregierungen sollten sich untereinander in einer von den jeweiligen Alliierten gewünschten Wirkung beeinflussen. 1944 hofften die westlichen Alliierten darauf, daß der tschechische Ministerpräsident Beneš den polnischen Exilpremier Mikołajczyk dazu bewegen könne, sich mit einer Verschiebung Polens nach Westen einverstanden zu erklären.

Doch die Spannungen zwischen den Alliierten und der polnischen Exilregierung nahmen zu, da diese sich zunächst weigerte, die sogenannte Curzon-Linie, östlich derer noch fünf Millionen Polen lebten und die volkswirtschaftlich bedeutenden galizischen Ölfelder lagen, als künftige Ostgrenze zu akzeptieren. Diese Haltung besiegelte den Bruch zwischen der polnischen Exilregierung und der Sowjetunion. Diese hatte die Zusammenarbeit ohnehin unterbunden, da man auf polnischer Seite Aufklärung über die bei Katyn entdeckten Massengräber polnischer Offiziere verlangt hatte.

Im Juli 1944 überschritt die Rote Armee den Grenzfluß Bug Richtung Westen und drängte die Deutschen nach und nach zurück. Am 22. Juli 1944 konstituierte sich das »Polnische Komitee der Nationalen Befreiung« (Polski Komitet Wyzwolenia Narodowego, PKWN), das drei Tage später nach Lublin (»Lubliner Komitee«) umsiedelte und in den von der Roten Armee befreiten polnischen Gebieten mit dem Aufbau einer kommunistisch orientierten Verwaltung begann. Die Sowjetregierung schloß am 26. Juli mit dem Komitee ein Geheimabkommen, in dem neben der künftigen Westgrenze Polens bereits die Teilung Ostpreußens fixiert wurde. (Mazurski 1996, 7) Ein Plan, bei dem sich abzeichnete, daß mindestens sechs Millionen Deutsche umgesiedelt werden müßten. Auf der Konferenz von Malta im Februar 1945 legten sich die westlichen Alliierten auf ein Territorium von etwa 54 500 Quadratkilometern, also auf Ostpreußen, Danzig, Oberschlesien und das östliche Pommern, als Abtretungsmasse fest sowie darauf, eine Verschiebung Polens bis an die Görlitzer Neiße abzulehnen – Abmachungen, die die darauffolgende Konferenz von Jalta nicht überdauern sollten. (Zayas 1996, 89)

Zwar begann jetzt auch Großbritannien vor den Vertreibungen einer großen Zahl Deutscher infolge der geplanten Verschiebungen zurückzuschrecken, doch konnte Stalin darauf verweisen, daß ohnehin bereits vier Millionen Menschen diese Gebiete auf der Flucht verlassen hätten. (Er verschwieg dabei allerdings, daß dort noch immer fünf Millionen Deutsche lebten.)

Die Verhandlungen in Jalta führten zu keiner verbindlichen Absprache hinsichtlich der künftigen polnischen Westgrenze. Verabredet war allenfalls, daß Polen im Norden und Westen deutsche Gebiete erhalten solle – nach dem Willen der USA und Großbritanniens jedoch keine Gebiete westlich der Oder. Strittig war also die Abtrennung Oberschlesiens; die Abtrennungen Ostpreußens, Danzigs und Pommerns hingegen waren zwischen Großbritannien, der Sowjetunion, den USA und der polnischen Exilregierung längst beschlossene Sache.

Unter der Voraussetzung, daß an einer künftigen polnischen Regierung auch Nichtkommunisten und die Londoner Exilregierung beteiligt und freie demokratische Wahlen durchgeführt würden, stimmten Roosevelt und Churchill der von Stalin gewünschten Verschiebung der Ostgrenze zu.

Das im Januar 1945 in »Provisorische Regierung« umbenannte »Lubliner Komitee« hatte in den befreiten Gebieten sukzessive die Herrschaft und die Verwaltung im südlichen Ostpreußen, in Danzig, Pommern, im östlichen Brandenburg und in Schlesien übernommen. Da die Exilregierung die Grenzregelung weiterhin ablehnte, kam es zu erheblichen Spannungen zwischen ihr und der Provisorischen Regierung sowie den Alliierten. Erst nach heftigen Auseinandersetzungen im Juni konstituierte sich 1945 die von den Alliierten geforderte »Regierung der Nationalen Einheit«, der auch bürgerliche und Exilpolitiker angehörten. Im August unterstellten die Alliierten gemäß dem Potsdamer Abkommen formal die ehemals deutschen Gebiete östlich der Oder-Neiße-Linie – Schlesien, Teile Brandenburgs, Pommern, das südliche Ostpreußen – sowie Danzig der neuen Regierung (103 000 Quadratkilometer), zunächst nur bis zum Abschluß eines Friedensvertrages. Dafür mußte Polen auf 180 000 Quadratkilometer östlich der Curzon-Linie zugunsten der Sowjetunion verzichten.

Man wird in der historischen Beurteilung nicht umhin kommen, die Auseinandersetzungen zwischen den Alliierten um Schlesien, also um die Neißegrenze, zwar durchaus als ernst, für die Bewertung der Abtrennungs-, Aussiedlungs- und Vertreibungspolitik jedoch als minder bedeutsam zu bewerten. Das heißt aber aus heutiger Perspektive, daß es weder politisch, noch rechtlich oder moralisch zulässig ist, von »Vertreiberstaaten« zu sprechen – genauer, ausschließlich Polen und die Tschechoslowakei als »Vertreiberstaaten« zu bezeichnen.

Die Planungen zur Aussiedlung der Deutschen aus Böhmen und Mähren

Der politische Wille, der schließlich die Aussiedlung der Deutschen aus der Tschechoslowakei zur Folge hatte, folgte anderen Voraussetzungen als jene Planungen, die zur Vertreibung aus den Ostgebieten führten. Das von Hitler unter Androhung von Krieg erzwungene Münchner Abkommen war nach Überzeugung Churchills und Edens ein schwerer politischer Fehler der Vorgängerregierung gewesen, ein Fehler, der beinahe zum »Untergang Großbritanniens« geführt hätte. (Henke 1985, 72) Schon aus diesem Motiv heraus war Großbritannien jetzt dazu entschlossen, die Integrität der Tschechoslowakei zu wahren. Die Frage, seit wann der tschechoslowakische Staatspräsident Beneš und seine von den drei Kriegsalliierten anerkannte Exilregierung entschlossen waren, wirklich fast alle Deutschen auszusiedeln, ist schwierig zu beantworten – unklar ist auch, welche Rolle die Ermutigung Beneš' durch die Alliierten bei der Zuspitzung dieser Pläne spielte. Die Forschung konnte zeigen, daß es sich dabei um einen langwierigen Entscheidungsprozeß handelte, der von Unschlüssigkeiten, taktischen Rücksichten sowie schwankenden moralischen und politischen Überlegungen gekennzeichnet war, Überlegungen, die allesamt auf die nationalsozialistische »Umvolkungs- und Eingliederungspolitik« reagierten.

Der Historiker Detlef Brandes, dem wir zu dieser Thematik die noch viel zu wenig bekannte bahnbrechende Studie »Der Weg zur Vertreibung 1938–1945« aus dem Jahr 2001 verdanken, beginnt etwa die Zusammenfassung seiner Ergebnisse so: »Die Diskussion über die Vertreibung der Deutschen aus der Tschechoslowakei und Polen beginnt mit der Forderung Hitlers nach dem Anschluß der mehrheitlich von Deutschen besiedelten Randgebiete der böhmischen Länder in das ›Großdeutsche Reich‹ am 12. September und dem Vorschlag Hitlers vom 24. Oktober 1938, in einer Art unbefristetem Ultimatum, am 21. März 1939 erneuert, Danzig an Deutschland anzugliedern sowie exterritoriale Verkehrsverbindungen durch den ›polnischen Korridor‹ zu führen.« (Brandes 2001, 419)

Beneš, der den Gedanken an eine vollständige Assimilation der deutschsprachigen Minderheit Mitte der dreißiger Jahre aufgegeben haben soll, wird zugeschrieben, den Gedanken der Aussiedlung schon als Reaktion auf »München« gefaßt zu haben. Andererseits: noch 1940 teilte er der tschechoslowakischen Widerstandsbewegung mit, man dürfe nicht naiverweise davon ausgehen, daß es leicht sein würde, »drei Millionen Deutsche zu vernichten oder auszutreiben« (Henke 1985, 73). Daher ist es nur schlüssig, wie Klaus-Dietmar Henke zu behaupten, daß all diesen »wechselnden Konzeptionen und vorsichtigen Sondierungen des Staatspräsidenten der Charakter variantenreicher Planspiele« anhaftete. (Ebd.)

Im Juli 1941 äußerte der tschechoslowakische Außenhandelsminister Ripka in London: »Es wird notwendig sein, mit allen angemessenen Mitteln, evtl. auch durch eine organisierte Anwendung des Prinzips der Umsiedlung von Bevölkerungen, Deutschland an dem Mißbrauch seiner nationalen Minoritäten für seine pangermanischen Ziele zu hindern. Jedenfalls sollte man sich bestreben, die kleineren mitteleuropäischen Staaten so zu rekonstruieren, daß sie national möglichst gleichartig sind und daß innerhalb von ihnen die Bedeutung des Minoritätenelements auf ein Mindestmaß herabgesetzt wird.« (BM 1984, IV/1, 39) Eduard Beneš selbst dachte noch im Sommer 1942 lediglich an kleinere Gebietsabtretungen und eine Halbierung der deutschen Minderheit – die verbliebenen anderthalb Millionen Deutschsprachigen sollten in anderen Regionen leben. Seine theoretischen Vorstellungen reichten freilich schon damals weiter, wie aus zwei Zeitschriftenbeiträgen im Herbst/Winter 1941 hervorgeht. Dort bekannte er, das Problem nationaler Minderheiten müsse bei weitem radikaler und systematischer angegangen werden als nach dem Ersten Weltkrieg, um dann grundsätzlich zu erklären: »I accept the principle of the transfer of populations.« (BM 1984, IV/1, 40) In einem anderen Aufsatz begründete er dieses Bekenntnis unter ausdrücklichem Rückgriff auf den griechisch-türkischen Bevölkerungsaustausch des Jahres 1922 mit dem Argument, daß die Alternative dazu nur in systematischem Massenmord an Millionen liegen könne. Humane Lösungen seien durchaus möglich: »If the problem is carefully considered and wide measures are adopted in good time, the transfer can be made amicably under decent human conditions, under international control and with international support.« (BM 1984, IV/1, 40) Im Kern besagte der spätere Artikel XIII der Potsdamer Erklärung nichts anderes.

Es war wiederum – ähnlich wie beim Angriff auf die Sowjetunion – das Verhalten des nationalsozialistischen Deutschlands, das diesen Absichten Vorschub leistete. Das barbarische Massaker der Sicherheitspolizei an der Bevölkerung von Lidice am 10. Juni 1942 erleichterte es der britischen Regierung, das, wenn auch unter Zwang, so doch völkerrechtlich korrekt zustande gekommene, Münchner Abkommen zu annullieren. Im Herbst des Jahres 1942 – zweieinhalb Jahre vor Kriegsende, eine substantielle Wende an der Ostfront war eben erst erfolgt – ließ dann der britische Botschafter Eduard Beneš ungebeten wissen, daß nur eine radikale Lösung des friedensgefährdenden Problems der deutschsprachigen Minderheit im Nachkriegseuropa Stabilität garantieren könne. »Im Vergleich zu dem«, kommentiert Klaus-Dietmar Henke die Wirkung des britischen Vorschlags auf die tschechoslowakische Exilregierung, »was er von britischer Regierungsseite erfuhr, mußten Beneš seine eigenen Vorstellungen beinahe wie Humanitätsduselei anmuten.« (Henke 1985, 73) Diesen Planungen widersprachen im übrigen auch die USA nicht, und die weitere Annäherung zwischen Beneš und der Sowjetunion verfestigte die Aussiedlungspläne, um endlich in eine förmliche sowjetische Befürwortung dieser Pläne zu münden. Die Zustimmung der Sowjetregierung wurde auch dadurch erreicht, daß Beneš diesen »Transfer« nun als nationale Revolution ansah, die mit einer sozialen Revolution zu koppeln sei.

Auf den Konferenzen der »Großen Drei« in Teheran und Jalta wurde diese Thematik zwar nicht ausdrücklich behandelt, gleichwohl war nicht zu verkennen, daß die drei Hauptalliierten mit diesen Plänen sympathisierten. Der ihnen von der tschechoslowakischen Exilregierung im November 1944 vorgelegte Aussiedlungsplan – die Rote Armee hatte die Grenzen des Deutschen Reichs bereits überschritten – stieß entsprechend auf keinen Widerstand. Der Plan, der auf die »Eliminierung der deutschen Minderheit in der Tschechoslowakei« zielte, sah vor, daß zwei Drittel der Minderheit das Land verlassen sollten. Freilich sollten jene Angehörige der Minderheit, die sich für die Integrität und Souveränität der Tschechoslowakei eingesetzt hatten, vom Entzug der Staatsbürgerschaft verschont bleiben. Die später in der öffentlichen Diskussion übel beleumundeten Beneš-Dekrete, auf die noch einzugehen sein wird, enthielten wesentliche Elemente dieses den Alliierten vorgelegten und von ihnen gebilligten Memorandums.

Eine historische Betrachtung wird die Gründe, die zur Vertreibung der Deutschen aus den Ostgebieten und der Vertreibung der deutschsprachigen Minderheit aus der Tschechoslowakei führten, im einzelnen zu untersuchen haben. Während der Vertreibung aus den Ostgebieten das Problem der polnischen Ostgrenze und damit einhergehend der Westverschiebung des Landes zugrunde lag und die von dort vertriebenen Deutschen gleichsam stellvertretend die

Zeche für den von ganz Deutschland geführten Vernichtungskrieg gegen Polen und das polnische Volk zahlen mußten, war das Motiv der Vertreibung der deutschsprachigen Minderheit in der Tschechoslowakei deren eigenes illoyales Verhalten. Auch hier hat die Forschung für Deutlichkeit gesorgt: »Tatsächlich«, so wiederum Detlef Brandes, »hatte die ›Sudetendeutsche Partei‹ im Juli 1938 1349180 Mitglieder unter 3070938 Deutschen nach der Volkszählung von 1930. Mit 520000 Mitgliedern [der NSDAP, M. B.] stand der Sudetengau prozentual zur Bevölkerung an der Spitze des Reiches.« (Brandes 2001, 297) Natürlich gilt auch hier, daß viele Unschuldige – mehr noch: auch jene, die sich gegen den schließlich nationalsozialistischen Kurs der Henlein-Bewegung gestellt hatten – kollektiv für Taten, die sie nicht begangen hatten, nach heutigen Begriffen völker- und menschenrechtswidrig, getroffen wurden. Man würde sich jedoch wesentlicher Erkenntnischancen berauben, nähme man das mit der Loyalitätsfrage gestellte Problem nicht ernst – führt es doch unmittelbar zu den Wurzeln des Konflikts, die europäische Minderheitenpolitik nach dem Ersten Weltkrieg und nach den Pariser Vorortverträgen, zurück.

Schon der Umstand, daß sich der tschechoslowakische Außenhandelsminister Hubert Ripka bei seinen Überlegungen auf die gerade zwanzig Jahre zurückliegenden griechisch-türkischen Umsiedlungen bezog oder daß Präsident Roosevelt im Frühjahr 1943 gegenüber dem britischen Außenminister Eden bezüglich einer Abtretung Ostpreußens an Polen meinte: »Wir sollten Vorkehrungen treffen, um die Preußen aus Ostpreußen auf die gleiche Weise zu entfernen, wie die Griechen nach dem letzten Krieg aus der Türkei entfernt wurden« (Zayas 1996, 39), beweist, wie sehr die »alte« Logik von Nationalstaat und Minderheit die neue Logik der weltanschaulichen Blockkonfrontation, wie sie schließlich im Kalten Krieg zum Ausbruch kam, durchwirkte. Heute, da der Kalte Krieg beendet und die weltanschauliche Blockkonfrontation nicht mehr als organisierendes Prinzip der internationalen Politik wirkt, scheint diese

Logik freilich wie ein unheimlicher Wiedergänger zu funktionieren.

Hatte die tschechoslowakische Exilregierung also halbwegs gute Gründe für die Annahme, daß die Zerschlagung ihres Staates wesentlich ein Werk der deutschen Minderheit war? Trifft es umgekehrt zu, daß die wachsende, am Ende feindliche Distanz der Sudetendeutschen zu den Tschechen als legitime Reaktion auf einen undemokratischen Assimilationsdruck seitens der tschechischen Regierung zu verstehen ist? Der Blick fällt auf den 1919 geschlossenen Friedensvertrag von Saint-Germain-en-Laye, bei dem es um die Durchsetzung des Selbstbestimmungsrechts für die Völker des ehemaligen Österreich-Ungarn und die daraus erfolgenden Staatsgründungen ging. Der 14-Punkte-Plan des US-amerikanischen Präsidenten Wilson vom Januar 1918 sah für die Völker Österreich-Ungarns die Selbstbestimmung vor, und entsprechend nahm die Provisorische Nationalversammlung Deutsch-Österreichs eine Resolution an, in der unter anderem die »Gebietsgewalt über das ganze deutsche Siedlungsgebiet, insbesondere aber auch in den Sudetenländern« gefordert wurde. (Zayas 1996, 52) Im gleichen Tenor postulierten die sudetendeutschen Abgeordneten, aufgrund des Selbstbestimmungsrechtes der Völker auf ihrem »Siedlungsgebiet eine geordnete Verwaltung aufzurichten und so unser Volk vor Fremdherrschaft und wirtschaftlichem Elend zu bewahren.« (Ebd.) Auf dieser Basis erklärten sich die sudetendeutschen Abgeordneten vorbehaltlos zu Vertretern der Provinz »Deutsch-Böhmen« des Staates »Deutsch-Österreich«, dem sie sich in Rechten und Pflichten anschließen wollten.

Diese Erklärungen überzeugten die Entente und jene tschechischen Kräfte, die endlich einen unabhängigen tschechischen Nationalstaat errichten wollten und dazu auch der ökonomisch potenten Regionen Böhmens und Mährens mitsamt ihrer deutschen Bevölkerung bedurften, in keiner Weise: Appelle der deutsch-österreichischen Regierung an die Regierungen der Entente – eventuell mit Ausnahme der

USA – verhallten; tschechische und slowakische Milizen begannen, das Sudetenland zu besetzen. Österreich blieb schließlich nichts anderes übrig, als in Artikel XXVII des Vertrages von Saint-Germain-en-Laye die neuen Grenzen der Tschechoslowakei anzuerkennen, womit der neue tschechoslowakische Staat tatsächlich nicht als ethnisch-homogener Nationalstaat, sondern als Nationalitätenstaat mit großen Minderheiten – Polen, Ruthenen, Magyaren und eben vor allem mit dreieinhalb Millionen Deutschen – konstituiert wurde; Minderheiten, die zusammengenommen 49 Prozent der Staatsbevölkerung ausmachten. Als zweitgrößte, widerwillig in den tschechoslowakischen Staatsverband gezwungene ethnische Gruppe war der überwiegende Teil der Deutschen und ihrer politischen sowie kulturellen Organisationen nicht willens, sich als konstruktive Staatsbürger zu verstehen. Wurden sie von der tschechoslowakischen Regierung als Minderheit tatsächlich so schlecht behandelt, daß ihnen nichts anderes übrigblieb, als bei innerer Distanz zu diesem Staat zu bleiben und ihm später jede Loyalität aufzukündigen? Eine differenziertere Betrachtung wird das so nicht behaupten können.

Die ökonomische Bedeutung der deutschen Siedlungsgebiete war schon vor dem Ersten Weltkrieg gesunken, Trends zu »wirtschaftlicher Stagnation und sozialer Deklassierung« (Jaworski 1985, 34) wurden durch das Kappen der Beziehungen zu Österreich lediglich verstärkt. Zudem wirkte die massive Propaganda des tschechischen Nationalismus, daß dieser Staat der Staat der Tschechen sei, nicht eben einladend und konfliktmindernd. Die faktisch gesetzliche Gleichberechtigung einschließlich einer quantitativ proportionalen Repräsentanz in umstrittenen Bereichen des öffentlichen Lebens, zumal dem Schulwesen, konnte die historisch vielleicht verständliche, politisch auf jeden Fall unkluge Haltung der tschechischen Seite, die Ansprüche der Deutschen symbolisch nicht anzuerkennen, nicht ausgleichen. Im Vergleich mit anderen deutschen Minderheiten in den neuen Staaten Mittelosteuropas und Südosteuropas befanden sich die Sudetendeutschen sogar in einer besonders günstigen Lage: »Es gab damals«, resümiert Rudolf Jaworski, »in ganz Ostmitteleuropa kaum eine zweite deutsche Minderheit, die sich wirtschaftlich so frei entfalten und politisch so uneingeschränkt hatte artikulieren und organisieren können wie die Sudetendeutschen in der ČSR.« (Jaworski 1985, 34) Zudem beachtete die tschechoslowakische Regierung etwa den in den Pariser Vorortverträgen beschlossenen Minderheitenschutzvertrag sehr wohl: Dort, wo eine Minderheit mindestens 20 Prozent der Bevölkerung eines Verwaltungsbezirks ausmachten, galt für die staatlichen Behörden die Auflage, sich im Verkehr mit Angehörigen dieser Minderheit deren Sprache zu bedienen. Lediglich 10 Prozent der Deutschen kamen nicht in den Genuß dieser Regelung. Vor diesem Hintergrund, so zeigt Peter Glotz in seinem 2003 erschienenen Buch »Die Vertreibung. Böhmen als Lehrstück« verharrten die in völkischen Verbänden und Kulturvereinen gut organisierten Deutschen mitsamt ihrer parlamentarischen Vertretung in einer damals als »Negativismus« bezeichneten Verweigerungshaltung, die sich etwa darin äußerte, daß bei der ersten Sitzung des neu gewählten tschechoslowakischen Parlaments die deutschen Abgeordneten beim Eintritt des Präsidenten Masaryk den Raum verließen. (Glotz 2003, 108)

Politische Träger dieses »Negativismus« waren die »Nationaldemokratische Partei« sowie die »Deutsche Nationalsozialistische Arbeiterpartei« – eine Vorläuferin der Partei Adolf Hitlers. Daß damit nicht nur kein Staat zu machen, sondern auch die Belange und Interessen der deutschen Volksgruppe nicht angemessen zu vertreten waren, zeigte sich bald – ab Mitte der zwanziger Jahre wich der mehrheitliche »Negativismus« einem sogenannten Aktivismus, der sich seit 1926 im Eintritt deutscher Christlichsozialer und des ebenfalls deutschen »Bundes der Landwirte« in die Regierung der Tschechoslowakei niederschlug. In Wahrheit war jedoch mit diesen pragmatisch sinnvollen Schritten keine staatsbürgerliche Identifikation mit dem immer noch als tschechisch wahrgenommenen Staat verbunden – die gesellschaftlichen

Kräfte, die diese Parteien trugen, namentlich die sportlichen und kulturellen Volkstumsorganisationen, blieben bei ihrer Ablehnung, ja Bekämpfung des tschechoslowakischen Staates. Die völkisch motivierten Kontakte zu ähnlichen Gruppen in Österreich und in Deutschland ließen sogar Mittel des Auswärtigen Amtes und des Reichsinnenministeriums in den sudetendeutschen Volkstumskampf fließen. (Jaworski 1985, 39f.)

Im Gefolge des Aufstiegs NS-Deutschlands und einer steigenden Arbeitslosigkeit in den sudetendeutschen Gebieten ging der Kurs konstruktiver Mitarbeit zu Ende. 1936 befanden sich unter den 846000 Arbeitslosen der Tschechoslowakei 525000 Deutsche. (Jaworski 1985, 41) Dies wurde dem mangelnden Willen tschechischer Unternehmen und Institutionen, Deutsche einzustellen, zugerechnet. Nachdem sich die negativistischen Parteien 1933 angesichts eines drohenden Verbots aufgelöst hatten, gewann die neue, von dem völkischen Turnwart Konrad Henlein gegründete »Sudetendeutsche Partei« auf einen Schlag 68 Prozent der Stimmen der Deutschen und wurde so auch zur stärksten Partei im Prager Parlament.

Das Urteil über diesen 1898 geborenen Mann, der 1945 Selbstmord beging, schwankt in einer Hinsicht noch immer: Nach wie vor ist strittig, ob Henlein und seine Partei von allem Anfang an nationalsozialistisch eingestellt oder ob sie »lediglich« völkische Nationalisten waren, denen es um wenig anderes ging als um die politische und kulturelle Autonomie der Deutschen im tschechoslowakischen Staat, wie sie Henlein in seinem Karlsbader Programm vom April 1938 gefordert hatte. Auf jeden Fall wollte Henlein – und mit ihm alle, die ihn wählten – seit 1938 den Anschluß an das nationalsozialistische Deutschland, über dessen menschenverachtende Politik längst kaum ein Zweifel möglich war.

1937 hatte Henlein dem deutschen Reichskanzler Adolf Hitler, der ihn bislang ignoriert hatte, einen Brief geschrieben und ihm das Schicksal der Sudetendeutschen anvertraut. Man wird daher dem Urteil von Peter Glotz in mindestens einer Hinsicht durchaus zustimmen können: »Konrad Henlein [...] hat nicht nur zur Zerstörung der ČSR beigetragen, sondern auch zur Delegitimierung der berechtigten Forderungen der Deutschen in Böhmen, Mähren und Schlesien. Die Vertreibung erschien gerecht, weil es die Henlein-Bewegung gegeben hatte. Daß sie aber so mächtig werden konnte, war nur möglich, weil beim großen Nachbarn, in Deutschland, Hitler die Macht errungen und zwischen 1933 und 1939 das Land erneut zu einer Großmacht gemacht hatte.« (Glotz 2003, 120)

Freilich, der farblose und allen Charismas bare Turnlehrer Henlein dürfte – anders als Hitler – kaum durch Auftritt und Persönlichkeit überzeugt haben, sondern vor allem durch sein Programm. Dann ist es allerdings apologetisch, nur ihm und seiner Bewegung die Zerstörung der Tschechoslowakei anzulasten – wenn es hier um die Zuschreibung von Schuld geht, dann trifft sie die überwiegende Mehrheit der sudetendeutschen Wähler, die ihm und seiner Partei ihre Stimme gaben. Die wenigsten Darstellungen Konrad Henleins und seiner Bewegung beleuchten andere Programmpunkte seiner Partei, und selbst die zitierte historische Forschung hat sich kaum mit den massiv völkischen und zum Teil auch antisemitischen Tendenzen in dieser Partei und der sie tragenden Bewegung bzw. der sie stützenden Volkstumsorganisationen auseinandergesetzt. Eduard Beneš hatte diesen Zusammenhang durchaus richtig gesehen, als er auf die gemeinsamen Wurzeln sowohl der NSDAP Adolf Hitlers als auch der Henlein-Partei in der antisemitischen Alldeutschen Partei des Ritters Georg von Schönerer hingewiesen hat.

Auf jeden Fall war die Akzeptanz des Nationalsozialismus in den sudetendeutschen Gebieten in jeder Hinsicht höher als im Deutschen Reich. Daß eine Minderheitenbevölkerung, die wesentlich derartigen Vorstellungen und einer irredentistischen Politik anhing, mit der Existenz einer westlich ausgerichteten Demokratie schwer vereinbar war, bedurfte 1942 aus Londoner Perspektive keiner weiteren Begründung.

Gerade der von Kritikern und Anklägern Beneš' und seiner Vertreibungspolitik vorgebrachte Hinweis, es habe durchaus Deutsche gegeben, die der Henlein-Partei weder anhingen noch sie gar wählten, beweist, daß andere Optionen möglich waren und man auch im Böhmerwald den wahren Charakter des nationalsozialistischen Deutschlands allen Bedrängnissen durch den tschechischen Nationalismus zum Trotz durchaus erkennen konnte.

Allerdings: gerade an den seit 1935 immer stärker in die Defensive geratenden sudetendeutschen Sozialdemokraten, die ja immer wieder als Gegenbeweis für einen kollektiven Verrat der deutschen Minderheit am tschechoslowakischen Staat angeführt werden, zeigt sich das grundlegende Dilemma einer sogar demokratisch und gewiß antinationalsozialistischen sudetendeutschen Position. Zwischen demokratischen und sozialen Ansprüchen hier und einer ungebrochenen ethnischen Solidarität dort hin- und hergerissen, war die sudetendeutsche Sozialdemokratie nicht einmal im Exil, ja nicht einmal auf dem Höhepunkt des Zweiten Weltkrieges, eindeutig für ein liberales, demokratisches tschechoslowakisches Staatswesen und für die ersatzlose Streichung des Münchner Abkommens eingetreten. Ob sie mit einem anderen Kurs das Schicksal mindestens eines Teils der in Böhmen und Mähren lebenden Deutschen hätten ändern können, muß letztlich Spekulation bleiben. Festzustellen bleibt, daß sie es nicht in gebührender Konsequenz versuchten und wohl bis zuletzt nicht verstanden haben, daß Hitlers Gewaltpolitik, zu der das Münchner Abkommen gehörte, im Nachkriegseuropa nicht mehr die geringste Rolle spielen würde. Dabei hat guter Wille und die Verpflichtung, der deutschen Wählerschaft die Option auf kulturelle und politische Autonomie auch nach dem Krieg zu bewahren, eine große Rolle gespielt.

So berichteten Wenzel Jaksch und Eduard Beneš im Juni 1942 übereinstimmend, daß der Präsident und seine Regierung tatsächlich alle Nationalsozialisten und sudetendeutschen Faschisten, und handele es sich um Tausende, bestrafen wollte. »Sollen«, so die Entschließung des Vorstandes der sudetendeutschen Sozialdemokratie, »alle erschlagen werden? Sollen große Gefängnisse oder lebenslängliche Konzentrationslager für sie alle errichtet werden? Oder ist es besser, daß sie alle für immer fortgehen?« (BM1984, IV/1, 39)

Der sarkastische bis verzweifelte Tonfall dieser Entschließung kann nicht darüber hinwegtäuschen, daß tatsächlich von einem massenhaften, ja kollektiven Fall von Landes- und Hochverrat gegen die Tschechoslowakei auszugehen war. Die Entschließung fordert dazu auf, der Tatsache Rechnung zu tragen, »daß es sich wirklich um die Bestrafung vieler tausend Nazisten und Faschisten aller Volksgruppen handelt« (Brandes 2001, 2). Damit wurde der tschechoslowakischen Exilregierung nahegelegt, sich nicht ausschließlich gegen die Deutschen zu richten. Jaksch versuchte seit diesem Zeitpunkt, Beneš davon zu überzeugen, die Idee eines »Bevölkerungstransfers« nicht weiter zu verfolgen, und warnte vor einem dadurch ausgelösten Bürgerkrieg »längs der Sprachgrenzen Böhmens und Mährens«, er protestierte gegen eine »undiskriminierte Vergeltung« – was immerhin die Möglichkeit einer diskriminierten Vergeltung offenließ – und warnte ein weiteres Mal vor der Zerstörung der Grundlagen demokratischer Zusammenarbeit. (BM 1984, IV/1, 43)

Offensichtlich vermochte Wenzel Jaksch im Sommer 1942 nicht zu begreifen, daß der Zweite Weltkrieg und alle vom nationalsozialistischen Deutschland noch in Friedenszeiten erwirkten Regelungen inzwischen sowohl politisch als auch militärisch-strategisch bereits null und nichtig waren. Zunächst vertrat Jaksch im Unterschied zu Beneš, der im Londoner Exil zum anerkannten Vertreter des tschechischen Volkes wurde, kaum mehr als tausend sudetendeutsche Sozialdemokraten, die sich zur »Treuegemeinschaft sudetendeutscher Sozialdemokraten« zusammengeschlossen hatten. Trotz dieser Gruppierung und trotz sporadischen Widerstands von Deutschen gegen das nationalsozialistische Regime in der Tschechoslowakei kommt Glotz über den bestürzenden Umstand einer Hitler-Hörigkeit der meisten

Sudetendeutschen nicht herum: »[...] über eins ließ sich nicht hinwegreden: Die große Mehrheit der Sudetendeutschen hörte in dieser Zeit nicht auf Wenzel Jaksch oder andere demokratische Politiker. Sie hörte auf Hitler und Henlein.« (Glotz 2003, 148) Der hochverräterischen Haltung der meisten Sudetendeutschen gegenüber ihrem Staat zum Trotz hatte Beneš Jaksch und seinen emigrierten Sozialdemokraten zunächst noch Plätze in der Exilregierung und im Nationalrat angeboten. Die Offerte im Spätherbst 1939 scheiterte daran, daß Jaksch nicht bereit war, das Münchner Abkommen für ungültig zu erklären. Vier Wochen nach dem Überfall auf Polen hatten – zugegebenermaßen – auch England und Frankreich dieses Abkommen noch nicht gekündigt, und politische Beobachter konnten davon ausgehen, daß der nationalsozialistische Überfall auf Polen lediglich ein weiterer klassischer europäischer Krieg sei, dessen Weiterung zu einem Weltkrieg nicht absehbar war.

Die von Jaksch zu Beginn des später so genannten Zweiten Weltkrieges avisierte Perspektive findet sich in den ebenfalls von Glotz mitgeteilten »Richtlinien für die Auslandspolitik der Sudetendeutschen Sozialdemokratie«:

»Wir verkennen nicht«, erklärten hier exilierte Sozialdemokraten, »dass die Grenzen von München vielfach unter Verletzung des Nationalitätenprinzips gezogen wurden und dass innerhalb dieser Grenzen ein erneuerter Staat der Tschechen und Slowaken nicht lebensfähig wäre. Als ein Teil des sudetendeutschen Volkes haben wir aber vor allem die Interessen dieses Volkes zu vertreten. Auf Grund unserer zwanzigjährigen Erfahrungen«, so zieht die Erklärung nun das Resümee über Volkstums- und Minderheitenpolitik in der Tschechoslowakei, »müssen wir es daher ablehnen, unter gleichen oder ähnlichen Bedingungen, wie sie bis zum Münchner Übereinkommen bestanden, das sudetendeutsche Volk einem vorwiegend tschechischen Staate neu einzugliedern. Unserer tiefen Überzeugung nach«, so der Schluß aus diesen Überlegungen, »würde eine solche Lösung den Keim neuer Konflikte bedeuten. Es war ein Grundfehler der Staatskonstruktion vor München, daß sie zwei Millionen Slowaken alle Rechte eines Staatsvolks einräumte, während drei Millionen Sudetendeutsche als Minderheit behandelt wurden.« (Glotz 2003, 149)

Daß die Exilregierung und der Nationalrat der Tschechoslowakei nach dieser Erklärung keinen Anlaß zur Aufnahme von Sudetendeutschen mehr hatten, fügt sich ebenso ins Bild wie die Empfehlung Wenzel Jakschs an seine Mitstreiter, nicht der in England aufgestellten tschechoslowakischen Exilarmee, sondern der britischen Armee beizutreten. Beneš warb gleichwohl um Jaksch und erreichte schließlich im Herbst 1940 – Frankreich war von deutschen Panzern überrollt worden, und das unnachgiebige Großbritannien stand in der Luftschlacht um England – eine Art stillschweigenden Zugeständnisses Jakschs, eine Million Deutsche aus Böhmen auszusiedeln.*

Ob ein frühzeitiges und konsequentes Bekenntnis zum tschechoslowakischen Staat den Ereignissen einen anderen

* Peter Glotz deutet in seinem Buch »Die Vertreibung« diese Verhandlungsangebote von Beneš an Jaksch rein taktisch und behauptet, daß Beneš Jaksch »über den Tisch gezogen« habe – wie er überhaupt Eduard Beneš in ambivalenter Bewunderung auf geradezu intentionalistische Weise eine Konsequenz zuschreibt, die jedenfalls dem Aktenmaterial allein nicht zu entnehmen ist. Die Historiker Eva und Hans Henning Hahn haben in einer sorgfältigen Analyse seines Buches unter dem Titel »Peter Glotz und seine Geschichtsbilder« (www.zeitgeschichte-online.de) im einzelnen gezeigt, aus welchem letztlich doch deutsch-völkischen Blickwinkel Glotz die Geschichte der Tschechoslowakei sowie Böhmens und Mährens betrachtet und einem offenen Nationalismus nur durch nostalgisch-appellatorische Erinnerungen an den »Multikulturalismus« des Habsburger Reiches entgeht. Die Autoren halten Glotz vor allem vor, den von ihm selbst eingestandenen Umstand, daß sein Vater Nationalsozialist gewesen ist, nicht zureichend in seine Reflexionen einbezogen zu haben und damit – so möchte ich anfügen – die Mitschuld der Sudetendeutschen am Holocaust verschwiegen zu haben.

Lauf hätte geben können, muß ebenfalls Spekulation bleiben. Daß eine kleine Gruppe exilierter sudetendeutscher Gewerkschafter, die genau dies wollten, nach dem Krieg ebenfalls vertrieben wurden, kann das jedenfalls nicht belegen. Sie repräsentierten in der Tat nun niemanden als sich selbst. 1943 immerhin erwog der Stellvertreter von Beneš, Edvard Taborský, einen Plan, nach dem deutsche Antifaschisten, Sozialdemokraten und NS-Verfolgte in einer erneuerten demokratischen Tschechoslowakei sollten bleiben können, ebenso wie unpolitisch gebliebene deutsche Kleinbauern. (Naimark 2004, 146)

Als sich die noch in weiter Ferne liegende, aber bereits unabwendbare militärische Niederlage des Dritten Reiches abzuzeichnen begann, kündigte Beneš Jaksch dann endgültig die Verhandlungen auf: »Halten Sie für möglich«, fragte er ihn in einem letzten Brief, »dass irgendein Tschechoslowake, irgendein alliierter Politiker begreifen würde, dass man jemand in den Staatsrat oder in den Beamtenstab des tschechoslowakischen Staates beriefe, der sich bisher niemals öffentlich als tschechoslowakischer Bürger bekannt hat, der es ablehnt, seine bürgerlichen Pflichten zu erfüllen, und der seine Zugehörigkeit zum Staat immer noch an Bedingungen knüpft und sich Türen offen hält, um in der Zukunft einen anderen Standpunkt einnehmen zu können?« (Glotz 2003, 148)

Hier artikulieren sich zwei unterschiedliche Verständnisse von »Nation«: Beneš vertrat das Konzept der Willens- und Zukunftsnation, die »Sudetendeutschen« hingegen wollten sich als eine auf Sprache, Tradition und Kultur beruhende Herkunftsnation verstehen. Die Willens- und Zukunftsnation gründet sich auf die Amerikanische und Französische Revolution, auf zukünftige gemeinsame und individuelle sowie soziale Rechte, die Herkunftsnation auf ein romantisches, zuerst von Herder, dann vom Widerstand der sich damals gegen Napoleon wendenden deutschen Patrioten geprägten Ideen. Wir sprechen heute von der Differenz eines ethnischen und eines auf Rechten basierenden Konzepts der Nation. Die politische Schwierigkeit bestand freilich darin, daß das von Beneš vertretene Verständnis einer demokratischen Willensnation allzuoft der Durchsetzung der ethnisch-partikularen Ziele der tschechischen Ethnie diente. Gleichwohl – so läßt sich zugegebenermaßen abstrakt und aus dem sicheren Abstand von mehr als sechzig Jahren urteilen – wären die Kontrahenten besser beraten gewesen, in der Not des Krieges gegen Hitler-Deutschland das universalistische Konzept einer demokratischen Willensnation ernst zu nehmen und ethnische Loyalitäten zurückzustellen.

Die Beneš-Dekrete – inakzeptables Unrecht oder politische Notwendigkeit?

Daß dies nicht geschah, führte letzten Endes zur Vertreibung und Entrechtung der Deutschen, die in den sogenannten Beneš-Dekreten, die stärker verteufelt als bekannt sind, ihren quasi staatsrechtlichen Ausdruck fanden. Diese Dekrete stellen den historisch seltenen Fall einer gesetzlich legitimierten ethnischen Säuberung dar. In ihnen wurden Vorüberlegungen verdichtet und konkretisiert, die sich in einem Zehn-Punkte-Plan von Eduard Beneš aus dem Jahr 1944 sowie vor allem im Kaschauer Programm finden, das die neue tschechoslowakische Regierung der Nationalen Front (einer Allparteienregierung, die noch nicht aus freien Wahlen hervorgegangen war) am 5. April 1945, einen Monat vor der Kapitulation des Deutschen Reiches angenommen hatte.

Über diese Dekrete wurde gerade im Hinblick auf die Integration Tschechiens in die EU, die der »Bund der Vertriebenen« bekanntlich an deren Aufhebung binden wollte, kontrovers diskutiert. Daher ist es unerläßlich, einige dieser Dekrete einer ausführlicheren Betrachtung zu unterziehen. Dabei wird sich zeigen, was hierzulande wenig bekannt ist: daß ihre Gültigkeit zugleich die völkerrechtliche Ungültigkeit des Münchner Abkommens nach sich zieht, während umgekehrt eine Ungültigkeitserklärung der Dekrete die fatale Folge hätte, das Münchner Abkommen als völkerrechtlich grundsätzlich gültig anzusehen. Daher läßt sich verstehen, warum es für jede tschechoslowakische Regierung – ganz unabhängig von der Befürchtung individueller Restitutionsansprüche – grundsätzlich undenkbar ist, die Dekrete aufzuheben. Dies zu tun bedeutete nichts anderes, als die Legitimität der Gründung der Tschechoslowakei nach dem Ersten Weltkrieg in Frage zu stellen.

Zu betrachten sind nun die einschlägigen Passagen des sogenannten Kaschauer Programms sowie das Dekret des Präsidenten vom 19. Mai 1945 »über die Ungültigkeit vermögensrechtlicher Rechtsgeschäfte«, das Dekret vom 19. Juni 1945 »über die Bestrafung der nazistischen Verbrecher, der Verräter und ihrer Helfershelfer sowie über die außerordentlichen Volksgerichte« und schließlich das Dekret vom 21. Juni »über die Konfiskation und beschleunigte Aufteilung des landwirtschaftlichen Vermögens der Deutschen, Madjaren, wie auch der Verräter und Feinde des tschechischen und slowakischen Volkes«. Zweck dieser Betrachtung ist es, auf den eigentümlichen Widerspruch hinzuweisen, der zwischen dem Wortlaut der vom »Bund der Vertriebenen« verketzerten Dekrete, ihrer den Menschenrechten widersprechenden politischen Zielsetzung hier und ihrer in der gegebenen historische Situation beinahe unausweichlichen Konsequenz besteht.

In ihrem VIII. Kapitel ruft die Kaschauer Erklärung die »furchtbaren Erfahrungen« auf, die Tschechen und Slowaken mit einer deutschen und madjarischen Minderheit gemacht hätten, »die zu einem großen Teil das gefügige Werkzeug einer gegen die Republik gerichteten auswärtigen Eroberungspolitik bildeten, und von denen sich vor allem die tschechoslowakischen Deutschen direkt zu einem Ausrottungsfeldzug gegen das tschechische und slowakische Volk hergaben [...].« (BM 1984, IV/1, 192) Die der Erregung der Zeit geschuldeten Sätze des VIII. Kapitels der Kaschauer Erklärung, die ja nicht mehr und nicht weniger als einen Genozid gegen Tschechen und Slowaken annehmen, sind freilich weniger übertrieben, als es auf den ersten Blick scheint.

Tatsächlich war ein solcher Genozid geplant, tatsächlich wurden dazu bereits erste Schritte unternommen, tatsächlich bezweckte das oft gegenläufige Miteinander konkurrierender nationalsozialistischer Besatzungsbehörden nichts anderes als den systematischen Entzug der Lebensgrundlagen von Tschechen und Slowaken, wobei von den verfolgten Juden noch gar nicht die Rede ist.

Anläßlich einer Demonstration am 8. November 1939 gegen die deutsche Besatzungsmacht und der Grablegung eines vierzehn Tage zuvor ebenfalls bei einer Demonstration verwundeten Studenten ließen die nationalsozialistischen Besatzungsbehörden die Hochschulen für drei Jahre schließen, neun Studenten erschießen und 1200 Studenten ins Konzentrationslager Oranienburg deportieren. 1941 wurde Reinhard Heydrich, seit 1939 Chef des Reichssicherheitshauptamtes, nach Prag berufen und präsentierte den deutschen Geschäftsträgern folgende Agenda: Einerseits sollten die tschechischen Arbeiter – das war die kurzfristige Planung – ruhig gehalten werden, um ihre unverzichtbare Aufgabe in der Rüstungsindustrie erledigen zu können, andererseits sollte eine langfristige Planung darauf hinauslaufen, Tschechien restlos einzudeutschen: »Aber die Grundlinie muss für all dieses Handeln unausgesprochen bleiben«, hämmerte Heydrich den versammelten deutschen Landräten ein, »dass dieser Raum einmal deutsch werden muss und dass der Tscheche in diesem Raum letzten Endes nichts verloren hat. […] Gutrassige assimilieren und eindeutschen, schlechtrassig Gutgesinnte sterilisieren, gutrassig Schlechtgesinnte an die Wand stellen.« (Glotz 2003, 143f.)

Eine Exekutionswelle folgte ebenso wie soziale Lockmaßnahmen für die tschechische Bevölkerung, eine von Heydrich eingesetzte Regierung durfte nur noch deutsch sprechen. Allerdings läßt sich aus den genozidalen Absichten der nationalsozialistischen Reichsregierung nicht automatisch auf eine Kollaboration der deutschen (und madjarischen) Minderheit schließen, und auch die im Kaschauer

Programm gewählte vorsichtigere Formulierung, wonach sie das »gefügige Werkzeug einer gegen die Republik gerichteten auswärtigen Eroberungspolitik bildeten«, bedurfte bei den immerhin weitreichenden und nach heutigen Maßstäben eindeutig menschenrechtswidrigen Maßnahmen einer Konkretisierung.

Der Wortlaut der ersten Passagen des Dekrets des Präsidenten vom 19. Mai 1945 unterstellt zunächst umfangreiche, nach der Grundaussage des Dekrets jedenfalls nicht nach dem freien Willen der Partner zustande gekommene Vermögensübertragungen:

»§ 1 (1) Ausnahmslos alle Vermögensübertragungen und vermögensrechtlichen Rechtsgeschäfte, ohne Rücksicht darauf, ob sie bewegliches oder unbewegliches, öffentliches oder privates Vermögen betreffen, sind ungültig, sofern sie nach dem 29. September 1938 unter dem Druck der Okkupation oder der nationalen, rassischen oder politischen Verfolgung vorgenommen wurden. [...]

§ 2 (1) Das im Gebiete der Tschechoslowakischen Republik befindliche Vermögen der staatlich unzuverlässigen Personen wird gemäß den weiteren Bestimmungen dieses Dekretes unter nationale Verwaltung gestellt. [...]

§ 4 Als staatlich unzuverlässige Personen sind anzusehen: a) Personen deutscher oder madjarischer Nationalität. b) Personen, die eine gegen die staatliche Souveränität, Selbständigkeit, Integrität, die demokratisch-republikanische Staatsform, die Sicherheit und die Verteidigung der Tschechoslowakischen Republik gerichtete Tätigkeit entfaltet haben, die zu einer solchen Tätigkeit aufreizten oder andere Personen dazu zu verleiten suchten und planmäßig auf irgendeine Weise die deutschen oder madjarischen Okkupanten unterstützten. [...]« (BM 1984, IV/1, 204 f.)

Das Dekret vom 19. Mai enthält somit eine eigentümliche Mischung nachvollziehbarer und auf den ersten Blick äußerst problematischer Regelungen. Als harter Kern allen Rechts kann entgegen landläufigem Verständnis das bürgerliche Recht, das Recht des Eigentums gelten – das Strafrecht etwa, das mit seinen Sanktionen gegen Diebstahl, Einbruch und Raub das Eigentum schützt, setzt dieses als politische Institution bereits voraus. Die im Dekret enthaltene Vermutung, daß ein großer Teil bürgerlicher Rechtsgeschäfte nach dem 29. September, also nach der Annexion des Sudetenlandes, nicht zwischen freien und gleichen Teilnehmern zustande gekommen ist und daß an diesen Rechtsgeschäften nicht nur »reichsdeutsche« Geschäftspartner, sondern auch nun zu deutschen Reichsbürgern gewordene »sudetendeutsche« tschechoslowakische Bürger beteiligt waren, ist von hoher Plausibilität.

Freilich setzt § 1 – aus heutiger Sicht eigentlich eine Selbstverständlichkeit – die Ungültigkeit des Münchener Abkommens voraus, eine Annahme, die bis in die achtziger Jahre nicht allseits akzeptiert wurde und seitens des »Bundes der Vertriebenen« wohl bis heute nicht akzeptiert wird. So argumentierte Theodor Schieder 1957 in der vom Bundesvertriebenenminister Theodor Oberländer herausgegebenen Dokumentation, daß das Dekret vom 19. Juni wie auch andere Dekrete eine »Fragwürdigkeit« aufwiesen, da sie auf der von Beneš noch in der Exilzeit vertretenen These von der »staatsrechtlichen Kontinuität der Republik« beruhte, »die für die deutschen Bewohner der 1938 durch das Münchener Abkommen zum Deutschen Reiche geschlagenen Gebiete auch nach streng legalistischer Auffassung – ohne Berücksichtigung der politischen Probleme – niemals die Norm für ihr Verhalten bilden konnte«. (BM 1984, IV/1, 74)

Da unter die hier im Dekret benannten Rechtsgeschäfte auch die widerrechtlichen und rassistisch begründeten Arisierungen gehörten, wird es mindestens für diesen Bereich keine Schwierigkeit darstellen, von »gesetzlichem Unrecht« (Gustav Radbruch) zu sprechen, über das es ebensowenig zu debattieren gilt wie über die Rechtmäßigkeit und Moralität der im Dritten Reich erfolgten »Arisierungen«, Konfiskationen und steuerlichen Ausplünderungen des Eigentums von entrechteten jüdischen Bürgern.

Auch wenn man den zeitgeschichtlichen Kontext von Schieders Äußerungen – die Zeit des Kalten Krieges –

berücksichtigt, bleibt auf den ersten Blick völlig unverständlich, warum Gelehrte wie er und Interessenorganisationen wie der »Bund der Vertriebenen« einerseits die staatsrechtliche Kontinuität der Tschechoslowakei bestreiten, wohl aber auf der Kontinuität des Deutschen Reiches in den Grenzen von 1937 beharren, wenngleich dessen innere und äußere Gestalt noch viel stärker verändert war als die Gestalt der Tschechoslowakei in den Jahren 1938 bis 1945. Bedenkt man jedoch, daß sich Schieder auch nach dem Krieg nicht von seinen volkstumspolitischen Grundhaltungen gelöst hat, erklärte sich dieser Widerspruch von selbst.

Dies führt wieder auf das Münchner Abkommen zurück, dessen Ungültigkeit einzuräumen den unbelehrbaren »Volkstumspolitikern« noch nach dem Zweiten Weltkrieg offensichtlich schwerfiel. In dieser Haltung fanden sie im übrigen auch bei dem ansonsten meist, wenn auch nicht immer, fair und abgewogen urteilenden Staats- und Völkerrechtler Alfred de Zayas Unterstützung, der zwar einerseits einräumt, daß das Münchner Abkommen nur unter Androhung von Gewalt zustande gekommen sei, diesen Umstand jedoch nicht für zureichend hält, seine Rechtsgeltung anzufechten. Zayas, auf dessen Argumente hier ausführlicher einzugehen ist, da sie – wenn überhaupt – noch das seriöseste Plädoyer für das sind, was man als den »Revanchismus« der Sudetendeutschen bezeichnen könnte, scheut sich nicht, das Münchner Abkommen alles in allem für gut zu befinden und es wenn schon nicht für die beste, so doch für eine »annehmbare Lösung« zu halten, wenngleich auch er einräumen muß: »Unbehaglich am Münchner Abkommen wirkte nicht die Regelung selbst, sondern daß sie erpreßt worden war.« (Zayas 1996, 65) Anzumerken ist freilich, daß die neuere Forschung Zayas vorhält, auf einer noch unvollständigen Quellenbasis publiziert zu haben und daher zu tendenziösen Urteilen zu kommen.

Die Legitimität des Münchner Abkommens oder zumindest dessen wesentlicher Inhalte zu behaupten heißt aber in letzter Instanz nichts anderes, als die Legitimität und Legalität der tschechoslowakischen Staatsgründung von 1919 zu verneinen. Zu Beginn des 21. Jahrhunderts, mit einem kritischen Rückblick auf die vielfältig mißlungenen Versuche, in Europa Nationalitätenkonflikte zu lösen – das letzte warnende Beispiel ist der Kosovo, in dem die EU und mit ihr die Bundesrepublik ganz offensichtlich versagt haben –, wird man die Art und Weise, wie die von demokratischen tschechischen Nationalisten dominierte Regierung der Tschechoslowakei auf die Ansprüche der deutschsprachigen – der zweitgrößten – Bevölkerungsgruppe eingegangen ist, deutlich zu kritisieren haben, ohne damit besserwisserisch behaupten zu wollen, für die Lage des Jahres 1919 einen besseren Vorschlag präsentieren zu können. Läßt sich ernsthaft der Ausgang eines Gedankenexperiments überprüfen, gemäß dem »Deutsch-Böhmen« an »Deutsch-Österreich« gefallen wäre?

Wie dem auch sei, sogar wenn man so weit ginge, weite Teile des von Konrad Henlein 1938 formulierten Karlsbader Programms für legitim zu halten und in der historischen Betrachtung großzügig über die innen- und gesellschaftspolitisch faschistisch ausgerichteten Züge dieser Bewegung hinwegzusehen bereit wäre, wäre man damit noch lange nicht an jenem Punkt angelangt, der schließlich auf eine Integration der »sudetendeutschen« Gebiete in den Staatsverband des Dritten Reichs hinauslief. Das wäre – und auf dieser Linie scheint Zayas gelegentlich zu argumentieren – nur dann möglich, wenn man den politischen Willen der überwiegenden Mehrheit der deutschen Bevölkerung der Tschechoslowakei im Jahre 1938, »Reichsbürger« zu werden, als Ausdruck ihres freien und legitimen Selbstbestimmungsrechts betrachtete.

Um dieser Annahme willen widerspricht Zayas, ohne dafür Belege aus den Quellen beizubringen, der Theorie vom Verrat der sudetendeutschen Mehrheit am tschechoslowakischen Staat: »Fünfzig Jahre nach dem Ende des Zweiten Weltkrieges«, so Zayas Mitte der siebziger Jahre, »gibt es wohl kaum eine Rechtfertigung dafür, an der hartnäckigen Legende festzuhalten, daß die Deutschen den Tschechen den

Dolch in den Rücken gestoßen hätten. Denn wenn sich die deutsche Minderheit ›illoyal‹ zu den Tschechen verhalten hatte, dann im gleichen Sinn, in dem jedes Volk ›illoyal‹ auf die Fremdherrschaft reagiert; wenn sie ihr Recht auf Selbstbestimmung gefordert hatte, bedeutete das an sich noch nicht, daß sie sich ›in Massen erhoben hatte, um die Tschechen zu verraten‹.« (Zayas 1996, 71 f.)

Im Sinne eines *tu quoque* will Zayas dann allerdings in den Aktionen der sudetendeutschen Führung zugunsten des Dritten Reiches nichts anderes sehen als einen Ausdruck des Selbstbestimmungsrechts der Völker. Auf diese Problematik – Inhalte und Grenzen des Selbstbestimmungsrechts der Völker – wird später ausführlicher einzugehen sein. »War ein Henlein ein Verräter an der Tschechoslowakei, dann waren Masaryk und Beneš nach denselben Kriterien Verräter an der Doppelmonarchie. Und doch suchte jeder nur die Verwirklichung des Selbstbestimmungsrechts für sein eigenes Volk. Der einzige Unterschied«, so Zayas' geschichtsblinder Schluß, »liegt darin, daß die Deutschen den Ersten und den Zweiten Weltkrieg verloren hatten und daß der Kampf der Sudetendeutschen um Selbstbestimmung sie erst nach München und später in die Katastrophe führte.« (Zayas 1996, 72)

Unbestreitbar ist, daß der politische Wille der überwiegenden Mehrheit der Deutschen in der Tschechoslowakei einen wesentlichen Anteil an der Zerstörung eines zwar in seiner Minderheitenpolitik nicht ausgewogenen, aber alles in allem doch demokratischen Staatswesens hatte. Überdies darf man mit Fug und Recht bezweifeln, daß jene Deutschen, die einen Anschluß an Hitler-Deutschland ersehnten, prinzipienfeste Befürworter der Souveränität und Integrität eines – wenn auch verkleinerten – tschechischen Staates gewesen sind. Man wird daher zu gar keinem anderen Schluß kommen können, als den politischen Generalverdacht, den das Kaschauer Programm generell gegen die überwiegende Mehrheit der deutschen Minderheit äußert, für angemessen zu halten. Dem Dekret vom 19. Juni wird man allemal dort zustimmen müssen, wo es die Gültigkeit der in der Besatzungszeit getätigten Rechtsgeschäfte mit dem Hinweis außer Kraft setzt, daß sie unter politischem Druck, also unter Bedingungen zustande gekommen sind, die über die rein ökonomisch bedingte Verzerrung von Marktmacht durch unterschiedlichen Reichtum bei Käufern und Verkäufern weit hinausgeht. Strittig können also weder die Annullierung aller Bestimmungen des Münchner Abkommens noch die plausible politische Kollektivbeschuldigung der überwiegenden Mehrheit der deutschen Bevölkerung der Tschechoslowakei sein, sondern allenfalls die Maßnahmen, die Nationalrat und Regierung der Tschechoslowakei angesichts dieses Befundes ergriffen haben.

Diese Maßnahmen sprechen heutigen menschenrechtlichen Maßstäben, daran kann kein Zweifel bestehen, Hohn. Zum Ausdruck kommt dies in der kollektiven, nun nicht mehr nur politischen, sondern juristischen Stigmatisierung von Deutschen und Ungarn gemäß § 4 des Dekrets: »als staatlich unzuverlässige Personen sind anzusehen: a) Personen deutscher oder madjarischer Nationalität«, die für die Betroffenen gravierende, nachteilige Rechtsfolgen hatte. Die deutsche Übersetzung dieses Paragraphen läßt gewiß nicht den Schluß zu, daß das Dekret *alle* »Personen deutscher oder madjarischer Nationalität« meint, was aber den darin enthaltenen menschenrechtlichen Anstoß schon deshalb nicht mindert, weil für den behördlichen Zugriff die deutsche oder madjarische Nationalität auf jeden Fall ein zureichender Anlaß zur Vermögenskonfiskation sein *konnte*. Aus Sicht der Erklärung der Menschenrechte von 1949 muß es Anstoß erregen, daß hier eine Diskriminierung allein auf der Basis eines zugeschriebenen – der soziologische Fachausdruck lautet »askriptiven« – Merkmals möglich sein soll, daß also allein aus der ethnischen Zugehörigkeit auf Handlungen oder Unterlassungen sollte geschlossen werden können.

§ 6 des Dekrets vom 19. Mai versucht freilich, die Kategorie der »staatlich unzuverlässigen Personen« näher einzugrenzen: »Als Personen deutscher oder madjarischer Nationalität sind Personen anzusehen, die sich bei irgendeiner

Volkszählung seit dem Jahre 1929 zur deutschen oder madjarischen Nationalität bekannt haben oder Mitglieder nationaler Gruppen, Formationen oder politischer Parteien geworden sind, die sich aus Personen deutscher oder madjarischer Nationalität zusammensetzen.« (BM 1984, IV/1, 205)

Im Falle der Sudetendeutschen dürften damit jedoch so gut wie alle Personen gemeint sein – schon lange vor der Gründung der Tschechoslowakei drückte sich die Zugehörigkeit zum deutschen oder zumindest zum sudetendeutschen Volk in der völkisch-deutschen Vereinszugehörigkeit aus, stärker noch als in der Mitgliedschaft in entsprechenden politischen Parteien. Die bis heute wirksame Polemik gegen die Beneš-Dekrete, die auch ein ansonsten um Ausgewogenheit bemühter Autor wie Peter Glotz führt, entzündet sich – neben der unbestreitbar moralisch, politisch und rechtlich stimmigen Verurteilung von Gewalt, Raub, Erniedrigung – vor allem an einer staatsrechtlichen Frage, die Glotz als »juristische Finesse« beiseite zu schieben versucht, die aber ein schwerwiegendes grundsätzliches Problem enthält. Es waren wiederum – vor dem österreichischen Staatsrechtler Felix Ermacora und anderen – Theodor Schieder und seine Mitarbeiter, die hier den Ton vorgaben: Sie gingen davon aus, daß die Enteignung der Deutschen nur auf der Basis des Dekrets über den Verlust der tschechoslowakischen Staatsbürgerschaft all jener Personen möglich wurde, die nach den Vorschriften einer der beiden Besatzungsmächte die deutsche oder ungarische Staatsbürgerschaft erworben hatten: »An dieser Stelle überschlug sich«, so Schieder und seine Mitarbeiter, »die staatsrechtliche Theorie, von der Beneš und die tschechische Regierung bisher ausgegangen waren: sie verneinte die Rechtsgültigkeit des Münchener Abkommens und aller in diesem Zusammenhang stehenden Verträge und Verordnungen, sie hielt an der ungebrochenen Kontinuität der ČSR fest, aber sie erkannte ausdrücklich den Staatsangehörigkeitswechsel von 1938 an; d. h. sie behandelte den Wechsel der Staatshoheit über das Territorium als nichtig, hielt aber an dem Wechsel der Staatshoheit über Personen fest.« (BM 1984, IV/1, 84)

Tatsächlich setzt sich das diesen Tatbestand regelnde Dekret »über die Regelung der tschechoslowakischen Staatsbürgerschaft der Personen deutscher und madjarischer Nationalität« vom 2. August 1945 dem Verdacht staatsrechtlicher Widersprüchlichkeit aus:

»§ 1 (1) Die tschechoslowakischen Staatsbürger deutscher oder madjarischer Nationalität, die nach den Vorschriften einer fremden Besatzungsmacht die deutsche oder madjarische Staatsangehörigkeit erworben haben, haben mit dem Tage des Erwerbs dieser Staatsangehörigkeit die tschechoslowakische Staatsbürgerschaft verloren.« (BM 1984, IV/1, 240) Damit beglaubigt dieses Dekret tatsächlich das Münchner Abkommen in einem Fall, wenngleich § 2 (1), den übrigens Schieder ebensowenig erwähnt wie Glotz oder Zayas, hier unter bestimmten Bedingungen eine bedeutsame Ausnahmeregelung vorsieht:

»§ 2 (1) Personen, welche unter die Bestimmungen des § 1 fallen und nachweisen, daß sie der tschechoslowakischen Republik treu geblieben sind, sich niemals gegen das tschechische und slowakische Volk vergangen und sich entweder aktiv am Kampfe um seine Befreiung beteiligt oder unter dem nazistischen oder faschistischen Terror gelitten haben, bleibt die tschechoslowakische Staatsbürgerschaft erhalten«, und damit – so ließe sich ergänzen – der Schutz ihrer Grundrechte und ihres Eigentums. (BM 1984, IV/1, 240)

Der Widerspruch war den tschechoslowakischen Regierungsjuristen, die dieses Dekret ausarbeiteten, durchaus bewußt, und man mag sich fragen, warum sie bereit waren, ihn in Kauf zu nehmen. (BM 1984, IV/1, 247 f.) Immerhin ließ sich rein juristisch damit ein eigener Verstoß gegen eine rechtlich unzulässige rückwirkende Regelung, wonach der Erwerb einer anderen als der tschechoslowakischen Staatsbürgerschaft unzulässig sei, ebenso vermeiden wie ein Verstoß gegen das ebenfalls allgemein geltende Gebot der Verhältnismäßigkeit. Wäre es möglich gewesen, den Erwerb der

Staatsangehörigkeit des Deutschen Reiches oder der Ungarns der Horthy-Diktatur als jeweils individuelle, schwere Fälle von Hoch- und Landesverrat zu ahnden? Und hätte sich die spätestens 1943 auch von den Alliierten gewollte und beglaubigte Absicht, um des Friedens in Mitteleuropa willen die Deutschen auszusiedeln, mit anderen Mitteln erzielen lassen? Das wäre auf rechtsstaatliche Weise in mehreren Hunderttausend, wenn nicht Millionen Fällen kaum möglich gewesen. Man wird sich daher auch in diesem Punkt der Einsicht nicht verschließen können, daß – bei aller menschenrechtsinkompatiblen Fassung der Dekrete und ihres teilweise logischen Widerspruchs zur Ablehnung des Münchner Abkommens – es in letzter Instanz wiederum die Politik des Dritten Reiches und die politische Blindheit des größten Teils der sudetendeutschen Bevölkerung selbst gewesen sind, die die Grundlage für ihr schweres Schicksal gelegt haben.

Man spricht bei derlei Fällen von einem »Tun-Ergehens-Zusammenhang«, der sich vom Weltbild der griechischen Tragödie dadurch unterscheidet, daß das Eintreten des Übels nicht das Resultat eventuell gut gemeinter, auf jeden Fall unausweichlicher Absichten und Handlungen war, sondern die schlüssige Konsequenz moralischer Fehlhandlungen. Die bekannten Wochenschaubilder von blumenschwenkenden Menschen, die das Einrücken der Wehrmacht in die sudetendeutschen Gebiete bejubelten, sind gewiß nicht im strengen Sinne repräsentativ, aber sie vermitteln doch einen typischen Eindruck. Die sudetendeutschen Sozialdemokraten – in all ihrer Inkonsequenz – wußten in der Zeit ab 1933, was auf sie zukommen würde, unbestreitbar ist aber auch, daß sie von Jahr zu Jahr Mitglieder, Anhänger und Wähler verloren.

Hitler zujubelnde Menschen gab es ebenso an der Saar und allemal im Deutschen Reich selbst – warum, so könnte man fragen, hätten nun ausgerechnet die Sudetendeutschen in ihrer exponierten Lage klüger sein sollen? Vor allem aber, welche Alternativen zu der später in eine menschenrechtswidrige, oftmals mörderische ethnische Säuberung mündende Aussiedlungspolitik hätte es gegeben? Und zwar unter den Bedingungen, die tatsächlich im Frühjahr 1945 in Mitteleuropa herrschten – also unter der Bedingung, daß Stalins Sowjetunion und Stalins Rote Armee in den von ihr besetzten Gebieten die politischen Vorgaben machten. In der Annahme, daß die deutschsprachige Minderheit unter der von ihr so verstandenen Ausübung ihres Selbstbestimmungsrechts einen demokratischen Staat zerstört, Eigentum und Freiheiten von hunderttausenden tschechoslowakischen Bürgern beeinträchtigt und damit auch dem Judenmord in der Tschechoslowakei Tür und Tor geöffnet hatte, war an eine Neugründung der Tschechoslowakei unter stalinistischer Herrschaft, die den dort lebenden Deutschen die vollen Rechte einer Minderheitengruppe ohne jegliche Diskriminierung eingeräumt hätte, tatsächlich nicht zu denken. Gleichermaßen konnte es in einem Land, das vor einer, wenn auch von außen importierten, sozialen Revolution mit Aufhebung der bürgerlichen Eigentumsverhältnisse stand, einen Schutz des wie auch immer erworbenen Eigentums nicht geben. Warum sollten schließlich einzig die Deutschen ihre Bürger- und Menschenrechte behalten, da diese doch im Zuge der Errichtung einer kommunistischen Parteidiktatur spätestens 1948 allen Einwohnern der Tschechoslowakei genommen wurden? Aber sogar unterstellt, daß das noch nicht die Option des Jahres 1945 sein konnte und damals tatsächlich noch die Perspektive der Wiederrichtung einer bürgerlichen Demokratie bestand – wie hätte sich der erneuerte tschechoslowakische Staat zu seinen deutschen, überwiegend nationalsozialistisch gesonnenen Bürgern verhalten sollen? Nicht anders als in Westdeutschland, der späteren Bundesrepublik, oder in der sowjetischen Besatzungszone, der späteren DDR, hätte sich eine neue tschechoslowakische Gesellschaft mit einer Bestrafung der während des Nationalsozialismus begangenen Verbrechen bzw. – wie in den westdeutschen Entnazifizierungsverfahren – des während des Nationalsozialismus eingegangenen politischen Engagements von Hunderttausenden auseinandersetzen müssen. Das hätte jedoch zur Folge gehabt, daß der allergrößte Teil der deutschen Bevölkerung mindestens als »belastet« hätte eingestuft werden müssen. Man muß sich daher fragen, ob ein Staat, dessen zweit- oder drittgrößte ethnische Minderheit nun nicht mehr aufgrund von Pauschalurteilen, sondern aufgrund je individuell gefällter Schuldsprüche als »belastet« gegolten hätte, auch nur halbwegs hätte funktionieren können.

Das wird schon an der im Dekret vom 19. Juni 1945 vorgesehenen, jeder Rechtsstaatlichkeit spottenden Volksgerichtsbarkeit deutlich, die sich am Standgerichtsverfahren orientierte, zwar einen Verteidigungszwang, aber keine Berufungsmöglichkeit kannte und gemäß derer mehr als 700 Todesurteile sowie beinahe 20000 Gefängnisstrafen gegen Deutsche verhängt wurden. In diesem Dekret wurden etwa unter »Verbrechen gegen den Staat« sowohl verschiedene Formen des Verrats, die Mitgliedschaft in faschistischen Organisationen, aber auch die Aktivität im deutschen oder ungarischen Kultur- und Propagandawesen inkriminiert, wobei die »Absicht [...], das moralische, nationale oder staatliche Bewußtsein des tschechoslowakischen Volkes, insbesondere der tschechoslowakischen Jugend, zu zerstören [...]«, mit Strafen bis zu 20 Jahren schwerem Kerker oder – in besonders schweren Fällen – sogar mit dem Tode bestraft werden konnten. Inkriminiert wurden gleichermaßen Verbrechen gegen Personen, wider das Vermögen und Denunziantentum. (BM 1984, IV/1, 212)

Diese weitgehend aus dem bereits geltenden Strafgesetzbuch abgeleiteten Tatbestände wurden freilich durch einen § 10 ergänzt, dessen ganze Tragweite überhaupt erst heute, also nach den vielfältigen Untersuchungen über die Mitschuld auch der »kleinen Leute« im Nationalsozialismus, deutlich wird. Die Untersuchung des nationalsozialistischen deutschen Steuerrechts und der zivilrechtlichen Arisierungspraktiken hat gezeigt, wie sich viele Menschen durch das Ersteigern und das Kaufen jüdischen Eigentums zu durch den Auswanderungsdruck unangemessen niedrigen Preisen, durch die nationalsozialistischen Rassegesetze bereichern konnten bzw. wie sogar ganze Institutionen – etwa die nationalsozialistische Volkswohlfahrt – von der Vertreibung der deutschen Juden profitiert haben. Ebenso hat die Forschung gezeigt, welche universitären Karrierechancen sich Nichtjuden durch die Emigration jüdischer Kollegen eröffneten, wie sehr Ärzte vom Berufsverbot gegen ihre jüdischen Kollegen profitierten; all das kann deutlich machen, welche Problematik hinter § 10 des Dekrets über die Volksgerichtsbarkeit stand: »Wer in der Zeit der erhöhten Bedrohung der Republik (§ 18) eine durch die nationale, politische oder rassische Verfolgung hervorgerufene Zwangslage dazu mißbrauchte, um sich zum Schaden des Staates, einer juristischen oder physischen Person zu bereichern, wird, wenn er sich keine strenger zu bestrafende Tat zuschulden kommen ließ, wegen Verbrechens mit schwerem Kerker von fünf bis zehn Jahren bestraft.« (BM 1984 IV/1, 215)

»Die Flucht und Verdrängung von Tschechen und Juden sowie Antifaschisten setzt prompt ein. Ungefähr 200 000 Personen verließen vom Herbst 1938 bis zum August des folgenden Jahres die Grenzgebiete und siedelten ins vermeintlich sichere innerböhmische Reich.« (Franzen/Lemberg 2001, 161) Die Frage nach ihrem zurückgelassenen Eigentum blieb ungeklärt. Seit September 1941 sollten nach Hitlers Order die Juden aus dem Reich und aus dem Protektorat deportiert werden (Pohl 2003, 85), in Böhmen und Mähren wurden schon bis Mai 1939 mehr als 6000 Menschen verhaftet und zu einem erheblichen Teil in Konzentrationslager gesperrt.

Anzeichen von Widerstand ahndete der nach Prag entsandte Heydrich durch die Erschießung von 400 Menschen. Nach dem Attentat auf Heydrich am 4. Juni 1942 wurden beinahe 2000 Menschen standrechtlich erschossen. In der Slowakei schlugen 1944 Waffen-SS und Wehrmacht nicht nur den gegen sie gerichteten Aufstand nieder und bestraften die Kombattanten, sondern ermordeten weitere 3000 Zivilisten, 30000 Menschen wurden in Konzentrationslager deportiert. Was geschah mit ihrem Eigentum?

§ 10 des Dekrets »über die Bestrafung der nazistischen Verbrecher, der Verräter und ihrer Helfershelfer sowie über die außerordentlichen Volksgerichte«, so wenig rechtsstaatlich es im ganzen auch sein mag, rückt gleichwohl ins Bewußtsein, was man als Kollektivschuld nicht bezeichnen mag, da dies dem Begriff individueller Verantwortlichkeit widerspricht, was aber dafür um so deutlicher auf massenhafte, beinahe epidemische Schuld unter den Sudetendeutschen hinweist. Wie hätte – um diese Frage noch einmal zu stellen – der wiedererstandene tschechoslowakische Staat auf all das reagieren sollen? Gewiß, es wäre denkbar gewesen, sich am Muster der DDR zu orientieren, d.h. mit einigen Schwerbelasteten und tatsächlich Straffälligen kurzen Prozeß zu machen – wie das im Rahmen der außerordentlichen Volksgerichtsbarkeit ja auch geschah – und alle anderen Vergehen von Mitläufern oder auch tatsächlich Belasteten zu verdrängen oder gar zu amnestieren und ansonsten den Rest der deutschsprachigen Minderheit einem unnachgiebigen Assimilationsdruck auszusetzen, ähnlich wie es den verbliebenen Deutschen in Polen erging ... Diese, aus heutiger menschenrechtlicher Perspektive der Vertreibung allemal vorzuziehende Lösung hätte indes – sogar unter den Bedingungen des Kalten Krieges – ein Irredentismusproblem und einen europäischen Unruheherd geschaffen, an dem damals weder die Alliierten noch die Tschechen und Slowaken interessiert sein konnten. Zu fragen wäre überdies im Gegenzug, welche Vorstellungen eines künftigen tschechoslowakischen Staatswesens etwa die sudetendeutschen Sozialdemokraten im Mai 1945 hatten, mehr noch, wie sich die Aktiven der sudetendeutschen Landsmannschaft den Verbleib der Minderheit in den Grenzen der Tschechoslowakei vorgestellt haben. Auf diese Frage nach der politisch realistischen Alternative zur Vertreibung wurde jedoch nie auch eine nur halbwegs plausible Antwort gegeben, und das Beharren auf dem »Recht auf Heimat« hat niemals eine rationale politische Form gefunden. Dies macht es mehr als wahrscheinlich, daß zumindest die politisch Aktiven der Volksgruppe gar keinen besonderen Wert darauf legten, nach dem Ende des Zweiten Weltkriegs in ihren alten Siedlungsgebieten zu verbleiben – jedenfalls nicht in einem kommunistischen, tschechischen Staat. Sie hätten dort mehr zu verlieren gehabt, als sie im Westen, in der Bundesrepublik, gewinnen konnten. Vor dem Hintergrund der Lausanner Verträge, die ja gerade 22 Jahre alt waren, und den vom nationalsozialistischen Deutschland begangenen Greueltaten wird daher verständlicher, warum beinahe alle Beteiligten auf alliierter Seite so oder so für eine Aussiedlung waren.

Die Durchführung der Vertreibung aus Böhmen und Mähren

Die Art und Weise freilich, wie die tschechoslowakischen Behörden diesem Prozeß Vorschub leisteten, ist in der Tat in jeder Hinsicht inakzeptabel, und dabei geht es weder um die Rachsucht politischer Milizen oder eines aufgebrachten politischen Pöbels, der pogromartige Ausmaße annahm, sondern um die in den Beneš-Dekreten eben auch enthaltenen, dem Anschein nach rechtsförmigen Maßnahmen, die in der Konfiskation von Eigentum nur aufgrund der Nationalität der Besitzer, in der pauschalen Verhängung einer Zwangsarbeitspflicht (Dekrete vom 19. September und vom 27. Oktober), in einer für gesetzlich erklärten Sicherungshaft ohne Begrenzung sowie eine Entlassung aus regulären Arbeitsverhältnissen (Gesetz vom 11. April 1946) zur Folge hatten.

Die rechtsförmige Willkür dieser Maßnahmen kommt insbesondere im »Verfassungsdekret des Präsidenten der Republik vom 27. Oktober 1945 über die Sicherstellung der als staatlich unzuverlässig angesehenen Personen während der Revolutionszeit« zum Ausdruck. Allein schon durch die im Titel des Gesetzes erwähnte »Revolutionszeit« wird deutlich, daß es hier um einen klassischen Fall des von dem faschistischen Staatsrechtler Carl Schmitt beschworenen »Ausnahmezustands« geht, den der Philosoph Giorgio Agamben so treffend als im Herzen des Rechts angelegte Rechtlosigkeit, als den Ort des Aufeinandertreffens der puren, nackten Körperlichkeit der Individuen und der Macht sans Phrase, der unmaskierten Staatsgewalt, analysiert hat. (Agamben 2003, 180)

»§ 1 Die Sicherstellung von Personen, die als staatlich unzuverlässig angesehen wurden, durch Behörden oder Organe der Republik, auch außerhalb der gesetzlich statthaften Fälle, oder eine Verlängerung ihrer vorläufigen Sicherstellung (Haft) über den gesetzlich zulässigen Zeitraum hinaus wird für gesetzmäßig erklärt. Solche Personen haben wegen dieser Sicherstellung oder einer Verlängerung der vorläufigen Sicherstellung über den gesetzlich zulässigen Zeitraum hinaus keinen Anspruch auf Schadenersatz.

§ 2 Unter einer Sicherstellung (vorläufigen Sicherstellung) im Sinne dieses Dekrets und anderer gesetzlicher Bestimmungen ist nicht die Zusammenziehung ausländischer Staatsangehöriger zu verstehen, die von der zuständigen Behörde an bestimmten Orten zum Zwecke ihrer späteren Abschiebung durchgeführt wurde. Eine solche Zusammenziehung darf ohne jegliche Beschränkung durchgeführt werden.« (BM 1984, IV/1, 276)

Diese Anordnung war nicht die einzige, die Beobachter und Analytiker an die nationalsozialistischen Maßnahmen erst gegen die deutschen, dann gegen die europäischen Juden erinnerte. Personen, die deutsch aussahen, die deutsch anmutende Kleidungsstücke trugen oder von denen bekannt war, daß sie tatsächlich Deutsche waren, wurden seit dem

Mai 1945 Opfer von Mißhandlung, Erniedrigung und von Lynchpraktiken sowie öffentlichen Exekutionen. Dabei handelte es sich um Sudetendeutsche, reichsdeutsche Angehörige der Besatzungsverwaltung oder auch um Flüchtlinge aus Schlesien – neben mehr als drei Millionen Sudetendeutschen befanden sich noch 400 000 andere Deutsche in Böhmen und Mähren. Deutsche wurden, so berichtete es die britische Presse, in Konzentrationslager gebracht, um dort auf ihre Abschiebung zu warten, sogar Theresienstadt wurde reaktiviert. Deutsche wurden gezwungen, Zwangsarbeit zu verrichten und sich öffentlich zu stigmatisieren: Sie hatten eine weiße Armbinde zu tragen. Der jüdische Schriftsteller H. G. Adler, der Theresienstadt überlebt hatte, vermerkte erschreckt, daß dort nach der deutschen Niederlage auch Kinder eingesperrt wurden, deutsche Kinder: »Nur weil sie Deutsche waren …?« fragte sich Adler angeekelt und verstört. »Der Satz klingt erschreckend bekannt; man hatte bloß das Wort ›Juden‹ mit ›Deutsche‹ vertauscht. Die Fetzen, in die man die Deutschen hüllte, waren mit Hakenkreuzen beschmiert. Die Menschen wurden elend ernährt, mißhandelt, und es ist ihnen um nichts besser ergangen, als man es von deutschen Konzentrationslagern her gewohnt war. Der Unterschied bestand lediglich darin, daß der herzlosen Rache, die hier am Werke war, das von der SS zugrunde gelegte großzügige Vernichtungssystem fehlte.« (BM 1984 IV/1, 81)

In der Tschechoslowakei vollzogen sich die Vertreibungen in zwei Phasen: der Phase der »wilden Vertreibungen« vom Mai bis zum November 1945, einer Phase, die durch Willkür, Raub- und Mordlust sowie Rachsucht seitens bestenfalls halbregulärer tschechischer und slowakischer Milizen sowie der im sowjetischen Herrschaftsbereich eingerückten tschechischen Befreiungsarmee gegenüber den Deutschen gekennzeichnet war, sowie der Phase des »odsun«, der gleichsam normalen, politisch und völkerrechtlich irgendwie vereinbarten Aussiedlung zwischen November 1945 und Sommer 1946. In diesem Zeitabschnitt verließen etwa 450 000 Deutsche ihre Wohngebiete. Dem war eine Welle politisch gewollter Verhetzung vorangegangen, an der beinahe die ganze wiedergegründete (unabhängige) Presse beteiligt war. So verkündete die Zeitung »Novo Slovo« am 18. August: »Der Deutsche besitzt keine Seele, und die Worte, die er am besten versteht, sind – nach Jan Masaryks Worten – die Salven von Maschinengewehren.« (Naimark 2004, 147) Dem waren schon im Herbst des Jahres 1944 einschlägige Erklärungen des späteren tschechoslowakischen Präsidenten Beneš vorausgegangen: »Im Unterschied zum letzten Krieg wird es nach dem jetzigen Krieg die Pflicht aller anständigen Menschen sein, sich unbarmherzig für eine ordentliche Vergeltung an allen Schuldigen einzusetzen.« (Glotz 2003, 186)

Der in vielen Fällen willentlich außer Rand und Band geratene Pöbel attackierte Deutsche auf offener Straße, brannte Dörfer nieder, hing in manchen Fällen Deutsche, nur weil sie als solche kenntlich waren, an den Füßen auf und übergoß sie mit Benzin, um sie anzuzünden – im Sommer des Jahres 1945 wurde an Deutschen in der Tschechoslowakei das begangen, was aus der Geschichte als Pogrom bekannt ist. Der schlimmste Pogrom dieser Art ereignete sich am letzten Julitag 1945 in Ústí nad Labem, das den deutschen Namen Außig trug. Nach dem Tod von 28 Menschen, die bei einem Feuer in einer Munitionswerkstatt ums Leben kamen, entstand unter der tschechischen Bevölkerung eine paranoide, hysterische Vergeltungsphantasie: Die Explosionen wurden einer nicht existierenden nationalsozialistischen Untergrundorganisation, dem ›Werwolf‹, zugeschrieben. Trotz fehlender Beweise richteten tschechische Milizen unter den in Außig lebenden Deutschen ein Massaker an, bei dem etwa 2700 Menschen getötet wurden – unauslöschlich hat sich in die historische Erinnerung eingegraben, wie Milizionäre und zivile Randalierer deutsche Frauen und Kinder von der Elbebrücke stießen und so lange ins kalte Wasser schossen, bis niemand mehr auftauchte. (Naimark 2004, 148)

Eine eigentümliche Rolle spielte bei alledem in den östlichen Landesteilen die Rote Armee, deren Soldaten einerseits in nicht wenigen Fällen raubten, plünderten und deutsche Frauen vergewaltigten, andererseits oft genug Deutsche vor rachsüchtigen Tschechen schützten. Die Erklärung, die der schon aus der Londoner Transferdebatte bekannte Außenhandelsminister Hubert Ripka anläßlich dieser und ähnlicher Ereignisse in einem Rundfunkinterview gab, kann weder in der Sache befriedigen, noch als eine plausible psychologische Entschuldigung gelten: »Man sollte die Gefühle unseres Volkes verstehen, das ständig vom Werwolf angegriffen und dessen Besitz noch immer zerstört wird. Viele unserer Menschen«, fuhr Ripka fort, »fühlen sich immer noch nicht sicher, bis sie wissen, daß die Deutschen fortgehen werden.« (Naimark 2004, 148)

Womöglich war es politisch klug, aber mit Sicherheit nicht rechtmäßig und der Wiedergeburt einer Demokratie unwürdig, als der Nationalrat ein Jahr nach Kriegsende in diesem Zusammenhang ein Amnestiegesetz beschloß, daß alle Handlungen, die in der Zeit vom 30. September 1938 bis zum 28. Oktober 1945 mit dem Zweck vorgenommen wurden, »einen Beitrag zum Kampf um die Wiedergewinnung der Freiheit der Tschechen und Slowaken zu leisten, oder die eine gerechte Vergeltung für Taten der Okkupanten oder ihrer Helfershelfer zum Ziele hatte[n]«, auch dann nicht widerrechtlich seien, »wenn sie sonst nach den geltenden Vorschriften strafbar gewesen wäre[n]«. (BM 1984, IV/1, 291)

Gegenüber den »wilden Vertreibungen« wirkten die nach der Potsdamer Konferenz in Gang gesetzten »Ausweisungen« (sogar die Dokumentation des Bundesministeriums für Vertriebene unterscheidet zwischen den »Vertreibungen« vor der Potsdamer Konferenz und den »Ausweisungen« danach) »normal«, zumal sie in der Phase der Massentransporte 1946 »oft nicht mit unendlich empfundenen Schrecken verbunden« waren bzw. in einer Weise abliefen, die »brutale Verbrechen ausschloss«. (Franzen 2001, 183) Eine inzwischen erstaunlich gut funktionierende Bürokratie versandte Ausweisungsbescheide, mit denen Deutsche etwa aufgefordert wurden, zu einem gegebenen Zeitpunkt mit allen Familienangehörigen »zwecks Ausweisung [...] auf dem Marktplatz mit Ihren Familienangehörigen zu erscheinen. Zu diesem Zwecke«, so wurde des weiteren mitgeteilt, »können sie folgende Gegenstände mit sich nehmen: 1. Lebensmittel [...]; wenigstens für 7 Tage [...]; 2. Kleidung (das Nötigste); 3. Waschmittel; 4. Wäsche; 5. Geld; Wertpapiere; Einlagebücher u. ä.; 6. Schmuck; 7. Kinderwagen. Ferner wird Ihnen bewilligt, für den Transport Handwagen mitzunehmen. Die Wohnung haben Sie in vollkommener Ordnung zu verlassen. Die Nichtbefolgung dieses Bescheides wird bestraft.« Als gegen sich selbst gekehrte Parodie eines rechtsstaatlichen Verfahrens wirkt der abschließende Satz dieses Bescheids: »Gegen diesen Bescheid gibt es keine Berufung.« (BM 1984, VI/1, 324)

Als Bilanz sowohl der »wilden« als auch der nach Maßgabe des Potsdamer Abkommens organisierten Ausweisungen kann gelten, daß etwa 1440000 Menschen die US-amerikanische Zone und 790000 die britische Zone erreichten. Die Zahl der Todesopfer schwankt zwischen den Angaben sudetendeutscher Organisationen, die auf 272000 Toten bestehen, und anderen Untersuchungen, die auf eine Anzahl von 20 bis 30000 Toten kommen. Norman Naimark stellt angesichts dieser divergierenden Befunde fest, daß »die niedrigeren Zahlen [...] womöglich recht genau die Zahl der Sudetendeutschen wiedergeben, die bei der Vertreibung ermordet wurden, wohingegen die höheren Zahlen all jene einbeziehen, die während Aussiedlung, Lagerhaft, Transport und Neuansiedlung aus anderen Gründen starben. [...] Der Preis der ethnischen Säuberung wird nicht nur am Ausgangspunkt der Vertreibung bezahlt, sondern auch am Ziel.« (Naimark 2004, 153)

Während die Vertreibung der Deutschen aus der Tschechoslowakei einem scheinbar rechtlichen Verfahren im Zuge der Rekonstruktion eines aus zwei Ethnien (Tschechen und Slowaken) bestehenden Nationalstaats folgte und durch eine Fülle bürokratischer und scheinrechtsstaatlicher Normen geregelt war, ging es bei der Vertreibung der Deutschen aus den Ostgebieten weniger um im engeren Sinne politische denn um »biopolitische« Zielsetzungen. Zu lösen war die Aufgabe, einen Staat nicht nur politisch, sondern auch territorial neu zu begründen und jene Polen, die nach Maßgabe der Verträge von Jalta ihre Heimat aufgeben mußten, ihrerseits neu anzusiedeln. Außerdem dürfte in Polen der Wunsch nach Vergeltung eine andere Rolle gespielt haben als in der Tschechoslowakei. Allerdings: die Schwere erlittenen Leidens steht in keinem unmittelbaren Verhältnis zur Intensität des Wunsches nach Vergeltung. Bei aller Erniedrigung, aller Ausplünderung und allen mörderischen Begleiterscheinungen des Besatzungsregimes in Tschechien und der Slowakei wütete das nationalsozialistische Deutschland gleichwohl in Polen ungleich furchtbarer. Der Blutzoll, den Polen zu entrichten hatte, der auch am polnischen – keineswegs nur am jüdischen – Volk vollzogene Genozid, hätte Rache, Vergeltung und Ausschreitungen durchaus verständlich machen können. Gleichwohl stand in Polen alles unter dem Zeichen, vor allem die territoriale Westverschiebung meistern zu müssen, und das hieß, zunächst etwa 1,5 Millionen ethnischer Polen, die ihre bisherigen Siedlungsgebiete verlassen mußten, unterzubringen.

Die »wilden Vertreibungen« der Deutschen aus den Ostgebieten des Deutschen Reiches nach der Evakuierung eines Teils der Bevölkerung durch die Wehrmacht und der oft ungeregelten Flucht vor der Roten Armee im Winter 1944/45 verliefen brutal. 1951 gab etwa Frau E. O. aus Elbing aus der Erinnerung an die Tage Ende Januar 1945 zu Protokoll, wie sie nach unerträglichen, gnadenlosen Reihenvergewaltigungen auf einen Todesmarsch geschickt wurde:

»Danach mußten wir zur Unkenntlichkeit gemarterten Frauen uns sammeln und wurden auf den Todesmarsch nach der 21 km entfernten Stadt Preußisch-Holland gesetzt. Man muß überlegen, daß wir keine Schuhe mehr an den Füßen hatten. Wir haben uns Sacklappen um die Füße gebunden, und ich nahm ein Kind auf den Arm und das andere an die Hand. Unter Begleitung russischer Soldaten wurden wir vorwärts getrieben. Auf diesem Todesmarsch warfen die russischen Soldaten laufend kleine eigroße Sprengkörper in den Zug. Ich mußte zusehen, wie Herr Kilian aus Elbing-Trettinkenhof tödlich verletzt wurde, desgleichen die Tochter des Beamten Herrn Neumann an einer solchen Kopfverletzung starb. Die Getroffenen mußten liegen bleiben und der ganze Zug darüber laufen. Wer nicht sofort tot war, bekam von einem Trupp russischer Soldaten, der dem Zug folgte, den Genickschuß, wir nannten es den Gnadenschuß.« (BM 1984, I/1, 63)

Die Lage der Vertriebenen verschlimmerte sich durch das Mit- und Gegeneinander sowjetischen Militärs und polnischer Milizen (Franzen 2001, 133 f.). Das Chaos spitzte sich zu, da im Frühjahr 1945 nach dem Ende der Kampfhandlungen 10000 Flüchtlinge zurückkehrten, aber ab Juni westlich der Oder von Polen abgefangen und zurückgetrieben wurden. Bis in die zweite Julihälfte wurden 400000 Deutsche aus dem Hinterland von Oder und Neiße vertrieben. Die Aktionen zeichneten sich durch besondere Härte aus: Der politische Wille, die neue Westgrenze ethnisch zu arrondieren bzw. zu säubern, führte zu kurzfristigsten Räumungsbefehlen und tagelangen Fußmärschen, bei denen die Vertriebenen Plünderungen und Gewalttaten seitens der sie bewachenden Soldateska und Milizangehörigen ausgesetzt waren. Nach diesen im Juli 1945 wohl vor allem auf Anordnung der sowjetischen Armee eingestellten Aktionen befanden sich noch ca. 4,5 Millionen Deutsche in Polen. Ihnen sollte das Leben »derart erschwert werden«, daß auch die »hartnäckigsten Feinde des Polentums den Mut verlieren«, hieß es in einer Anordnung des polnischen Ministeriums für öffentliche Verwaltung vom Juni 1945.

Gegen den anfänglichen Protest der westlichen Alliierten hatte die Provisorische Regierung im südlichen Ostpreußen und in den von der Roten Armee befreiten polnischen Gebieten schon früh die Verwaltung übernommen. (BM 1984, I/1, 109E) Die Behörden stützten sich auf polnische Milizen, sie ordneten zunächst die Verhaftung und Verschleppung der nationalsozialistischen Unterdrückung verdächtiger Deutscher an, dann folgten standgerichtliche Verurteilungen wegen Zugehörigkeit zur NSDAP und der schlechten Behandlung polnischer Zwangsarbeiter. Dabei wurden die Verhafteten oftmals mißhandelt und gefoltert, nicht selten wurden alle Dorfbewohner auf der Basis willkürlicher Anordnungen polnischer Milizkommandanten in Lager eingewiesen, etwa in das berüchtigte Lamsdorf.

»Nach Aufnahme der Personalien«, so der Text der beglaubigten Abschrift eines Erlebnisberichts aus dem Jahr 1948 über die Gefangennahme eines ehemaligen Mitglieds der Hitlerjugend durch polnische Milizen, »mußten wir nebeneinander antreten. Mit Gewehrkolben und Gummiknüppeln bekamen wir Schläge. Ein Posten stellte sich hinter uns, zwei vor uns. Einer brüllte öfter: ›Achtung!‹. Während wir Haltung annahmen, wurden wir von hinten mit Kolben geschlagen und vorn mit Stiefeln getreten, fast nur in den Unterleib. Wir wurden dann unter Fußtritten und Kolbenschlägen in den Keller gebracht. Dort kamen wir in einen Raum, in dem bereits 18 Leidensgenossen waren. Vom Stubenältesten bekamen wir für je zwei Mann ein Metallbett für die Nacht zugewiesen. Matratzen oder Decken waren nicht darauf.« (BM 1984, I/2, 423)

Neben der vor allem auf Vergeltung zielenden Sanktionspraxis wurde die deutsche Bevölkerung vor allem durch einen unbedingten Arbeitszwang drangsaliert; die Arbeitseinsätze galten vor allem der Wiederherstellung der Infrastruktur und der zerstörten Industrieanlagen. Die allgemein unzureichende Ernährung führte bei den unter extremen Bedingungen zur Arbeit gezwungenen Deutschen zu einer Hungersnot und in vielen Fällen auch zum Tode. Ähnlich wie in der

Tschechoslowakei erließ die Provisorische Regierung ein Enteignungsdekret über »aufgegebenes und verlassenes Vermögen«, gemäß dem der Besitz aller Flüchtlinge dem polnischen Staat anheimfiel bzw. sämtliches Vermögen des Deutschen Reiches und von Personen deutscher Staatsangehörigkeit als »aufgegebenes Vermögen« galt. Dieses Dekret ermöglichte es den aus den russischen Westgebieten und der Ukraine vertriebenen, ungeregelt nach Westen ziehenden Polen, von Höfen und Häusern der enteigneten Deutschen Besitz zu ergreifen – nicht selten waren Deutsche gezwungen, für das Wohnrecht auf ihrem eigenen ehemaligen Besitz Miete zu zahlen.

Ein deutscher Bauer aus Bulgrin in Pommern berichtete 1947 Szenen aus dem Sommer 1945 und davon, daß die ersten Polen, die in das Dorf kamen, sich zunächst durchaus kameradschaftlich verhalten hätten. Die anfängliche Freude, entgegen allen Erwartungen in der Heimat bleiben zu dürfen, wurde jedoch spätestens dann enttäuscht, als im Dorf eine polnische Miliz stationiert wurde, die aus ehemaligen Zwangsarbeitern rekrutiert war. Die apologetische Erinnerung des Zeitzeugen, gemäß der die polnischen Zwangsarbeiter auf den Höfen meist »gut behandelt worden« seien, übersieht die Dynamik der damit verbundenen Erniedrigung und die daraus resultierende Aggressivität, die jetzt zur Schikanierung der Deutschen führte: »Unter dem Schutz dieser ›Miliz‹«, so der Zeitzeuge, »erlaubten sich die Polen immer größere Übergriffe gegen uns Deutsche, die des Nachts z. B. aus den Betten geholt, geschlagen und auch tagelang verschleppt und eingesperrt wurden. Wenn z. B. die Deutschen nachts schliefen, kam plötzlich eine Horde meistens betrunkener Polen ins Zimmer, und die deutschen Familien mußten, so wie sie waren, in die Zimmer des Polen ziehen. Die bisherige Wohnung der deutschen Familie mit allem, was an Möbeln, Bekleidung usw. drin war, nahm der Pole. Schlechte Gegenstände und Bekleidungsstücke, die keinen Wert hatten, wurden den Deutschen nachgeworfen.« (BM 1984, I/2, 262)

Solchen »wilden Vertreibungen« folgte eine systematische Ansiedlung von polnischen Bauern- und Landarbeiterfamilien, die im Vollzug zwar von weniger Willkür, nicht aber von weniger Grausamkeit gegenüber den Deutschen gekennzeichnet war: In einer Reihe von Fällen hatten sie nach der Ankunft der polnischen Umsiedler nur wenige Minuten Zeit, ihre Wohnungen zu verlassen: »Am Sonntag, dem 1. Juli 1945, nachmittags um 5.30«, so die 1950 verfaßten Erinnerungen einer Bäuerin aus dem Kreis Friedeberg, »erschienen der polnische Bürgermeister von der Gemeinde Gottschimmerbruch, zwei polnische Polizisten, der russische Polizist vom Gut und eine Menge Ukrainer Jungen als Mitläufer. ›In dreißig Minuten raus!‹« Nach einer Schilderung, daß die plötzliche Abreise einer fieberhaften Erkrankung ihrer Kinder wegen schwierig gewesen sei, fährt die Zeugin fort: »Ich bat darum, einen ganz leichten Ackerwagen – einen Einspänner – nehmen zu dürfen. Der Russe wollte es nicht gestatten, aber der Pole erlaubte es. Mit der Uhr in der Hand standen sie dabei. [...] Später erfuhren wir, daß diese noch gar nicht das Recht hatten, uns hinauszuwerfen, daß es ein Irrtum gewesen, und Friedebergschbruch erst am Montag, dem 2. Juli 1945 gehen mußte.« (BM 1984, I/2, 671)

Verglichen mit den »wilden Vertreibungen« folgte die nach dem Potsdamer Abkommen verfügte Ausweisung einer gewissen Regularität: Hofbesetzungen durch Milizen folgten Ausweisungsbefehle in Lager, wo arbeitsfähige Personen ausgesondert wurden, derweil die anderen in überfüllten Güterwagen nach Westen abgeschoben wurden. So in Oberschlesien und Pommern und dem südlichen Ostpreußen.

»Die drei Regierungen«, so beginnt Artikel XIII des Potsdamer Vertrages, »haben die Frage unter allen Gesichtspunkten beraten und erkennen an, daß die Überführung der deutschen Bevölkerung oder Bestandteile derselben, die in Polen, der Tschechoslowakei und Ungarn zurückgeblieben sind, nach Deutschland durchgeführt werden muß. Sie stimmen darin überein, daß jede derartige Überführung, die stattfinden wird, in ordnungsgemäßer und humaner Weise erfolgen soll.« (Benz 1986, 224 f.)

Artikel XIII setzt eine bereits erfolgte Massenflucht voraus und regelt nur noch die Modalitäten der Umsiedlung jener, die – so legt es der Wortlaut des Abkommens nahe – wider Erwarten in den fraglichen Gebieten geblieben sind. »Doch im Gegensatz zu diesen Schätzungen lebten hier noch mindestens vier Millionen Deutsche zur Zeit der Potsdamer Konferenz, während eine weitere Million zurückzukehren versuchte.« (Zayas 1996, 125) Das heißt aber nichts anderes, als daß zu diesem Zeitpunkt bereits mehr als die Hälfte der Einwohner die Gebiete verlassen hatte und auch die westlichen Alliierten nicht dafür plädierten, diese Personen zu repatriieren. Ohnehin dürften die westlichen Motive, das Aussiedlungs- und Vertreibungsgeschehen moderater ablaufen zu lassen, anderen Gründen als dem einer Täuschung zuzurechnen sein: »Für Stalin war die Deportation der Deutschen«, vermerkt Norman N. Naimark in seinem Standardwerk über ethnische Säuberungen trocken, »eine vollendete Tatsache, doch Amerikaner und Briten machten sich immer mehr Sorgen über die Kosten für ihren Staatshaushalt, wenn die Deutschen in ihren Besatzungszonen ernährt und untergebracht werden mussten. [...] Aus diesem Grund bestanden die Westalliierten darauf, der Prozess der Deportation müsse gebremst werden und geregelt ablaufen.« (Naimark 2004, 142)

Eine weitere Verstetigung und relative Milderung der Ausweisungspraktiken erfolgte im Sommer 1946 auf Druck der britischen Regierung, was auch an den Zielgebieten der Ausweisung gelegen haben dürfte. Führte der Weg der ersten Ausgewiesenen in die sowjetische Besatzungszone, so erreichten die Vertriebenen des Jahres 1946 die britische Zone: alles in allem beinahe 1,4 Million Menschen. Insgesamt kamen 1946 etwa zwei Millionen Menschen nach Westen. Die Kältewelle des Winters 1946/47 brachte die Ausweisung zunächst zum Erliegen, um im Jahre 1947 noch einmal eine halbe Million Menschen nach Westen zu zwingen. Nach der

Flucht von fünf Millionen Menschen vor der Roten Armee und der wilden Vertreibung von etwa 1,5 Millionen Menschen vor dem Potsdamer Abkommen wurden noch einmal 3,5 Millionen seit dem Juni 1945 förmlich aus Polen ausgewiesen – die letzten in den Jahren 1950/51.

Nach der Einrichtung eines »Ministeriums für die wiedergewonnenen Gebiete« im November 1945 wurde auch in den von Polen annektierten Gebieten die Ausweisungspraxis systematisiert. (Mit der Bezeichnung »wiedergewonnen« setzte die polnische Regierung – wie später die deutschen Vertriebenenverbände – die geschichtsrevisionistische Argumentation der Volkstumskämpfe aus den zwanziger und dreißiger Jahren fort.)

Nicht anders als in der Tschechoslowakei verschaffte eine Reihe von Dekreten und Gesetzen den Ausweisungen eine Art rechtlicher Grundlage: die Dekrete über die »Strafzumessung für faschistisch-hitlerische Verbrecher« sowie über »Sicherungsmaßnahmen gegen Verräter der Nation«, über die »Ausscheidung feindlicher Elemente« bzw. »von Personen deutscher Nationalität aus der polnischen Volksgemeinschaft«. Zumal das erste Dekret ermöglichte letztlich willkürliche Massenverhaftungen allergrößten Ausmaßes mit mehrjährigen Gefängnisstrafen und nach der Entlassung verfügter Einweisung in ein Arbeitslager. Allerdings: auch diese Verordnungen reagierten unmittelbar auf die sowohl von Wehrmachtsangehörigen als auch von deutschen Zivilpersonen begangenen Besatzungsverbrechen. Strafbar war unter anderem – völlig zu Recht – die »grausame Behandlung oder Verfolgung von Zivilpersonen«.

Mit gedämpfter Empörung kritisiert die vom Bundesministerium für Vertriebene herausgegebene Dokumentation, daß jeder Befehl, der von Deutschen an polnische Kriegsgefangene ergangen sei, demnach als »Zwang zu Leistungen unter Drohungen« gedeutet werden könne – eine Empörung, die um so unverständlicher ist, als die polnischen Kriegsgefangenen wahrlich nicht nach den Maßgaben der Genfer Konvention behandelt wurden. In den Spuren der

Volkstumspolitik der Zwischenkriegszeit und nicht unähnlich der nationalsozialistischen Manie, Menschen unterschiedlich gewichtete Rasse- und Volkstumszugehörigkeit per Verwaltungsakt zuzusprechen, unterschieden die »Sicherungsmaßnahmen gegen Verräter der Nation« verschiedene Kategorien von Menschen, die sich selbst nach dem Überfall auf Polen auf der Basis von Volkslisten als Deutsche deklarierten, den »Deutschstämmigen« und sogenannten »Leistungspolen«. Als »Verräter der Nation« galten »polnische Staatsbürger, die während der Okkupation entweder ihre Zugehörigkeit zur deutschen Nation oder ihre deutsche Abstammung erklärt hatten oder tatsächlich von den Rechten und Privilegien der Zugehörigkeit zur deutschen Nation oder der deutschen Abstammung Gebrauch gemacht« hatten. Die Gesetze und Dekrete der polnischen Regierung trafen also die meisten in den von Polen annektierten Gebieten noch befindlichen, mehr oder minder aktiven Nationalsozialisten, einen nicht geringen Teil im engeren Sinne polnischer Staatsbürger, die sich zu Deutschen erklärt hatten, sowie all jene Deutschen, die weder zur einen noch zur anderen Kategorie gehörten.

Die nach dem Potsdamer Abkommen verfügte Ausweisung setzte dem Leidensweg von Verhaftung, Internierung und Arbeitszwang ein Ende – ein Umstand, der sogar von Theodor Schieder und seinen Mitautoren eingeräumt wird: »Obwohl die Ausweisung der deutschen Bevölkerung östlich der Oder-Neiße Linie nur die Endphase jener Ereignisse darstellt, die insgesamt die Vertreibung der ostdeutschen Bevölkerung ausmachen, und obwohl sie für viele der Betroffenen geradezu das Ende eines unerträglichen Zustandes und die Erlösung von unsäglichen Verfolgungen und Leiden heraufführte, ist sie das eigentliche Zentralereignis im Vertreibungsschicksal der Ostdeutschen.« (BM 1984, I/1, 136 E)

Eine Bilanz ergibt, daß 1939 einschließlich derer, die aus dem Westen des Reichs zugewandert waren, etwa elf Millionen Deutsche in den Ostgebieten gelebt hatten. 1950 waren es noch 800000. Durch Krieg und Vertreibung starben mehr als zwei Millionen dieser nach Westen vertriebenen Menschen. Davon sind etwa eine halbe Million als Soldaten gefallen und 50 000 im Bombenkrieg getötet worden. Mehr als 1,5 Millionen Menschen sind also während der Vertreibung umgekommen. (BM 1984, I/1, 159 E) Rechnet man die Verlustrate alteingesessener Deutscher in Polen dazu, so erhöht sich die Zahl auf beinahe zwei Millionen, ein Sechstel der deutschen Bevölkerung. In diese Zahl sind die Verluste unter jenen 800 000 Westdeutschen, die nach Osten evakuiert wurden, noch nicht berücksichtigt.

Genozid oder Vertreibung?

Handelt es sich bei den Vertreibungen der Deutschen um einen »Genozid«? In dieser Frage ist zumindest die angelsächsische Forschung gespalten. Der in Hawaii lehrende Politologe Rudolph Rummel, dessen wichtiges, mit einem Vorwort des israelischen Historikers Yehuda Bauer versehenes Buch »Demozid – der befohlene Tod« 2003 auf Deutsch erschienen ist, spricht von mehr als 1,5 Millionen Ermordeten im Zuge von Polens ethnischer Säuberung und führt auch die anderen Opfer von Vertreibungen in Ostmitteleuropa auf:

»Das, was die Tschechen, Polen und Jugoslawen den Deutschen in ihren Gebieten antaten, war, wie immer man den Begriff definiert, Genozid: ›Die Art der Vertreibung wie auch der Einsatz von Vertreibung als politisches Mittel verletzte zahlreiche Normen des internationalen Rechts und der zivilisierten Menschheit. Es war dies faktisch der letzte Genozid des Zweiten Weltkriegs.‹« (Rummel 2003, 265)

Der Historiker Norman Naimark, dem wir die bereits zitierte ebenso luzide wie schonungslose Geschichte der Vertreibungen im 20. Jahrhundert verdanken, nennt die Greueltaten, Menschenrechtsverletzungen und Grausamkeiten der tschechischen und polnischen Verantwortlichen an den Deutschen mindestens ebenso deutlich beim Namen wie Rummel und kommt gleichwohl zu anderen Schlußfolgerungen:

»Tschechen und Polen benutzten den Deckmantel des Krieges und den Übergang vom Krieg zum Frieden, um die Deutschen aus ihren Ländern zu vertreiben und alte Rechnungen zu begleichen. Das Verhältnis zur deutschen Minderheit war in beiden Ländern zwischen den Kriegen problematisch gewesen. Nationalistische Gefühle und der verständliche Wunsch nach Rache durchdrangen die polnische und tschechische Bevölkerung, als sie es ihren deutschen Unterdrükkern gewaltsam heimzahlen konnten. Nationalistische Gefühle waren durch Krieg und Besatzung verstärkt worden. Den Anstoß zur Eskalation des Nationalismus hatten die Nationalsozialisten gegeben, daher könnte man in gewisser Hinsicht sagen, die Deutschen hätten geerntet, was sie gesät hatten. Daß bei der ethnischen Säuberung Ostmitteleuropas von den Deutschen so viele Menschen ihr Leben oder ihre Existenz verloren, ist letzten Endes auf den Haß zurückzuführen, den die NS-Politik in dieser Region erzeugt hatte.« (Naimark 2004, 172)

Naimarks abgewogener Wertung läßt sich noch keine Haltung zu Rummels Auffassung, es habe sich bei der Vertreibung um einen Genozid gehandelt, entnehmen. Sogar wenn Naimark, was die Frage nach der Motivation betrifft, recht hätte, bleibt gleichwohl die Frage: Haben die Deutschen mit dem durch sie hervorgerufenen Haß einen Genozid provoziert? Bei alledem ist freilich – gerade aus der dem unmittelbaren Erleben entzogenen Distanz von mehr als 60 Jahren – um so stärker auf einer genauen Begrifflichkeit zu beharren. Und zwar um einer geschichtstheoretischen, ja geradezu geschichtsphilosophischen Unterscheidung willen, die sich auf eben jenes Geschichtsbild bezieht, das etwa die »Charta der Heimatvertriebenen« pflegt und das sich bis in die Prinzipien des geplanten »Zentrums gegen Vertreibungen« hinein fortsetzt.

Die historische Erfahrung des 20. Jahrhunderts hat gezeigt, daß Vertreibungen in den meisten Fällen eine notwendige Vorbedingung für Genozide, für Völkermorde, gewesen sind – gleichwohl oder eben deshalb sind sie mit ihnen nicht identisch, selbst wenn es im Zuge von Vertreibungen zu massenhaften Tötungen kommt. In der 1948 von der Generalversammlung der Vereinten Nationen verabschiedeten Konvention wird »Völkermord« als Handlung definiert, »die in der Absicht begangen wird, eine nationale, ethnische, rassische oder religiöse Gruppe als solche oder teilweise zu zerstören«. (Schabas 2003, 721)

Die völkerrechtliche Literatur hat immer wieder darauf hingewiesen, daß bei der Zurechnung entsprechender Taten die Feststellung der Absicht entscheidend ist und bei der entsprechenden Zurechnung der Verantwortung auf jene, die die Absicht und die Macht hatten, derartige Taten zu vollziehen. Zudem stellt sich die Frage nach dem Umfang und der Größe der möglicherweise von einem Völkermord bedrohten Gruppe. Rudolph Rummel spricht von den »Deutschen in ihren Gebieten« – eine Formulierung, die das strittige Problem elegant umgeht. Definiert man nämlich das deutsche Volk als ganzes als Adressat eines genozidalen Angriffs, dann verliert der Vorwurf stark an Plausibilität, da weder die Alliierten noch die tschechischen oder polnischen Behörden jemals beabsichtigten, das deutsche Volk als solches »ganz oder teilweise« zu zerstören. Wollte man freilich die deutschen Minderheiten in Ostmitteleuropa, in der Tschechoslowakei oder in Polen als je eigene Völker ansehen, würde der Vorwurf zweifelsohne an Plausibilität gewinnen, insofern durch Vertreibung und Ausweisung »Lebensbedingungen auferlegt wurden, die geeignet sind, ihre körperliche Zerstörung ganz oder teilweise herbeizuführen«. Freilich ist festzuhalten, daß genau dies dem Selbstverständnis der deutschen Minderheit nicht entsprach – wie im Falle der Deutschen in den Sudetengebieten nach 1938 besonders deutlich wurde. Im Gegenteil: Sie wollten Teil des einen, deutschen Volkes sein, das nun im Reich Adolf Hitlers geeint war. Für die Deutschen innerhalb der polnischen Grenzen galt nichts anderes und für die in den Ostgebieten lebenden Menschen ohnehin nicht.

Die »Charta der Heimatvertriebenen« hat die Unterscheidung von Opfern eines Genozids und Opfern von

Vertreibung und Ausweisung mit dem Interesse, die deutschen Vertriebenen zu den eigentlichen Opfern des Zweiten Weltkrieges zu stilisieren, unterlassen, und auch das »Zentrum gegen Vertreibungen« bezweckt mit der Wahl des historischen Beispielfalles, des jungtürkischen Genozids an den Armeniern, offenbar das Ineinanderübergehen von Vertreibung und Genozid. Damit wiederholt es die Politik des »Bundes der Vertriebenen« aus den fünfziger Jahren auf eine sehr viel moderatere, der allgemeinen menschenrechtlichen Sensibilisierung sehr viel angemessenere Weise, mehr noch, es befleißigt sich einer auf den ersten Blick nur schwer erkennbaren Menschenrechtsrhetorik, welche die historische Wahrheit unmerklich verrückt. Gleichwohl: jene überfüllten und in einer menschenunwürdigen Weise überladenen Züge – oft genug Viehwaggons und Güterwagen – die aus den sudetendeutschen Gebieten nach Westen unterwegs waren, fuhren in eine wenn auch wirtschaftlich schwer getroffene, aber doch von britischen oder US-amerikanischen Truppen verwaltete Besatzungszone und eben nicht – wie nur knapp ein Jahr vorher aus Ungarn – in das Vernichtungslager und die Gaskammern von Auschwitz.

Die Art und Weise, wie etwa Erika Steinbach und die sie beratenden Publizisten, Wissenschaftler und Intellektuellen heute mit einem gewissen Recht auf die Politik der Aussiedlung der Deutschen und mit mehr als vollem Recht auf die Grausamkeiten und Menschenrechtsverletzungen der Vertreibung hinweisen, entbehrt aller Erschütterung zum Trotz, die die gut dokumentierten menschlichen Schicksale hervorrufen müssen, gleichwohl nicht einer gewollten historischen Naivität, die unterstellt, daß in den Jahren 1943 und danach eine menschenrechtlich korrekte Nachkriegsplanung tatsächlich möglich gewesen wäre.

Diesem Hinweis mag man zu Recht vorwerfen, mindestens zynisch, wenn nicht gefährlich zu sein, läßt sich doch unter Hinweis auf Rand- und Rahmenbedingen historisches Unrecht allemal rechtfertigen. Die Zurechnung historischer Verantwortung folgt freilich anderen Regeln. So können wir die massenhafte Tötung der Indianer Lateinamerikas durch die Konquistadoren im 15. und 16. Jahrhundert heute genau deshalb mit vollem Recht kritisch beurteilen, weil es zur gleichen Zeit mit den menschenrechtlichen Argumenten von Las Casas und Vitoria eine andere Sicht der Dinge gab und – wichtiger noch – mit den Siedlungen der Jesuiten in Paraguay auch eine andere Praxis. Eine Alternative war also nicht nur ein luftiges Gedankengebäude, sondern eine real existierende Möglichkeit. (Kohut 1991) Ähnliches gilt für das Initialverbrechen des 20. Jahrhunderts, auf das sich die Propagandisten des »Zentrums für Vertreibungen« immer wieder beziehen und auf das weiter unten noch ausführlicher eingegangen wird. Sogar wenn ein Teil der osmanischen Befürchtungen, daß Teile der Armenier zugunsten des Russischen Reiches das eigene Imperium verraten hätten, begründet gewesen wäre, entbehrt es jeder militärischen Plausibilität, mit der Verhaftung und Deportation aller weit von der Front entfernten Armenier zu beginnen, zumal sich nicht wenige von ihnen freiwillig zum osmanischen Heer gemeldet hatten. Auch hier lagen die realen Alternativen klar auf der Hand, so daß der jungtürkische Genozid mit vollem Recht der Vorgeschichte des Holocaust zugerechnet wird, mit demselben Recht, mit dem festzuhalten ist, daß die Aussiedlung der Deutschen nicht in die Geschichte der Genozide des 20. Jahrhunderts gehört. Das Leiden, das den Deutschen im Osten, aus der Tschechoslowakei und aus verschiedenen südosteuropäischen Ländern zugefügt wurde, war ohnehin groß genug, und daran, daß die Art und Weise, wie diese Aussiedlung oft genug vollzogen wurde, den Menschenrechten widerspricht, ist kein Zweifel möglich.

Folgt man dem Lauf der Ereignisse 1943 bis 1945, sind die Sowjetunion, Großbritannien und die USA also gleichermaßen unter diese »Vertreiberstaaten« zu rechnen. Daß die westdeutsche Außenpolitik und die Agitation der Vertriebenenverbände diesen Umstand weitgehend vernachlässigten oder verdrängten, erweist sie noch in ihrer gesinnungsethischen Spitze als verlogen. Die einseitige Polemik gegen

Polen und das heutige Tschechien beweist ein weiteres Mal, daß die Perspektive der Vertriebenenverbände sich kaum je vom Horizont der Volkstumskämpfe der Zwischenkriegszeit gelöst und nicht wirklich einbezogen hat, was der Zweite Weltkrieg bedeutet hat. In gewisser Weise unternahmen sie – im Windschatten des Kalten Krieges – den untauglichen Versuch, ihre vermeintlichen Ansprüche mit Hilfe genau jener Mächte durchzusetzen, die doch ihre Rechte preisgegeben hatten. Das Potsdamer Abkommen vom Juli 1945 kann daran keinen Zweifel lassen, selbst wenn man dem Hinweis – etwa Alfred M. de Zayas' – folgt, daß die Zustimmung der westlichen Verbündeten zu einem über die bereits erfolgte Flucht hinausgehenden Aussiedlungsprogramm lediglich durch falsche Angaben der Sowjetunion und Polens erreicht worden sei. (Zayas 1996, 127) Für diese Behauptung ist übrigens kein Nachweis aus den Dokumenten zu erbringen.

Zweites Kapitel
Von der »Charta der Heimatvertriebenen« zum »Zentrum gegen Vertreibungen«

Herbert Hupka hatte in seinem Leserbrief Ralph Giordano ob seiner Kritik an der »Charta der Heimatvertriebenen« angegriffen und dabei zugleich den von Giordano behaupteten geschichtspolitischen Wandel des »Bundes der Vertriebenen« bezweifelt – Zweifel, mit denen Giordano in seiner für einen jüdischen Intellektuellen in Deutschland nach dem Holocaust bemerkenswerten und schon erwähnten Rede selbst zu kämpfen hatte. Tatsächlich: Giordanos Ausführungen zum Warschauer Aufstand aus dem Jahr 2003 bewegen sich – wie Hupka zu Recht feststellt – mehr oder minder im Rahmen dessen, was die Geschichtswissenschaft über dieses Ereignis inzwischen herausgefunden hat. Auffällig ist allenfalls Giordanos Nachbemerkung in eigener Sache, die Führung des »Bundes der Vertriebenen« – namentlich Erika Steinbach – habe im Unterschied zur Vergangenheit andere Töne angeschlagen: »Heute höre ich: ›Es war Hitler, der die Büchse der Pandora geöffnet hat‹ und die Behauptung, die Stiftung ›Zentrum gegen Vertreibungen‹ würde Holocaust und Vertreibung gleichsetzen. Davon kann«, so fährt der Redner fort, »überhaupt keine Rede sein; ›weder die Vertreter der Stiftung noch ein Mitglied der Jury [des Franz-Werfel-Menschenrechtspreises, M. B.] haben jemals die Einmaligkeit des Massenmordes an den Juden durch den Nationalsozialismus bezweifelt.‹ So aus Mund und Feder von Erika Steinbach – Artikulationen, die ich aus dieser Richtung nicht erwartet hätte.« (Giordano 2003)

Giordano bekräftigte in seiner Berliner Rede ein weiteres Mal, die »Charta der Heimatvertriebenen« sei auf deutsches Leid fixiert gewesen: »Eine Vorgeschichte, vorangegangenes fremdes Leid, Hitler, Auschwitz, gibt es darin nicht, mit keiner Silbe [...], von wenigen und späten Ausnahmen abgesehen blieb die einäugige Sicht nur allzu lange auch praktizierte Verbandspolitik, und das oft genug mit schrillen rechten und ultrarechten Tönen. Ich habe«, stellt der Publizist völlig zu Recht fest, »ja auf diesem und keinem anderen Planeten gewohnt.« (Giordano 2003)

Eine unvoreingenommene Lektüre dieses zentralen Dokuments kann tatsächlich zu keinem anderen Schluß führen, vielmehr wird eine etwas genauere Betrachtung sogar zeigen, daß darin Verleugnung und Verdrängung des Nationalsozialismus in geradezu idealtypischer Weise zum Ausdruck kommen. Im folgenden daher ein wesentlicher Auszug aus der 1950 in Stuttgart verabschiedeten »Charta der deutschen Heimatvertriebenen«:

»Im Bewußtsein ihrer Verantwortung vor Gott und den Menschen, im Bewußtsein ihrer Zugehörigkeit zum christlich-abendländischen Kulturkreis, im Bewußtsein ihres deutschen Volkstums und in der Erkenntnis der gemeinsamen Aufgabe aller europäischen Völker, haben die erwählten Vertreter von Millionen Heimatvertriebenen nach reiflicher Überlegung und nach Prüfung ihres Gewissens beschlossen, dem deutschen Volk und der Weltöffentlichkeit gegenüber eine feierliche Erklärung abzugeben, die die Pflichten und Rechte festlegt, welche die deutschen Heimatvertriebenen als ihr Grundgesetz und als unumgängliche Voraussetzung für die Herbeiführung eines freien und geeinten Europa ansehen.

1. Wir Heimatvertriebenen verzichten auf Rache und Vergeltung. Dieser Entschluß ist ernst und heilig im Gedenken an das unendliche Leid, welches im besonderen das letzte Jahrzehnt über die Menschheit gebracht hat.

2. Wir werden jedes Beginnen mit allen Kräften unterstützen, das auf die Schaffung eines geeinten Europa gerichtet ist, in dem die Völker ohne Furcht leben können.

3. Wir werden durch harte, unermüdliche Arbeit teilnehmen am Wiederaufbau Deutschlands und Europas.

Wir haben unsere Heimat verloren. Heimatlose sind Fremdlinge auf dieser Erde. Gott hat die Menschen in ihre Heimat hineingestellt. Den Menschen mit Zwang von seiner Heimat trennen, bedeutet, ihn im Geist zu töten.

Wir haben dieses Schicksal erlitten und erlebt. Daher fühlen wir uns berufen zu verlangen, daß das Recht auf die Heimat als eines der von Gott geschenkten Grundrechte der Menschheit anerkannt und verwirklicht wird.

Solange dieses Recht nicht für uns verwirklicht ist, wollen wir aber nicht zur Untätigkeit verurteilt beiseite stehen, sondern in neuen, geläuterten Formen verständnisvollen und brüderlichen Zusammenlebens mit allen Gliedern unseres Volkes schaffen und wirken.

Darum fordern und verlangen wir heute wie gestern:

1. Gleiches Recht als Staatsbürger nicht nur vor dem Gesetz, sondern auch in der Wirklichkeit des Alltags.

2. Gerechte und sinnvolle Verteilung der Lasten des letzten Krieges auf das ganze deutsche Volk und eine ehrliche Durchführung dieses Grundsatzes.

3. Sinnvollen Einbau aller Berufsgruppen der Heimatvertriebenen in das Leben des deutschen Volkes.

4. Tätige Einschaltung der deutschen Heimatvertriebenen in den Wiederaufbau Europas.

Die Völker der Welt sollen ihre Mitverantwortung am Schicksal der Heimatvertriebenen als der vom Leid dieser Zeit am schwersten Betroffenen empfinden.

Die Völker sollen handeln, wie es ihren christlichen Pflichten und ihrem Gewissen entspricht.

Die Völker müssen erkennen, daß das Schicksal der deutschen Heimatvertriebenen wie aller Flüchtlinge ein Weltproblem ist, dessen Lösung höchste sittliche Verantwortung und Verpflichtung zu gewaltiger Leistung fordert.

Wir rufen Völker und Menschen auf, die guten Willens sind, Hand anzulegen ans Werk, damit aus Schuld, Unglück, Leid, Armut und Elend für uns alle der Weg in eine bessere Zukunft gefunden wird. Stuttgart, den 5. 8. 1950«

Diese Charta, nach Sprache und Duktus von der verquasten Abendlandideologie entnazifizierter Oberstudienräte geprägt, lohnt gleichwohl eine eingehende Betrachtung, und zwar sowohl als historisches Dokument als auch deshalb, weil sie trotz des Falls des Eisernen Vorhangs, des Zusammenbruchs von Sowjetunion und Warschauer Pakt sowie der Aufnahme einer Reihe ostmitteleuropäischer Staaten in NATO und EU bis heute unverändert und unmodifiziert gilt.

Die Heimatvertriebenen stellen sich darin als eine quasi nationale, politische Körperschaft dar und bedienen sich dabei der Verfassungsgebungssemantik des späten 18. Jahrhunderts. Allerdings bleibt vage, woher jene, die die Charta beschlossen haben, ihre Legitimation nehmen: Dem Text nach sind sie ja nicht gewählt, sondern verstehen sich – in einem biblischen Sinn – als »erwählt«. Die Gruppe, die sich hier jenseits jeden demokratischen Anspruchs politisch konstituiert, definiert sich über eine doppelte Zugehörigkeit: die zum christlich-abendländischen Kulturkreis und die zum deutschen Volkstum. Der quasi politische Charakter wird daraus ersichtlich, daß die Autoren ihre Charta – zwei Jahre nach Verabschiedung des Grundgesetzes der Bundesrepublik Deutschland – ebenfalls als »Grundgesetz« verstehen, das für alle Vertriebenen »Rechte und Pflichten« festlegt. Als Bürger der Bundesrepublik Deutschland und Vertreter nicht weniger Wahlbürger stellen die Unterzeichner der Charta zugleich fest, die Einlösung ihrer Rechte sei eine notwendige Bedingung jeder deutschen Europapolitik. Wer sich jemals und bis in unsere Tage über die fanatische Ablehnung der Ostverträge bzw. über das ungebrochene Aufrechterhalten von Eigentums- und Entschädigungsansprüchen seitens der organisierten Vertriebenen gewundert haben sollte, wird einräumen müssen, daß die Vertriebenenverbände konsequenterweise nichts anderes getan haben, als ihrer Charta treu zu bleiben.

Über die erstaunliche Konstitution deutscher Bürger als einer quasipolitischen Einheit, gleichsam eines Staates im

Staat, hinaus, zeichnet sich dieses Dokument zugleich durch eine beispiellose Blindheit und Verantwortungslosigkeit vor der deutschen Geschichte aus. In der Charta ist zudem all das vorgezeichnet, was den angeblich »neuen« deutschen Opfer-Diskurs bis heute prägt: »Wir Heimatvertriebenen verzichten auf Rache und Vergeltung. Dieser Entschluß ist ernst und heilig im Gedenken an das unendliche Leid, welches im besonderen das letzte Jahrzehnt über die Menschheit gebracht hat.« Dieser von den Funktionären der Heimatvertriebenen immer wieder ob seiner Versöhnlichkeit als vorbildlich gepriesene Passus stellt in Wahrheit eine Ungeheuerlichkeit dar, ist er doch Inbegriff all dessen, was jemals – wenn auch im Sinne der Autoren nicht ganz korrekt – als »Unfähigkeit zu trauern« galt. Die scheinbar großzügige Eröffnungssequenz »Wir [...] verzichten auf Rache und Vergeltung« entpuppt sich bei genauer Analyse als ein Satz, der dem Geist des anfänglich beschworenen christlich-abendländischen Kulturkreises diametral entgegensteht. Dem üblichen Wortsinn nach kann man nämlich nur auf das verzichten, was einem rechtens zusteht. Hier wird mit Verzicht zugleich ein grundsätzlicher Anspruch auf Rache und Vergeltung beglaubigt, und man fragt sich, woher dieser Anspruch rührt. Diese Problematik war Ralph Giordano, der die Charta in seinem Buch über Ostpreußen ebenfalls kurz abgehandelt hat, so nicht aufgefallen. (Giordano 2004, 105 f.) Da es dem Geist des christlichen Abendlandes dem Anspruch nach um Versöhnung, ja um Feindesliebe geht, kann es sich bei dem hier indirekten Recht auf Vergeltung nur um eine Art natürlichen, somatischen Impuls handeln, den viele Menschen verspüren, denen Unrecht widerfahren ist. Aber resultiert daraus ein Anspruch, auf den man feierlich verzichten könnte? Glaubwürdigkeit heischt der hier vorgetragene Verzicht durch das Eingedenken des unendlichen Leidens, welches »im besonderen das letzte Jahrzehnt« über die Menschheit gebracht habe. Die Verblasenheit der Sprache erfüllt hier eine präzise angebbare, äußerst verräterische Funktion: die Verdrängung nicht nur von Schuld, sondern auch von Verantwortung. In Rede steht zunächst in besonderer Weise das »letzte Jahrzehnt« – also die Jahre von 1940 bis 1950 –, und man kann durchaus zugeben, daß die Jahre des Krieges und die unmittelbare Nachkriegszeit von einem besonderen Schrecken gekennzeichnet waren, die eine wie auch immer nationalsozialistische Vorkriegszeit so nicht gekannt hat. Gleichwohl zeugt es von Geschichtsblindheit, die Vorgeschichte des Zweiten Weltkrieges nicht einmal erwähnt zu haben – eine Blindheit, die freilich Methode hat: Werden doch weder die in der Charta so viel zitierten »Völker« noch deren Regimes oder Regierungen letztlich als für das Schicksal der deutschen Flüchtlinge und Heimatvertriebenen als Verantwortliche genannt. Es wäre zu Beginn der fünfziger Jahre, mitten im Kalten Krieg, überhaupt kein Problem gewesen, etwa die stalinistische Sowjetunion für das Leid der Vertriebenen verantwortlich zu machen; freilich hätte die Nennung des einen Regimes der Logik der Argumentation wegen auch die Nennung des anderen Regimes erzwungen und so die Frage, wie denn Stalins Staat überhaupt dazu kam, Polen nach Westen zu verschieben und diesem Polen nach Vertreibung der Deutschen Pommern und Schlesien zuzuerkennen. Jede genauere historische Betrachtung hätte sofort den Nationalsozialismus und damit die Frage deutscher Schuld ins Bewußtsein gerufen. Dieser Preis war den Autoren der Charta jedoch offensichtlich zu hoch, daher beschwören sie lediglich einen Zeitraum ohne alle Details.

Die nächsten, von Aufbauwillen und europapolitischen Bekenntnissen getragenen Artikel sind nicht mehr als ein Intermezzo zur eigentümlichen politischen Theologie der Charta, in der sich die deutschen Heimatvertriebenen als die eigentlichen Opfer des Zweiten Weltkriegs darstellen und sich dabei zudem vage auf die biblische Theologie Israels beziehen – eine Argumentationsweise, die im deutsch-völkischen Denken von Fichte bis zu den nationalsozialistischen »Deutschen Christen« eine lange Tradition hat: »Wir haben unsere Heimat verloren. Heimatlose sind Fremdlinge auf dieser Erde. Gott hat die Menschen in ihre Heimat hineingestellt. Den Menschen mit Zwang von seiner Heimat trennen, bedeutet, ihn im Geist zu töten.«

»Gott«, so der zentrale theologische Satz, »hat die Menschen in ihre Heimat hineingestellt.« Obwohl später ein Bewußtsein davon durchschimmert, daß Menschen eine Heimat auch freiwillig verlassen können, um eine neue Heimat zu finden, »Heimat« also entweder nicht nur von Gott verfügt ist oder dieser auch – wie in der Geschichte Israels – den Aufbruch in eine neue Heimat anbefiehlt (womit eine Theologie der Geschichte angesprochen wäre), assoziiert die Charta eine konservativ-restaurative Schöpfungstheologie und legt nahe, es sei Gottes Wille, die Heimatvertriebenen in jenes Land zurückkehren zu lassen, das ihnen Gott zugewiesen hat. Nicht anders hat das religiöse Judentum über zwei Jahrtausende den Bezug zum Land Israel verstanden – es ist allerdings fraglich, ob dieser auch dem christlichen Glauben nach einmalige und außerordentliche Bezug eines Volkes auf ein Land beliebig auf andere Völkerschaften anwendbar ist. War etwa die Ostsiedlung der Deutschen im Mittelalter ein gottgewollter Prozeß? Derlei theologische Fragen können hier nicht geklärt werden. Entscheidend ist allein, daß die Verfasser der Charta über keine anderen als quasi theologische Mittel verfügten, um ihren Anspruch zu erheben. Ob sie aus gutem Grund die damals schon bekannten Menschenrechte nicht erwähnten? Ein Manko, das Frau Steinbach und das »Zentrum gegen Vertreibungen« heute beheben wollen.

Obwohl Fremdlinge auf Erden und »im Geist« durch die Vertreibung »getötet« – eine äußerst pathetische Formel –, wollen die Vertriebenen gemäß ihrer Charta nicht abseits stehen, sie bekunden ihre Bereitschaft, am Wiederaufbau mitzuwirken, und erheben die immerhin faire Forderung nach Lastenausgleich – einziger Programmpunkt einer ansonsten maßlosen und verblendeten Erklärung, die weder Realitätssinn noch ein minimales Gerechtigkeitsempfinden erkennen läßt. Angesichts des nicht ausgesprochenen Umstandes, daß in irgendeiner Weise doch alle Deutschen irgend etwas mit der deutschen Niederlage zu tun haben, ist es in der Tat fair, die Kompensation der durch die Niederlage verursachten Schäden auf alle zu verteilen. Die Forderung nach »sinnvollem Einbau aller Berufsgruppen der Heimatvertriebenen in das Leben des deutschen Volkes« verweist jedoch auf ein jeder Nachkriegsrealität wie dem Aufbau einer sozialen Marktwirtschaft hohnsprechendes ständestaatliches Modell einer nach Berufsgruppen gegliederten Wirtschaft, während die Forderung nach »Einbau« der Vertriebenen in den Aufbau Europas nur beweist, wie sehr diese Politiker die Interessen der eigenen Verbandsmitglieder mit Begriffen aus dem »Wörterbuch des Unmenschen« zu fassen versuchten: »Eingliederung« und »Einbau« von Gruppen – die Sprache verrät die Herkunft dieser Forderungen aus der völkischen und ständestaatlichen Programmatik der Zwischenkriegszeit. Allerdings: Wo und unter welchen Umständen hätten die Unterzeichner der Charta etwas anderes lernen sollen?

Doch stellen diese hölzernen Formulierungen allenfalls Petitessen gegen die abschließenden Sätze der Deklaration dar, und man muß sich allen Ernstes fragen, in welcher Welt die Autoren im Jahr 1950 lebten: »Die Völker der Welt sollen ihre Mitverantwortung am Schicksal der Heimatvertriebenen als der vom Leid dieser Zeit am schwersten Betroffenen empfinden.« Man muß diesen Satz zweimal lesen, um seine Ungeheuerlichkeit ganz zu erfassen. In ihm wird allen Ernstes behauptet, daß unter allen Opfern der Zeit des Zweiten Weltkrieges die Heimatvertriebenen am schwersten betroffen waren: also nicht die Überlebenden der Bombardements von Dresden und Hamburg, nicht die hunderttausenden deutscher Kriegswaisen und -witwen, nicht die drangsalierten Polen oder Russen, schon gar nicht die sechs Millionen ermordeten Juden, deren Schicksal 1950 – nach den Nürnberger Prozessen – durchaus bekannt war. Das im Rahmen der aktuellen Gedenkpolitik neuerdings wieder heftig debattierte Thema einer Konkurrenz der Opfer hat hier einen seiner Ausgangspunkte. Diese Äußerungen der Vertriebenenfunktionäre sind an Realitätsblindheit, Wahrnehmungsschwäche, Egozentrismus und mangelnder Empathie für das Leiden anderer schwerlich zu überbieten – Zeugnis einer Verantwortungslosigkeit, die sich bis heute erhalten hat und auch durch das scheinbar universalistische Projekt eines »Zentrums gegen Vertreibungen« nicht überwunden wird.

Die »Charta der Heimatvertriebenen« stellt eine im Geiste von – im vermeintlichen Verzicht um so stärker gewünschter – Rache, von Selbstmitleid und Geschichtsklitterung getragene, ständestaatliche, völkisch-politische Gründungsurkunde dar, in der nichts weniger als die Absicht beglaubigt wird, die Politik der jungen Bundesrepublik in Geiselhaft zu nehmen. Der Standpunkt, daß bis zum sogenannten Zwei-plus-Vier-Vertrag im Jahr 1990 angeblich noch ungelöste völkerrechtliche Fragen bezüglich der Gültigkeit der deutschen Ostgrenze bestanden und – nachdem dieses Kapitel nun endlich geschlossen ist – heute mit dem Eintritt Polens in die EU angeblich noch offene Vermögensfragen zu regeln sind, ist direkter Ausfluß der damaligen Grundsatzentscheidung, die sich bis in konzeptionelle Einzelheiten des geplanten »Zentrums gegen Vertreibungen« durchzieht, wie noch zu zeigen sein wird.

Nun mag es beckmesserisch wirken, Menschen, Funktionären, die noch unter dem Schock von Krieg und Nachkrieg standen und eine völlig andere Bildungsgeschichte hatten als wir heutigen, ein veraltetes Weltbild vorzuwerfen. Die Fragen, Probleme und Formulierungen der Charta sind nicht mehr die unseren, und insofern wäre es höchste Zeit, sie als das zu behandeln, was sie ist: als historisches Dokument einer Übergangsepoche, deren Bedingungen nicht mehr weiterbestehen.

Gleichwohl ist diese Charta ein nachwirkender politischer und moralischer Skandal, da sie nach wie vor in Kraft ist und zumal ihre Aussagen über die Heimatvertriebenen als die »am schwersten Betroffenen« jede noch so gut gemeinte Aussage des geplanten »Zentrums gegen Vertreibung« widerrufen – glaubwürdig wäre dieses Unterfangen erst, wenn der

»Bund der Vertriebenen« seine 1950 beschlossene Charta ebenso feierlich aufheben würde, wie er sie damals in Kraft gesetzt hat.

Die »Charta der Heimatvertriebenen« war von allem Anfang an nichts anderes als ein Zeugnis, nein, mehr noch, der Inbegriff dessen, was man als Verdrängung und Verleugnung bezeichnen könnte, und man wird nicht bezweifeln können, daß Ralph Giordano mit seiner Kritik an der Charta recht hatte. Ein näherer Blick auf die Verfasser der Charta bestätigt diese Analyse. Wie der Journalist Erich Später durch Recherchen im Berlin Document Center erst kürzlich nachweisen konnte, waren die Autoren und Erstunterzeichner der Charta fast ausnahmslos überzeugte Nationalsozialisten und ehemalige Mitglieder der NSDAP; sie machten ihre Karrieren in nicht wenigen Fällen im Terrorapparat von SS und SD und waren entsprechend am Menschheitsverbrechen des Judenmordes beteiligt. Die folgende, durchaus lückenhafte Aufzählung verdankt sich wesentlich Späters Recherchen. (Später 2004)

Rudolf Wagner, 1911 in Galizien geboren, lebte von Kindheit an in der Bukowina. Nach dem Militärdienst in der rumänischen Armee delegierte ihn die deutsche Volksgruppenführung in Rumänien 1934 zum Studium nach Marburg. Dort trat er in den NS-Studentenbund ein und wurde 1938 hauptamtlicher Mitarbeiter des SD der SS. Von 1938 bis 1940 arbeitete er im Wannsee-Institut, das Studien und Sonderaufträge bei der »völkischen Neuordnung« Europas ausführte. Als Unterscharführer wurde er 1940 zum Befehlshaber der Sicherheitspolizei (BDS) nach Paris versetzt, dann nach einem Führerlehrgang der SS von Mai bis November 1941 beim BDS Belgrad stationiert, wo er an den Mordtaten von Einsatzkommandos beteiligt war. Im Januar 1942 kommandierte man Wagner in die besetzte Ukraine ab, seit August 1944 war er Mitarbeiter der Abteilung VI (Ausland) im RSHA. In Berlin wurde er zum SS-Obersturmbannführer ernannt. Nach dem Krieg wirkte er u.a. als Geschäftsführer des »Hilfskomitees der evangelischen Umsiedler aus der Bukowina«, als Sprecher der »Landsmannschaft der Deutschen aus der Bukowina« und als Mitglied des bayrischen Landtags. Wagner, der letzte Überlebende der Unterzeichner der Charta, wurde anläßlich ihres fünfzigjährigen Jubiläums übrigens auch von Bundeskanzler Schröder geehrt.

Der Vertreter der Landsmannschaft Westpreußen, Erik von Witzleben, trat 1940 in die SS ein und wurde 1942 auf Vorschlag Himmlers zum Obersturmbannführer ernannt.

Walter von Keudell, der die Charta für die »Landsmannschaft Berlin-Brandenburg« unterschrieb, hatte sich als hoher Funktionär der Deutschnationalen Volkspartei während der Weimarer Republik für eine Koalition mit der NSDAP eingesetzt und im Februar 1933 um »beschleunigte Aufnahme« in diese Partei gebeten.

Der unterzeichnende Vertreter der »Arbeitsgemeinschaft Ost-Umsiedler« Gottfried Leibbrandt war in Wien im Oktober 1933 der NSDAP beigetreten und hatte sich zum freiwilligen Dienst bei der SA gemeldet. Nach dem Verbot der NSDAP im Frühjahr 1934 arbeitete er bis zu seiner Flucht nach Deutschland als Schulungsleiter für die illegale Partei, von einer opportunistischen Mitgliedschaft kann daher keine Rede sein.

Für die »Heimatvertriebenen aus Jugoslawien« unterschrieb Franz Hamm, der als Funktionär der paramilitärischen »Deutschen Mannschaft« zur Faschisierung der dort lebenden »Schwaben« beitrug. In Verbindung mit der volksdeutschen SS-Division »Prinz Eugen« war er am aktiven Terror gegen jugoslawische Juden beteiligt. 1942 nach Budapest versetzt, wirkte er im »Block der deutschen Nationalsozialistischen Reichstagsmitglieder« und als Volksgruppenführer bei der Beschlagnahmung und Verteilung jüdischen Eigentums mit. 1945 floh er nach Salzburg; später siedelte er nach Stuttgart über, wo er als Gründer und Leiter des »Hilfskomitees der Evangelischen Kirche aus Jugoslawien« und lange Jahre im Ostkirchenausschuß der EKD tätig war. Von 1950 bis 1965 arbeitete er als Abteilungsleiter im Bundesvertriebenenministerium. Er unterstützte die Herausgabe des Bandes

»Das Schicksal der Deutschen in Jugoslawien«, Band 5 der »Dokumentation der Vertreibung der Deutschen aus Ost- und Südosteuropa«. 1980 – noch unter der sozialliberalen Regierung von Helmut Schmidt – erhielt Hamm das Große Bundesverdienstkreuz am Bande.

Der Vertreter der »Landsmannschaft der vertriebenen Deutschen Baden-Württemberg« Karl Mocker gehörte zu den Funktionären der Sudetendeutschen Partei, die Konrad Henlein gegründet hatte. Von 1938 bis 1945 war Mocker als Rechtsanwalt in Komotau tätig. Dort unterhielt er beste Kontakte zum nationalsozialistischen Bürgermeister Fiedler, der die Stadt schon früh als »judenrein« nach Berlin gemeldet hatte.

Ebenfalls der Partei von Konrad Henlein gehörte Josef Walter an, der unterzeichnende Vertreter des »Landesverbandes der Heimatvertriebenen« in Hessen. Als stellvertretender Hauptgeschäftsführer der »sudetendeutschen Wirtschaftskammer« war Walter an der Beschlagnahmung und Verteilung arisierten jüdischen Eigentums beteiligt, eine Tätigkeit, die nur im Einvernehmen mit der NSDAP zu verwirklichen war.

Rudolf Lodgman von Auen, 1950–1959 Vorsitzender der »Sudetendeutschen Landsmannschaft«, zählte zu den Mitgründern der radikal antisemitischen »Deutschen Nationalpartei«, die Konrad Henlein und dessen Partei als zu kompromißlerisch verachtete.

Alfred Gille, der für die »Landsmannschaft der Heimatvertriebenen« aus Schleswig-Holstein unterzeichnete, war Bürgermeister in Ostpreußen, wurde nach der Machtübernahme durch die Nationalsozialisten Mitglied der SA und 1937 in die NSDAP aufgenommen. Von Ende 1942 bis zur Befreiung durch die Rote Armee wirkte er als Kriegsverwaltungsrat in der Ukraine.

Die »Landsmannschaft Weichsel-Warthe« wurde bei Unterzeichnung der Charta durch Waldemar Kraft repräsentiert, der vor dem Krieg leitender Funktionär der »deutschen Volksgruppe« in Polen war und Anfang September 1939 Mitglied der SS wurde. Als Geschäftsführer der »Reichsgesellschaft für Landbewirtschaftung« wurde er Volkstumsreferent im Reichssicherheitshauptamt. Nach den Landtagswahlen in Schleswig-Holstein im Juli 1950 wurde der Mitbegründer des »Blocks der Heimatlosen und Entrechteten« (BHE) stellvertretender Ministerpräsident und Finanzminister, dann leitete er in Kiel das Justizressort. Auf Initiative der BHE-Abgeordneten beschloß der Landtag im März 1951 ein Entnazifizierungsgesetz, das zur Rehabilitierung und Einstellung hunderter hochrangiger Naziverbrecher im öffentlichen Dienst führte. Von 1953 bis 1965 gehörte Kraft dem Deutschen Bundestag an und wurde von Konrad Adenauer für die Jahre 1953 bis 1956 zum Bundesminister für Sonderaufgaben berufen.

Etwa ein Drittel der Erstunterzeichner der Charta waren also überzeugte Nationalsozialisten gewesen. Ein erster Blick auf die soziale Zusammensetzung dieser Gruppe zeigt wenig Überraschendes: Es handelte sich keineswegs um Personen, die beruflich in Industrie, Handwerk und Landwirtschaft im deutschen Osten verankert waren, sondern vor allem um Funktionäre, die schon lange vor der Machtübernahme der Nationalsozialisten in Deutschland auf eben jenem Gebiet tätig waren, das man damals als »Grenzlandpolitik« bzw. »Volkstumskampf« bezeichnete. Im Diskurs von »Grenzlandpolitik« und »Volkstumskampf« galt das Verschieben und Umsiedeln ganzer Bevölkerungsgruppen spätestens seit der Konferenz von Lausanne 1922/23 als normales politisches Mittel, so daß die Vertreter der Heimatvertriebenen 1959 davon ausgehen konnten – wie es in militärischer Sprache heißt –, sie hätten allenfalls eine Schlacht, nicht aber den Krieg verloren. Noch die 1954 erstmals erschienene mehrbändige Dokumentation über die »Vertreibung der Deutschen aus Ost-Mitteleuropa«, unter der Federführung des Historikers Theodor Schieder und unter der Schirmherrschaft des Vertriebenenministers Theodor Oberländer herausgegeben – beides, wie im vorigen Kapitel gezeigt, alte, dem

Nationalsozialismus verbundene »Volkstumskämpfer« –, hält trotz der ansonsten wissenschaftlich seriös erhobenen Dokumentation der Vertrieben-Schicksale diese Perspektive für möglich: »Die Vertreibung der Deutschen aus dem Osten ist ein Ereignis, dessen volle geschichtliche Tragweite«, so die ersten Sätze des Vorworts zur Dokumentation, »sich heute noch einem Urteil entzieht. Mag man es als Schlußakt eines Krieges betrachten, in dem die geschriebenen und ungeschriebenen Gesetze des Nationen- und Staatenverkehrs tausendfach verletzt und die Vernichtung ganzer Völker nicht nur als Ziel verkündet, sondern in der Tat begonnen worden war; oder«, und nun formuliert das Vorwort jene Perspektive, die sich vermutlich die überwiegende Mehrheit der Funktionäre des »Bundes der Vertriebenen« damals zu eigen gemacht haben, »mag man es als die Endphase eines fast anderthalb Jahrhunderte tobenden immer erbitterten Nationalitätenkampfes in der Völkermischzone Europas ansehen; in jedem Falle lassen uns die geläufigen Maßstäbe der europäischen Geschichte im Stich.« (BM 1984, I/1, i)

Ein besonders prägnantes Beispiel für diesen Typus des revanchistischen, die Vertreibung allenfalls als eine revidierbare Episode ansehenden Volkstumspolitikers war Rudolf Ritter Lodgman von Auen. 1877 geboren, wurde er 1911 Mitglied des Österreichisch-Ungarischen Reichsrates und 1918 Landeshauptmann von Böhmen und Mähren. Als Reaktion auf die Weigerung der Sieger des Ersten Weltkrieges, im Vertrag von Saint-Germain-en-Laye Böhmen und Mähren Österreich zuzuschlagen, saß er seit 1919 der Deutschen Nationalpartei vor. Zwanzig Jahre später – nach dem Münchner Abkommen und dem Einmarsch der Wehrmacht in der Tschechoslowakei – begrüßte er Hitler emphatisch in einem Telegramm: »Am Tage des Einmarsches der deutschen Truppen in Teplitz-Schönau begrüße ich Sie, mein Führer, als Vertreter des Reiches aus übervollem Herzen [...]. Sie, mein Führer, haben uns Vaterland und Heimat, dem deutschen Volk die Selbstachtung und den Glauben an seine nationale Idee gegeben.« Das wäre nicht weiter spektakulär gewesen, da nicht wenige zwar völkisch, aber nicht unbedingt nationalsozialistisch gesonnene Deutsche im Sudetengebiet Hitler als »Befreier vom tschechischen Joch« betrachteten. Rudolf Ritter Lodgman von Auen aber war von anderem Schlag: Bereits im österreichischen Reichsrat ein heftiger Antisemit, tat er sich als Abgeordneter im tschechoslowakischen Parlament wiederholt durch antisemitische Anträge, die auf die Entrechtung von Juden zielten, hervor und kritisierte 1960 mit wiederum judenfeindlichem Unterton die Entführung Adolf Eichmanns durch den israelischen Geheimdienst. An Lodgman von Auens Wirken wird deutlich, in welchem Ausmaß der ethnische Nationalismus des späten 19. Jahrhunderts ungebrochen und durch die Ereignisse des Zweiten Weltkrieges nicht im mindesten irritiert in die deutsche Vertriebenenpolitik Eingang fand. Auffällig, daß ein Autor wie Peter Glotz, dem es doch dem Anspruch nach um nichts anderes geht als um die Bekämpfung des ethnischen Nationalismus, in seinem Buch über die »Vertreibung« dieser zeitgeschichtlichen Person zwar eine Fotografie zubilligt, ihre fatale Biographie jedoch völlig ausblendet.

Das Bild einer vor allem durch die Volkstumskämpfe der Zwischenkriegszeit geprägten Bewegung erhärtet sich auch beim Blick auf den ebenfalls oben erwähnten Franz Hamm, der an der Erstellung des fünften und letzten Bandes der Dokumentation über die Vertreibung der Deutschen aus Ost-Mitteleuropa mitwirkte. Obwohl die tatsächliche Lage der deutschsprachigen Minderheit im Jugoslawien der Zwischenkriegszeit im Vergleich zu anderen ostmitteleuropäischen Staaten »erträglich«, ihr »Verhältnis zum Staat normalisiert und ihr innerer Zusammenhalt gefestigt« war, gewannen vor allem jüngere, dem Nationalsozialismus zuneigende Akademiker immer mehr Einfluß und Zulauf und versuchten die deutschen Kulturorganisationen zu spalten.

Nach dem Einmarsch deutscher Truppen 1941 standen viele »Volksdeutsche« vor der Alternative, entweder zu desertieren oder sich gegen ihren Willen zur jugoslawischen

Armee einziehen zu lassen. Da die »Volksdeutschen« nach der Zerschlagung Jugoslawiens in den verbliebenen und jetzt neu konstituierten Vasallenstaaten erhebliche Privilegien erhalten hatten, wurden sie bald zum Angriffsziel jugoslawischer Partisanenverbände. Auch deshalb war die SS bei der Werbung junger »Volksdeutscher« besonders erfolgreich – mehr als 15000 von 22000 wehrpflichtigen Männern aus dem Banat wurden Mitglieder der Freiwilligen Gebirgsdivision »Prinz Eugen« der SS. (BM 1984, V, 67 E) Auch in Kroatien hatte die Werbung Erfolg: Von mehr als 25000 Kroatiendeutschen meldeten sich mehr als 17000 zur Waffen-SS. (BM 1984, V, 74 E)

Es kann hier nicht um eine schon allein des historischen Abstandes wegen ganz überflüssige Bloßstellung eines ohnehin als faschistisch und antisemitisch bekannten Funktionärs gehen, vielmehr gilt es die Frage zu beantworten, ob und wieweit die völkisch-ständische, von der Idee des »Volkstumskampfs« geprägte Orientierung der deutschen Vertriebenen auch heute noch deren Politik wesentlich prägt, ob also nicht doch auch noch der Versuch, das Vertriebenenschicksal im Rahmen einer universalistischen Moral der Menschenrechte zu artikulieren, letztlich dem Transport völkischer Gruppeninteressen dient.

Den deutschen Volkstumskämpfern jedoch war das Denken in Kategorien der Bevölkerungsverschiebung lange vor der eigenen Vertreibung bekannt, und zwar nicht deshalb, weil Staaten mit anderen ethnischen Mehrheiten deutsche Minderheiten umgesiedelt hätten, sondern weil dies spätestens seit Beginn des Krieges die erklärte Politik Adolf Hitlers auch und gerade in bezug auf deutsche Minderheiten war. So wurden auf Veranlassung der »Volksdeutschen Mittelstelle« (VOMI) 1941/42 mehrere tausend Serbiendeutsche umgesiedelt, im Rahmen eines deutsch-italienischen Abkommens mehr als 15000 Deutsche aus der Krajina in die untere Steiermark und nach Kärnten verpflanzt und schließlich Ende 1942 etwa 20000 bosnische »Streudeutsche« auf der Basis eines deutsch-kroatischen Vertrages bei strengem Verbot der Rückkehr nach Polen verbracht. Dabei wäre es verfehlt, diese Politik als eine Reaktion auf den Partisanenkrieg zu verstehen: »Diese Umsiedlungspläne und -aktionen«, so resümiert die Studie zum »Schicksal der Deutschen in Jugoslawien«, »entsprangen viel mehr, längst ehe es überhaupt eine Partisanengefahr gab, prinzipiellen Überlegungen der nationalsozialistischen Volkstumspolitik; die Außenposten deutschen Volkstums ohne Rücksicht auf eine vielhundertjährige Siedlungsgeschichte im Zuge eines Verwaltungsaktes in Grenzgebieten des Großdeutschen Reiches, vor allem in der ›Ostmark‹ anzusiedeln. Andersnationale aus dem erweiterten Reichsgebiet auszuschließen, um ›bessere Trennungslinien‹ zu gewinnen, wie sie Hitler im Herbst 1939 gefordert hatte.« (BM 1984, V, 84 Ef.)

Mit erstaunlicher Hellsicht werden in diesem letzten, erst 1961 publizierten Teil der von Schieder bearbeiteten Dokumentation die Ursachen der Vertreibung diagnostiziert: »Mit dem Ideal des ethnisch möglichst homogenen Nationalstaats wurde die Entwurzelung Tausender von Volksdeutschen, Slowenen, Kroaten usw. gerechtfertigt. Damit wurde das Vorbild von Bevölkerungsverschiebungen großen Ausmaßes nur zu nachahmungsbereiten Kräften vor Augen geführt. Durch diese Unbedenklichkeit, mit der mit beliebigen Zahlen von Menschen je nach der Konzeption der nationalsozialistischen Führung manipuliert wurde, durch den Vorgang der Zwangsverpflanzung ganzer Nationalitätengruppen wurden im Zusammenhang mit anderen Motiven zusätzliche ideelle und stimmungsmäßige Voraussetzungen für die Vertreibung der jugoslawiendeutschen Minderheit geschaffen.« (BM 1984, V, 85 E) Wie in Jugoslawien, so in anderen Regionen und Grenzgebieten des Deutschen Reiches.

Es liegt auf der Hand, daß mit einer auf diesen Grundlagen basierenden Politik des »Bundes der Vertriebenen« nach den Ostverträgen der Regierung Brandt/Scheel und schließlich nach dem Zwei-plus-Vier-Vertrag keine Politik mehr zu betreiben war. Daher entsprach es nur der Logik des in den westlichen Gesellschaften immer stärker werdenden menschenrechtlichen Diskurses, in dessen Sprache auch die völkisch-ethnischen Anliegen der deutschen Vertriebenenverbände zu artikulieren. Diesen Schritt der »Modernisierung« vollzogen zu haben, ist das Verdienst von Erika Steinbach, die nicht nur durch ihre Mentorinnenrolle für jene armenischen Gruppen, die den jungtürkischen Genozid international anerkannt sehen wollten, Aufsehen erregte. Indem Steinbach die, gemessen an den historischen Debatten der Bundesrepublik Deutschland unhaltbar gewordene, These von der Singularität des – nein, nicht jüdischen, sondern deutschen – Leids preisgab und das Gedenken an die Vertreibung mindestens nominell in die Gewaltgeschichte des 20. Jahrhunderts stellen und zudem auf die Zukunft ausrichten wollte, gab sie dem Anliegen der Vertriebenen jene Form, in der allein es noch öffentlich akzeptabel sein kann.

Vor diesem Hintergrund sind die grundsätzlichen Ziele eines »Zentrums gegen Vertreibungen« zu betrachten; dabei ist vor allem zu untersuchen, ob es den Initiatoren wirklich gelungen ist, dem Bann des von Revanchismus und völkischer Agitation geprägten Programms des »Bundes der Vertriebenen« zu entkommen und den menschenrechtlich-universalistischen Kern ihres Anliegens deutlich herauszuarbeiten. Zugleich geht es um die Frage, in welchem Verhältnis die programmatischen Vorgaben zu den sich konkretisierenden Umsetzungsplänen stehen und ob nicht diese Umsetzungspläne den programmatischen Kern wieder verdunkeln.

Laut ihrer Satzung hat sich die Stiftung vier Aufgaben verschrieben, die gleichrangig und den Menschenrechten verpflichtet sind:

1. geht es um eine museale Darstellung jener »vielschichtigen Vorgänge«, die zu Vertreibung und Deportation aus Mittel-, Ost- und Südosteuropa geführt haben, wobei »Trauer, Anteilnahme und Verzeihen« Raum gegeben werden soll.

2. soll der Wandel der politischen Kultur Deutschlands und Europas durch die Immigration und Integration der Flüchtlinge und Vertriebenen dargestellt werden, sowie diese – den

Worten des französischen Politologen Alfred Grosser nach – größte sozial- und wirtschaftspolitische Aufgabe der jungen Bundesrepublik angemessen gewürdigt werden.

3. sollen Vertreibung und Genozid an anderen Völkern, insbesondere Europas, dargestellt werden, um die internationale Ächtung solcher menschenverachtenden Politik zu erreichen.

4. wird ein Preis ausgelobt, mit dem Menschen ausgezeichnet werden, »die sich gegen die Verletzung von Menschenrechten durch Völkermord, Vertreibung und die bewußte Zerstörung nationaler, ethnischer oder religiöser Gruppen gewandt haben«. In einem Nachsatz werden die völkerrechtlichen Grundlagen erwähnt, auf deren Basis der Preis vergeben wird.

Daß sich das Zentrum der Vertreibung der Deutschen widmet, ist selbstverständlich. Minder selbstverständlich ist es jedoch, das »Schicksal der [...] deutschen Spätaussiedler, die seit den 50er, vor allem seit Ende der 80er Jahre in die Bundesrepublik Deutschland oder die frühere DDR kamen«, einzubeziehen. Gerade wenn man die durch das Potsdamer Abkommen legitimierte Vertreibung der Deutschen als ein dem Genozid nahes Menschheitsverbrechen ansieht, verbietet es sich, die in aller Regel freiwillig vollzogene Übersiedlung in die Bundesrepublik in einem Atemzug zu nennen. Einzuräumen ist gewiß, daß die in Osteuropa und Rußland verbliebenen deutschsprachigen Minderheiten – von Rumänien bis Kasachstan – ihre kulturellen Rechte als Deutschsprachige nur in sehr unterschiedlichem Ausmaß ausüben konnten, von einer die Menschenrechte verletzenden Vertreibung kann jedoch im Falle der Spätaussiedler keineswegs gesprochen werden. Mit der Aufnahme der Geschichte der Spätaussiedler stellt vielmehr die Konzeption der Stiftung ihr Beharren auf völkischen, volkstumstheoretischen Positionen, die dem proklamierten universalistischen Kern widersprechen, unter Beweis.

Der sachlich gebotene Hinweis auf die Integrationsleistung der Vertriebenen selbst und der Integrationspolitik von Bund und Ländern wird in der entsprechenden Passage des Stiftungszwecks indessen durch schönfärberische Aussparungen und eine falsche, modische Terminologie überdeckt. Angesichts der völkischen und revanchistischen Positionen des »Bundes der Vertriebenen«, wie sie in den Debatten um die Ostverträge und sogar noch in denen über Frau Steinbachs Vorschläge zu einer »Nullösung« hinsichtlich der Entschädigungsproblematik deutlich wurden, kann von einem gehaltvollen Bekenntnis der Vertriebenen zu einem »Europa, in dem die Völker in Frieden miteinander leben«, keine Rede sein. Grotesk mutet die weitergehende Bemerkung an, die Vertriebenen hätten gewußt, daß Europa nicht an Oder und Neiße oder am Bayerischen Wald ende – präziser wäre es gewesen, ihnen ein Wissen davon zuzuschreiben, daß dies nicht die Grenzen Deutschlands seien. Die Behauptung, die Vertriebenen hätten aufgrund ihres jahrhundertelangen Zusammenlebens mit ihren slawischen, madjarischen, baltischen oder rumänischen Nachbarn »interkulturelle Kompetenz« mitgebracht, ist mehr als nur eine wohlfeile Anleihe am multikulturellen Jargon der neunziger Jahre, sie ist eine andere Form der Geschichtsklitterung: Will man allen Ernstes behaupten, daß sich etwa die Deutschen in der Tschechoslowakei, die sich in ihrer überwiegenden Mehrheit Konrad Henlein und seiner Partei verbunden fühlten, über interkulturelle Kompetenz verfügten?

Der geschichtstheoretisch orientierte dritte Artikel der Zentrumsverfassung befaßt sich mit Genozid und Vertreibung anderer Völker, zumal in Europa, und hebt »die singuläre Verfolgung und Massenvernichtung der Juden Europas durch den Nationalsozialismus« hervor. Aufgrund seiner zentralen Bedeutung für das gesamte Projekt eines »Zentrums« sei die entscheidende Passage in voller Länge zitiert:

»Über den Genozid 1914/15 am armenischen Volk durch das Osmanische Reich hat die Völkergemeinschaft indolent hinweggesehen. Ethnische ›Flurbereinigung‹ durch Zwangsumsiedlungen wurden 1922 vom Völkerbund nicht nur geduldet, sondern selbst beschlossen, und Hitler kalkulierte mit dem Desinteresse der Völkergemeinschaft bei seinen horriblen Vernichtungsplänen. ›Wer redet heute noch von der Vernichtung der Armenier‹, äußerte er 1939 und setzte Schritt um Schritt sein grausames Werk an unseren jüdischen Mitbürgern und an den europäischen Juden fort. Er öffnete die Büchse der Pandora vollständig. Und so gab es nach ihm kein Halten. Neben der Vertreibung der Deutschen liefen die Vertreibung der Ostpolen durch Stalin und auch die der Ungarn durch Beneš im Nachkriegszeitraum ab. Auf dem Balkan und in Tschetschenien sehen wir bis heute Bilder der Gewalt, getrieben von Rache und Vergeltung in einem Teufelskreis. Von anderen Kontinenten gar nicht zu sprechen. Gründe der Rechtfertigung dafür werden immer wieder gesucht. Es gibt sie nicht! Vertreibung und Genozid lassen sich niemals rechtfertigen. Sie sind immer ein Verbrechen, sie widersprechen den Menschenrechten, und sie verharren im archaischen Denken von Blutrache. Das will die Stiftung nicht hinnehmen, sondern immer wieder mahnen und die Menschen bewegen, mitzufühlen und Anteil zu nehmen.«

Die in dieser Passage artikulierte Mischung aus historischer Ungenauigkeit, einem falschen Geschichtsbild in bezug auf die Massenvernichtung und einem ebenfalls unpräzisen menschenrechtlichen Pathos verweist nicht nur darauf, wie unausgereift die Konzeption des Zentrums noch immer ist, sondern vor allem darauf, daß die Initiatoren weder willens noch in der Lage sind, die Ursachen der deutschen Vertreibung angemessen darzustellen.

So ist sich die Forschung inzwischen darüber einig, daß der Genozid an den Armeniern nicht schon 1914/15 stattfand, sondern als geplanter Genozid mit der Order des jungtürkischen Innenministeriums vom 24. April 1915, die Führung der armenischen Parteien und Gemeinden zu verhaften, einsetzte – ein Datum, das bis heute als Gedenktag an den Genozid gilt. (Dadrian 2003, 219; Akcam 2004, 59) Die letzten tödlichen Deportationen gingen bis in den Oktober 1916. (Dadrian 2003, 226)

Unzutreffend ist auch die Behauptung, daß die Völkergemeinschaft »indolent« über dieses Verbrechen hinweggesehen habe. Zwar gab es 1915/16 eine Völkergemeinschaft im Sinne des Völkerbundes oder der UN noch nicht, gleichwohl sind eine Fülle internationaler Reaktionen aus diesen Jahren zu verzeichnen. Bereits im Mai 1915 klagten die Entente-Alliierten die jungtürkische Regierung des Osmanischen Reiches der Verbrechen gegen die Menschlichkeit und die Zivilisation an und erklärten, daß sie die für diese Verbrechen Verantwortlichen persönlich zur Rechenschaft ziehen würden. (Dadrian 2003, 216; Akcam 2004, 78) Entsprechend wurden bereits in der unmittelbaren Nachkriegszeit in der Türkei selbst Kriegsverbrecherprozesse geführt. Die Erklärung der Entente wurde ebenso zu einer Grundlage der Nürnberger Prozesse wie sie in die Präambel der UN-Völkermordkonvention vom Dezember 1948 einging. (Schabas 2003, 604 f.)

Der historischen Wahrhaftigkeit hätte es auch keinen Abbruch getan, wenn die in der Forschung weitgehend übereinstimmend belegte Mitschuld des Deutschen Reiches an diesem Initialverbrechen des Jahrhunderts der Völkermorde erwähnt worden wäre. Die zutreffende Aussage, der Völkerbund habe mit den Verträgen von Lausanne »Zwangsumsiedlungen« von Türken und Griechen beschlossen und sanktioniert, benennt das in Rede stehende Problem im Kern, auf die angesprochene völkerrechtliche Problematik wird freilich nicht näher eingegangen.

So richtig es sein mag, daß nach heutiger Auffassung Vertreibungen immer ein Verbrechen sind, so intensiv wäre doch zu erörtern, warum und mit welchen Gründen der Völkerbund, der ja das vom »Zentrum gegen Vertreibungen« zu seinen Grundlagen gerechnete IV. Haager Abkommen zum Schutze der Zivilbevölkerung von 1907 kannte, gleichwohl glaubte, diesen Bevölkerungsaustausch sanktionieren zu sollen. Die Vertreibung und Vernichtung der Armenier jedenfalls wurde durch den Völkerbund nie legitimiert. Daß Hitler im jungtürkischen Genozid an den Armeniern ein Vorbild sah, ist unbestreitbar – ob er damit auf die bevorstehende Vernichtung der Juden sowie die Unterjochung Polens anspielte oder einfach auf die Möglichkeit, ungestraft gegen menschenrechtliche Regelungen verstoßen zu können, ist nach wie vor ungeklärt. Auf jeden Fall verkürzt die allein auf Hitler zentrierte Betrachtungsweise in der Erklärung der »Stiftung gegen Vertreibung« ein weiteres Mal die Frage nach der nicht kollektiven, aber doch massenhaften Schuld von Individuen. Als hätte es nie eine breite wissenschaftliche Forschung zur Beteiligung nicht nur der deutschen Elite, sondern auch von Teilen der »normalen« Bevölkerung an der Ausrottung der Juden, der Unterjochung Polens und der massenhaften Tötung auch der sowjetischen Bevölkerung gegeben, wird hier Hitler, der die Büchse der Pandora »vollständig geöffnet« habe, als Ursache für die späteren Vertreibungsverbrechen auch an Deutschen genannt und dabei das Mitwirken völkischer Politiker in Ostmitteleuropa und rassistisch-imperialistischer Wissenschaftler, die etwa den »Generalplan Ost« erdachten, aber auch der einfachen Bevölkerung gänzlich übergangen.

Verspätete öffentliche Trauer

Schließlich soll das geplante »Zentrum gegen Vertreibungen« Trauer und Verzeihen dienen, und es stellt sich sofort die Frage, welche Art von Trauer dort inszeniert werden und wer eigentlich wem verzeihen soll. Die Prinzipien der Stiftung scheinen sich hier eng an dem in den sechziger Jahren von Alexander und Margarete Mitscherlich eröffneten Diskurs über die »Unfähigkeit zu trauern« zu orientieren – ein Diskurs, der von Anfang an die ursprüngliche Frage der Mitscherlichs, ob denn die Deutschen ihre eigenen Opfer, vor allem aber ihren geliebten Führer betrauert haben oder wenigstens hätten betrauern können, verdreht hatte. Die Mitscherlichs haben diese Frage in den sechziger Jahren abschlägig beantwortet und diese abschlägige Antwort mit der pessimistischen Diagnose verbunden, daß Menschen, die nicht dazu in der Lage sind, die eigenen Opfer zu betrauern, erst recht nicht in der Lage sind, die Opfer ihrer Verbrechen zu betrauern oder doch wenigstens die eigenen Untaten zu bereuen. Seither hat die Bundesrepublik Deutschland gleichwohl eine auch im internationalen Vergleich beachtliche Gedenkkultur in Streit und Debatte entfaltet, eine Gedenkkultur, die nicht nur zu vielfältigen Initiativen an der Basis geführt hat, zu Erinnerungen an verbrannte Synagogen in der Provinz, an das Leiden von Zwangsarbeitern, an die Untaten in verschiedenen Konzentrationslagern, sondern eben auch zum hochumstrittenen Mahnmal für die ermordeten Juden Europas in Berlin, dem der Architekt Peter Eisenman eine ästhetisch kühne Form in Gestalt eines dynamisch wogenden Stelenfeldes gegeben hat und das im Jahr 2005 – sechzig Jahre nach der Kapitulation des Dritten Reiches – eingeweiht wird. Das Mahnmal und die ihm notwendig entsprechenden Rituale wurden zu einem zentralen Thema der geschichtspolitischen Debatte in Deutschland – die berüchtigte, nationalistische Sonntagsrede von Martin Walser inbegriffen, der dieses »fußballfeldgroße« Mahnmal als Erinnerung an »unsere Schande« qualifizierte und mit der Wahl dieses Begriffs die Problematik kollektiver Verantwortung für die Vergangenheit, die etwas anderes ist als kollektive Schuld, auf wenig elegante Weise zu umgehen suchte.

Erika Steinbach, die Vorsitzende des »Bundes der Vertriebenen«, versucht entsprechend, bald sechzig Jahre nach Kriegsende, vierzig Jahre nach dem Erscheinen des Buches »Die Unfähigkeit zu trauern« und ganz so, als ob inzwischen nichts geschehen wäre, wieder dort anzuknüpfen, wo Alexander und Margarete Mitscherlich aufgehört haben, ohne dabei deren Einschätzung, daß es den besiegten Deutschen geradezu strukturell unmöglich war, Trauerarbeit zu leisten, ernst zu nehmen. Steinbach hat ihre Überlegungen zum »Zentrum gegen Vertreibungen« als einem Ort der Trauer verschiedentlich veröffentlicht, zuletzt in einem längeren Kommentar in der »Frankfurter Allgemeinen Sonntagszeitung« vom 3. Oktober 2004. Die dort zur Debatte gestellten Überlegungen zeigen freilich, daß die Vorsitzende des »Bundes der Vertriebenen« die Tiefendimension der Trauerproblematik ebenso verkennt, wie sie letzten Endes keinen Schritt über die schon in der »Charta der Heimatvertriebenen« geschichtsklitternde Gleichsetzung von Holocaust und Vertreibung hinausgelangt ist; genauer, daß sie beide wenigstens einander gleichsetzt, wo die Charta noch betont hatte, daß die Vertreibung das schlimmste Verbrechen des Zweiten Weltkriegs gewesen sei. Soll man das ernstlich als Fortschritt werten? Unter Bezug auf den Goethe-Preisträger Raymond Aron führt Steinbach in diesem Beitrag aus, daß sich die Selbstachtung einer Nation daran bemesse, wie sie mit ihren Toten umgeht, um dann aus dieser Beobachtung Konsequenzen zu ziehen: »Nimmt man diesen Satz zum Maßstab, steht es um Deutschland nicht sonderlich gut. Mancher fürchtet, daß die Trauer um deutsche Opfer die deutsche Verantwortung für den Nationalsozialismus relativieren könnte. Ist aber unsere Trauer und das Erinnern an millionenfaches Leiden ein Schlupfloch aus unserer eigenen Verantwortung, welche die Geschichte uns aufgegeben hat?« Steinbach verneint die rhetorische Frage, um dem von den Nachbarn Deutschlands einmütig zurückgewiesenen »Zentrum gegen Vertreibungen« eine geradezu friedenspolitische Funktion zuzuweisen: »Wer unfähig oder unwillig ist, seine eigenen Toten und Entrechteten zu betrauern und ihnen zur Seite zu stehen, wird niemals ehrlich Anteil nehmen am Leid anderer. Ein kaltes Herz bleibt gegen jedermann kalt. Vor einem so herzlosen Deutschland müßten sich unsere Nachbarländer fürchten.«

Um Chancen und Sinn ihrer sozialpsychologischen Vermutungen zu überprüfen, ist es unerläßlich, den hier beanspruchten Begriff einer nationalpolitisch verstandenen Trauer zu überprüfen. Man wird sich allerdings fragen müssen, ob es Steinbach tatsächlich darum geht, den noch lebenden Vertriebenen mit ihren eventuell vorhandenen Traumata bzw. deren Nachkommen durch die Institutionalisierung von Trauerarbeit einen gleichsam therapeutischen Dienst zu erweisen. Das scheint nicht nötig zu sein – weist doch die Vertriebenenfunktionärin selbst darauf hin, daß die Vertriebenen und ihre Nachkommen heute versöhnungs- und hilfsbereit in ihre ehemalige Heimat führen, »um mit offenem Herzen und Geld [...] Kirchen zu restaurieren, Krankenhäusern zu helfen oder die Gräber der Angehörigen zu pflegen – und um Gespräche mit den Menschen zu führen«. (Steinbach 2004)

Wenn also bei einem Teil der Vertriebenen und ihrer Kinder die Flucht Vertreibungs-Traumata zur Folge gehabt hätte, so wären diese inzwischen eingekapselt, und es ist sehr die Frage, ob und in welchem Sinn das geplante Zentrum zur Behandlung tiefsitzender, auch transgenerational weitergegebener seelischer Wunden etwas beitragen kann. Doch scheint es darum gar nicht zu gehen. Wenn es aber nicht um einen auch individuell therapeutisch wirkenden Ort geht, worum geht es dann? Offensichtlich um ein nationaltherapeutisches Programm der Hebung der nationalen Selbstachtung – eine Forderung, die von vornherein unterstellt, daß die Deutschen derzeit über keine oder unzureichende nationale Selbstachtung verfügten. Abgesehen von der Frage, ob und welchem Sinne eine solche nationale Selbstachtung überhaupt von Bedeutung ist, scheint Steinbach, nach ihrem öffentlichen Auftreten zu urteilen, nicht bereit, eine Selbstachtung aus anderen Quellen – etwa einer guten Verfassung, einem erfolgreichen demokratischen Staatswesen, einer, wie das Zentrum selbst schreibt, beachtlichen Leistung beim Aufbau der Bundesrepublik und der Integration – in Rechnung zu ziehen. Mit der aus ihrem Zusammenhang gerissenen Bemerkung Raymond Arons entpuppt sich die Forderung nach einem Denkmal als Wiederauflage eines nationalistischen Programms im Sinne des 19. Jahrhunderts, als das Gedenken an die Toten der Festigung des nationalen Zusammenhalts dienen sollte.

Doch stellen sich weitere Fragen: Was geschah eigentlich in den vergangenen sechzig Jahren bei den öffentlichen Gedenkveranstaltungen am Volkstrauertag? Wie wird die umfangreiche Arbeit der deutschen Kriegsgräberfürsorge bewertet? Warum genügt die von Helmut Kohl durchgesetzte, mit einer vergrößerten Statuette von Käthe Kollwitz' trauernder Mutter ausgestaltete Gedenkstätte in Schinkels Neuer Wache in Berlin der Trauer um die eigenen Toten dem Ziel nationaler Trauer nicht, obwohl die dort angebrachten Tafeln doch alle Opfer erwähnen? Haben die Vertriebenenverbände bei ihren jährlichen Treffen keine angemessenen Trauer- und Gedenkrituale entwickelt? Wie sind jene bereits bestehenden Gedenkstätten und Museen zu bewerten, die sich seit Jahrzehnten dieser Aufgabe widmen?

Die Antwort auf alle diese Fragen liegt nahe: Es handelt sich um dezentrierte, in den Medien nicht genügend hervorgehobene, wenig prominente – kurz dem »Mahnmal für die ermordeten Juden Europas« in Dimension und Ausdruckskraft nicht ebenbürtige – Formen des Gedenkens. Diese Konkurrenz mit dem Gedenken an die Opfer der Shoah aber ist das heimliche Motiv vieler (nicht aller) Betreiber der Zentrumsidee – aller menschenrechtlichen, universalistischen Camouflage zum Trotz. Daß es heute, sechzig Jahre nach der Vertreibung, nicht mehr um authentische Trauer gehen kann, wird deutlich, wenn man sich den Sinn der Kategorie der Trauer in sozialpsychologischer und geschichtstheoretischer Hinsicht vor Augen führt. Dann erweist sich auch, wie sinnlos die Rede von der »Trauer über die eigenen Entrechteten« ist. Angesichts von Entrechtung wäre die angemessene Reaktion Empörung oder Wut, aber nicht Trauer.

Überhaupt stellt sich die Frage, ob »Trauer« – die zunächst stets Ausdruck eines persönlich erfahrenen Verlustes ist – als Kategorie oder Haltung zur Erfassung historischen Sinns angemessen ist. Läßt sich über das Schicksal fremder Menschen, die man nie gekannt oder geliebt hat, überhaupt authentisch trauern? Ist man in der Regel mit der Geschichte der Menschheit, einer Kulturgemeinschaft, eines Staates oder einer beliebigen Gruppe so stark identifiziert, daß man über ihre verpaßten Chancen, Opfer oder Untaten Trauer, Scham und Schande fühlt? Sind diese moralischen Gefühle, wenn sie denn tatsächlich entstehen, lediglich Begleiterscheinungen beim Betrachten des geschichtlichen Verlaufs oder dessen notwendige Voraussetzung?

Trauer, so der Historiker Jörn Rüsen, hat eine kategoriale Bedeutung: »Trauern ist umfassend, d. h. es schließt sämtliche Erinnerungsfunktionen ein. Das Trauern [...] ist gleichzeitig grundlegend, fundamental, konstitutiv. Es liegt [...] in der Tiefe der Subjektivität und trägt die Vielfalt des Erinnerns. Trauern kann den Modus bestimmen, die Ausrichtung und die Art und Weise, wie die einzelnen Erinnerungsfunktionen erfüllt werden [...]. Trauer ist also in der Tiefe der Subjektivität angesiedelt, die man ›existentiell‹ nennt. Zugleich ist sie universell. Es gibt keine menschliche Gesellschaft, in der Menschen nicht trauern und trauern müssen. Die Trauer ist, wie ich vermute, psychologisch tiefer angesetzt als andere Operationen des Geschichtsbewußtseins.« (Rüsen 1996, 74)

Nun mag sich dieses Gefühl einstellen oder nicht – für eine Theorie der kollektiven Trauerrituale ist zu klären, ob es sich hierbei lediglich um eine psychische Begleiterscheinung handelt, die eintreten kann oder nicht, oder ob sie tatsächlich, wie von Rüsen unterstellt, eine kategoriale Notwendigkeit ist. In Frage steht also, ob moralische Gefühle auch für die Geschichtswissenschaft und für eine Theorie öffentlichen Gedenkens eine grundlegende Rolle spielen oder »lediglich« zur Rezeption historischer Verläufe gehören. Die vielfältigen Gedenktage, die das politische Leben der Bundesrepublik Deutschland immer stärker bestimmen – zumal jene, die an den »Holocaust« genannten industriellen Massenmord der nationalsozialistischen Deutschen an den europäischen Juden erinnern sollen –, stellen sich der Öffentlichkeit als Gelegenheit inszenierter Trauer dar. Dabei scheint es zunehmend gleichgültig, wem diese Trauer gilt. Von Helmut Kohls Ehrbezeugungen an Gräbern der Waffen-SS in Bitburg bis zu den Gedenkfeierlichkeiten anläßlich des 50. Jahrestages der sogenannten Kristallnacht, von der mißglückten Rede des ehemaligen Bundestagspräsidenten Philipp Jenninger im Bundestag bis zu den Friedensgottesdiensten zum 50. Jahrestag der Entfesselung des Zweiten Weltkrieges sind öffentliche Trauer- und Gedenkrituale zu einem festen Bestandteil der politischen Kultur geworden.

Bei Trauerritualen sind ebenso wie bei den Formen des Gedenkens, zumal des kollektiven, Unterschiede zu machen: Unabhängig vom jeweiligen Inhalt ist es einfach ein soziologisches Faktum, daß die Erinnerungen, das Gedenken, und das heißt auch die Trauerrituale von Gemeinschaften der Opfer und solchen, denen Täter angehörten, sich anderer Formen bedienen müssen. Während – zumindest heute noch – in den Opfergruppen erinnerte oder persönlich übermittelte Erschütterung über den Mord an Angehörigen bestehen kann, wird es unter Angehörigen von Tätergruppen allenfalls zu Formen der Scham kommen können.

Hieran entzünden sich sehr schnell – wie etwa Martin Walsers berüchtigte Sonntagsrede offenbarte – Zweifel und Verdacht. Zu offensichtlich ist das Mißverhältnis zwischen den oft läppischen Inszenierungen und dem Grauen, auf das sie Bezug nehmen. Indes ist dieser wohlbegründete Verdacht beinahe schon zu wohlfeil – übergeht er doch das Problem, ob und unter welchen Umständen überhaupt säkularisierte, funktional ausdifferenzierte und auf dem Prinzip der Individualität beruhende Gesellschaften noch so etwas wie öffentliche Trauerrituale kennen können und sollen. Es wäre ja immerhin denkbar, daß der weitverbreitete Mißmut über die in der Tat inflationären Trauerveranstaltungen selbst eine unreflektierte Voraussetzung in seinem Rücken hat, nämlich eine verinnerlichte bis erstorbene Gefühlskultur, in der grundlegende Emotionen zur indiskutablen, letztendlich peinlichen, dem ökonomischen Vollzug des modernen Lebens hinderlichen und darum strikt privaten Angelegenheit geworden sind. Wenn es zutrifft, daß authentische Trauer nur von jenen gelebt werden kann, die selbst den Verlust einer emotional hoch besetzten Person erlebt haben, der Ritualisierung von Trauer im öffentlichen Gedenken also Grenzen gesetzt sind, so bleibt als Frage, ob und in welchem Ausmaß »Scham« rituell gerahmt werden kann.

Neben den sich auf Freud berufenden Überlegungen der schon erwähnten Psychoanalytiker Margarete und Alexander Mitscherlich lassen sich Trauerverhalten und Trauerrituale auch im Lichte der Verhaltensbiologie, einer Soziologie der Gefühle und einer funktionalistischen Theorie des Rituals untersuchen. Bezog sich die Psychoanalyse vor allem auf die individuelle und innerpsychische Verarbeitung von Objektverlusten, so thematisierten die anderen genannten Theorien das nach außen sichtbare, intersubjektiv kommunizierbare und in seiner gesellschaftlichen Bedeutsamkeit bewertbare Handeln und Verhalten von einzelnen oder Gruppen anläßlich des Todes geliebter, geschätzter oder respektierter Menschen. Die klassische Definition dessen, was innerhalb der Psychoanalyse als »Trauer« gilt, hat Sigmund Freud in seiner erstmals 1916 erschienenen Schrift über Trauer und Melancholie gegeben: »Worin besteht nun die Arbeit, welche die Trauer leistet? Ich glaube, daß es nichts Gezwungenes enthalten wird, sie in folgender Art darzustellen: Die Realitätsprüfung hat gezeigt, daß das geliebte Objekt nicht mehr besteht, und erläßt nun die Aufforderung, alle Libido aus ihren Verknüpfungen mit diesem Objekt abzuziehen. Dagegen erhebt sich ein begreifliches Sträuben – es ist allgemein zu beobachten, daß der Mensch eine Libidoposition nicht gern verläßt, selbst dann nicht, wenn ihm Ersatz bereits winkt. Dieses Sträuben kann so intensiv sein, daß eine Abwendung von der Realität und ein Festhalten des Objekts durch eine halluzinatorische Wunschpsychose zustande kommt.« (Freud 1999, Bd. IX, 430)

Freuds Interesse gilt dieser Definition zufolge ausschließlich dem inneren Erleben bzw. den intrapsychischen Mechanismen des Trauerns; über die soziale Bedeutung, die sozialen Bedingungen und die sozialen Formen trauernden Verhaltens und Handelns erfahren wir aus diesen Überlegungen nichts. Es fragt sich zudem, in welchem Sinn sich von »innerer Arbeit« sprechen läßt. Besteht sie darin, durch individuelles Nachdenken, durch das Akzeptieren willentlich nicht steuerbarer Stimmungen bzw. durch das Versprachlichen des erlittenen Verlustes zu lernen, auch ohne das geliebte Objekt weiterzuleben? Freud, der in der genannten Schrift durchaus die sogenannte »normale Trauer« erwähnt und sie gegen die ihm in seiner Praxis begegnenden pathologischen Fälle der Melancholie abgrenzt, hat sich hier besonders auf die Frage des Bewältigens jener schuldhaft erlebten ambivalenten Gefühle konzentriert, die in jeder Verlusterfahrung zutage treten.

In »Totem und Tabu« hingegen hatte Freud 1912/13 Gespensterfurcht und Ahnenkult der von ihm so genannten Primitiven untersucht und war zu dem Schluß gekommen, daß in derlei Gesellschaften die Ambivalenz den Toten gegenüber sehr viel offener gezeigt werden kann als in der Moderne: »Überblickt man das Verhältnis der Überlebenden zu den Toten im Wandel der Zeiten, so ist es unverkennbar, daß dessen Ambivalenz außerordentlich nachgelassen hat. Es gelingt jetzt leicht, die unbewußte, immer noch nachweisbare Feindseligkeit gegen die Toten niederzuhalten, ohne daß es eines besonderen seelischen Aufwandes hierfür bedürfte. Wo früher der befriedigte Haß und die schmerzhafte Zärtlichkeit miteinander gerungen haben, da erhebt sich heute wie eine Narbenbildung die Pietät und fordert das: De mortuis nil nisi bene.« (Freud 1999, Bd. IX, 83)

Freud unterscheidet des weiteren Trauer und Tabu als soziale Verhaltensweisen. Während die Trauer die tote Person öffentlich repräsentiert, d.h. sie nennt und rühmt, schließt das Tabu die tote Person durch Nichtnennung ihres Namens aus der Gemeinschaft aus. Ohne die inhaltliche Triftigkeit von Freuds Überlegungen zu erörtern, wird deutlich, daß Freud in der Trauer und ihr verwandten Verhaltensweisen biologische, psychologische, soziale und kulturelle Aspekte unterscheidet. Eine umfassende Theorie der Trauer wird sie alle zu berücksichtigen haben. Eine Theorie menschlicher Trauer, d.h. symbolisch vermittelter, kultureller Reaktionen auf den Verlust geliebter Menschen wird in erster Linie zu klären haben, wie gesellschaftliche, psychische und ökonomische Lagen die physiologische und affektive Basis der

Trauer die universell angelegten Verhaltensrepertoires formt. Dabei geht es nicht um die historisch-gesellschaftliche Überformung vermeintlich »ursprünglicher« Verhaltensweisen, sondern um die nur gesellschaftlich-historisch mögliche Interpretation und Entfaltung von nicht mehr instinktgesteuerten Verhaltensradikalen, die jenseits von Kultur und Geschichte lediglich leerlaufende, funktionslos gewordene Reflexstümpfe wären. In gesellschaftlicher Hinsicht stellen daher Emotionen jenen grundlegenden Kitt dar, der die in Primärgruppen zusammenlebenden Menschen jenseits aller distanzierenden Betrachtungsweise ihrer Wünsche und wechselseitigen Beziehungen aufeinander bezieht und damit die Basis ihrer gesellschaftlichen Kooperation darstellt, in der Arbeitsteilung, Rollendifferenzierung und Reflexion so ermöglicht werden, daß trotz aller Interessengegensätze und Konflikte der Bezug auf eine gemeinsame Welt erhalten bleibt.

In dieser Perspektive stellt sich Trauer dann als jener gemeinsame Weltbezug dar, mit dem die Angehörigen einer Gemeinschaft zunächst spontan und ohne Reflexion auf weitere Umstände, auf gemeinsam oder einzeln erlittene Verluste reagieren und deren Erfahrung zu einem kathartischen Abschluß bringen. Als partikularistischer Weltbezug erweist sich Trauer als eine »Nahemotion«, die bekannten oder als bekannt geltenden Menschen erwiesen wird. Regeln wie das »de mortuis nil nisi bene« drücken in reflektierter Form die relative Unmittelbarkeit der Trauererfahrung aus. Emotionen lassen sich nach den Relationen zu Welt und Mitwelt, die in ihnen zum Ausdruck kommen, analysieren: Positiv/negativ; Unterordnung/Überordnung; angemessen/unangemessen sind Oppositionen, in denen zwischenmenschliche Macht- und Statusbeziehungen gefaßt werden können. In ihnen schlägt sich zudem die Zurechnung der Individuen bezüglich der Ereignisse nieder, mit denen sie konfrontiert sind. In der Trauer finden wir in der Regel eine schmerzhafte Ohnmachtserfahrung, in der ein negativ gefärbter Weltbezug ausgedrückt wird, dessen Anlaß sich die Individuen in der Regel nicht zurechnen. Grübeleien, Reflexionen und sogenannte »Schuldgefühle« stellen dann Formen der Selbstzurechnung und Verantwortungsübernahme dar, die den Ohnmachtscharakter der Trauer verändern. Es ist der gemeinsame Bezug auf Verluste, der die Trauer als Ritual konstituiert.

Ziel des »Zentrums gegen Vertreibungen« kann also nicht die Erweckung »echter« Trauer, sondern entweder nur eine unechte, die von Steinbach selbst beklagte Gefühlskälte noch verstärkende Form der Pseudotrauer und der politischen Formung nationalistischer Emotionen oder das Erwecken von Erschütterung und Respekt angesichts der katastrophalen Folgen des von nationalsozialistischen Deutschen den Völkern Ostmitteleuropas aufgezwungenen Krieges sein – eine Erschütterung, die zur Ausbildung und Verbreitung einer universalen Empathie im Bewußtsein unverbrüchlicher Menschenrechte führt.

Daß Steinbach diese Wende vollziehen konnte, war nach Ansicht Ralph Giordanos das Ergebnis eines ausgedehnten Lernprozesses, von dem er sich in seiner Berliner Gedenkrede zum Warschauer Aufstand weigert »zu glauben, daß er nur auf mich beschränkt sei«. Vielmehr weiß er »Erika Steinbach einbegriffen«. Der Lernprozeß, von dem hier die Rede ist, ist der Prozeß einer sich ausweitenden, allseitigen Empathie, in den einzutreten auch dem im Holocaust beinahe umgekommenen und am Leben gebliebenen Juden Giordano schwergefallen ist: »Es hat lange, sehr lange gedauert, bis ich den zweiten Schritt gegangen bin und Empathie empfand für das persönliche Schicksal von Menschen, die in den bedrohtesten Jahren meines Lebens auf der anderen Seite gestanden haben und dabei versehrt wurden oder umgekommen sind, ohne daß das simple Täter-Opfer-Schema verfangen könnte.« (Giordano 2003)

Giordanos bedeutende Einsicht besteht in der Erkenntnis, daß diese moralisch gebotene und politisch sinnvolle Empathie anderer Natur ist als jene Empathie, die wir mit unseren Nächsten, mit Kindern, Freunden und Verwandten empfinden. Es handelt sich um eine Empathie, bei der – anders als im Alltag – nicht das spontane Gefühl, sondern die reflektierte kognitive, intellektuelle Haltung am Anfang steht: »Das Humanum Empathie wird keinem von uns geschenkt, es muß erarbeitet werden, und sei es über ein ganzes Leben hin.« Der jüdische Intellektuelle präsentierte der deutschen Öffentlichkeit bei seiner Rede im Berliner Dom das erstaunliche Bild von zwei Menschen, die in Abarbeitung und Überwindung bisheriger Befangenheiten im Verständnis für das Leiden der jeweils eigenen Herkunftsgruppe ihre Vergangenheit, ja eine bestimmte Form ihres Selbstverständnisses, ihrer Identität hinter sich gelassen haben: »Aber in welchem Abschnitt Erika Steinbach sich dabei derzeit auch immer befinden mag – ich habe mich überzeugt«, so der kritische Publizist über seine merkwürdige Nähe zur Verbandsfunktionärin, »daß sie auf diesem Weg weitergekommen ist. Was in sich schließt, das es Empathiedefizite gegeben hat, ja! Aber das doch nicht nur bei ihr, sondern, zum Beispiel, auch bei mir.« (Giordano 2003)

Am Ende dieser einmaligen öffentlichen Zelebration von Gefühlen behauptet der Redner, sich nicht seiner Trauer über das Leid von Deutschen schämen zu wollen, nicht seiner Mitleidensfähigkeit, nicht seiner Erschütterung, und man mag sich denn doch fragen, welcher Art diese Gefühle sind und ob es bei derlei respektablen Kundgebungen der Anteilnahme und des Respekts tatsächlich um jene Trauer geht und gehen kann, die Menschen empfinden, wenn jemand gestorben ist, den sie geliebt haben oder dem sie nah waren.

Die Gleichsetzung von Anteilnahme und Respekt mit Trauer war und ist ein *basso ostinato* der deutschen Gedenkkultur – spätestens seit den achtziger Jahren, als in Westdeutschland die vielbeklagte und ebenso mißverstandene »Unfähigkeit zu trauern« durch eine bewußte und gewollte Annäherung an die jüdischen Opfer überwunden werden sollte, ohne daß jene Fernen und Fremden, die – niemals mit Deutschland oder der deutschen Kultur verbunden – in den Gaskammern und Krematorien von Auschwitz ihr, wie

Celan es ausdrückte, »Grab in den Lüften« gefunden hatten, in einem nachvollziehbaren lebensgeschichtlichen Zusammenhang mit den neuen Trauergemeinden standen.

Die Vertreibung – ein Genozid?

Man wird sich freilich nicht der Einsicht entziehen können, daß Ralph Giordano und andere jüdische Intellektuelle, wie die liberal- bzw. rechtskonservativen Historiker Julius Schoeps und Michael Wolffsohn, die sich schließlich bereit fanden, ihre nicht selbstverständliche Empathie mit den ihnen vielleicht fernen und fremden deutschen Opfern des Zweiten Weltkrieges und der unmittelbaren Nachkriegszeit öffentlich zu bekunden, von Steinbach letztlich düpiert worden sind. So sehr sich Giordano in seiner Rede und in seinem ganzen Lebenswerk einer Gleichsetzung der Vernichtung der europäischen Juden mit den Vertreibungen widersetzt hat und so sehr er das Beharren auf der Singularität dieses Verbrechens zur Grundlage seiner Mitarbeit beim Zentrumsprojekt gemacht hat, so sehr auch die Prinzipien des Zentrums beinahe gebetsmühlenartig die Singularität der industriellen Vernichtung der europäischen Juden hervorheben, so wenig entsprechen diese Beteuerungen den wirklichen Überzeugungen der Präsidentin des »Bundes der Vertriebenen«, wie sie noch am 3. Oktober 2004, am neuen deutschen Nationalfeiertag, der Öffentlichkeit zu verstehen gab:

»Mit dem Ende des Zweiten Weltkrieges hätten«, so die Eingangssätze des zitierten Kommentars, »Menschlichkeit und Völkerfrieden in Europa Einzug halten können. Leider war in weiten Landstrichen Europas das glatte Gegenteil der Fall. Wichtige Anklagepunkte, die vor dem Nürnberger Kriegsverbrechertribunal gegen nationalsozialistische Verantwortungsträger verhandelt wurden, nämlich Zwangsarbeit, Deportation, Bevölkerungsumschichtungen, geschahen nahezu zeitgleich ein weiteres Mal in ganz Mittel-, Ost- und Südosteuropa. Diesmal an Deutschen. Das war eine Kollektivstrafe, die es laut Völkerrecht nicht gibt. Zweieinhalb Millionen Menschen haben diese Geschehnisse nicht überlebt, und mehr als zwölf Millionen kamen mittellos und entkräftet in Deutschland, so wie es sich heute territorial darstellt, an.« (Steinbach 2004)

Tatsächlich subsumierte die damals von den USA vorgelegte Definition unter »Verbrechen gegen die Menschlichkeit« »Mord, Ausrottung, Versklavung, Deportation oder andere unmenschliche Handlungen«. (Schabas 2003, 57) Die unter Berufung auf Artikel 6 (c) des Statuts zum internationalen Militärtribunal in Nürnberg verfaßte Anklageschrift gegen 24 »Hauptkriegsverbrecher« beschuldigte diese indessen »des vorsätzlichen und systematischen Massenmord[s], d.h. die Ausrottung von Gruppen einer bestimmten Rasse oder Nationalität unter der Zivilbevölkerung gewisser besetzter Gebiete, um bestimmte Rassen, Volksklassen und nationale, rassische oder religiöse Gruppen, insbesondere Juden, Polen und Zigeuner zu vernichten«. (Schabas 2003, 58) Die Delikte, die nach Steinbach in Nürnberg verhandelt wurden, waren also insgesamt jene, die den »Hauptkriegsverbrechern« zur Last gelegt wurden. Steinbachs Behauptung, es hätten in Nürnberg »Bevölkerungsumschichtungen« zur Verhandlung gestanden, ist jedoch frei erfunden.

Bei den insgesamt acht Nachfolgeprozessen in Nürnberg ging es in einem einzigen weiteren Verfahren – gegen den Industriellen Friedrich Flick – um Zwangsarbeit, jedoch nie um Fragen von »Deportation« oder gar »Bevölkerungsverschiebung«. Gewiß trifft es zu, daß Zwangsarbeit im Hauptverfahren Gegenstand der Anklage war und daß es in diesem Hauptverfahren – gegen den Industriellen Gustav Krupp von Bohlen und Halbach sowie den nationalsozialistischen »Generalbevollmächtigten für den Arbeitseinsatz« Fritz Sauckel – tatsächlich um Zwangsarbeit ging, die freilich vom Nürnberger Gerichtshof vor allem als »Verbrechen gegen die Menschlichkeit« und nicht als »Kriegsverbrechen« beurteilt wurde.

Dies sind auf den ersten Blick unscheinbare Unterscheidungen, die gleichwohl sorgfältig zu betrachten sind: Sowohl das Statut des internationalen Militärtribunals als auch die Anklageschrift führen unter der Rubrik »Verbrechen gegen die Menschlichkeit« derartige Delikte auf: Artikel 6 (c) des Statuts lautet:

»Verbrechen gegen die Menschlichkeit: Nämlich: Mord, Ausrottung, Versklavung, Deportation oder andere unmenschliche Handlungen, begangen an irgendeiner Zivilbevölkerung vor oder während des Krieges.« (Die Nürnberger Prozesse 1947, 12) (Die Anklageschrift gegen Hermann Göring u. a. benennt dann unter »Anklagepunkt Drei« – Kriegsverbrechen – die zwangsweise Rekrutierung von Zivilarbeitern und führt dazu aus: »Überall in den besetzten Gebieten rekrutierten die Angeklagten die Einwohner zwangsweise zur Arbeit und verlangten ihre Dienstleistungen für Zwecke, die mit den Bedürfnissen der Besatzungsarmeen nichts zu tun hatten, und in einem Ausmaß, das in keinem Verhältnis zu den Kräften der betroffenen Länder stand. Alle auf diese Weise rekrutierten Zivilbewohner wurden gezwungen, für die deutschen Kriegsrüstungen zu arbeiten.« (Die Nürnberger Prozesse 1947, 67)

Der Sinn der Unterscheidung von »Kriegsverbrechen« und »Verbrechen gegen die Menschlichkeit« entspricht in etwa Unterscheidungen, die auch das normale Strafgesetzbuch kennt, vor allem der Unterscheidung von Totschlag und Mord, bei der es vor allem darum geht, ob bei Handlungen mit Todesfolge ein böswilliger Vorsatz anzunehmen ist. Daß im Krieg in aller Regel erfahrungsgemäß auch Verbrechen an der Zivilbevölkerung begangen werden, obwohl die Haager Landkriegsordnung das untersagt, ist die Annahme, die der Ahndung von Kriegsverbrechen unterliegt – demgegenüber stellen die im Nürnberger Prozeß eingeführten Tatbestände von »Verbrechen gegen die Menschlichkeit« eine neue Kategorie dar, und die rechtspolitische Diskussion hat sich lange an der Frage abgearbeitet, ob die Einführung dieser Tatbestände nicht ein Verstoß gegen das allgemeine Rückwirkungsverbot darstellen. Die in Artikel (6) genannten Verbrechen gegen die Menschlichkeit stellen keine »Verletzungen der Kriegsgesetze oder -gebräuche« dar. Während Kriegsverbrechen Verbrechen im Kriege sind, sind Verbrechen gegen die Menschlichkeit Verbrechen, um derentwillen überhaupt erst ein Krieg geführt worden ist.

Das betont auch »Anklagepunkt Vier«, der hervorhebt, daß »Ermordung, Ausrottung, Versklavung, Deportation« »Zwecke« gewesen seien, um derentwillen die Angeklagten eine Politik der Verfolgung, Unterdrückung und Ausrottung aller Zivilisten, die den Plänen der Naziregierung feindlich gewesen seien, betrieben hätten. In der Begründung des Urteils gegen Fritz Sauckel, den »Generalbevollmächtigten für den Arbeitseinsatz«, der zum Tode durch den Strang verurteilt wurde, wird das bestätigt; dort ist festgehalten, daß Sauckel zwar nicht der Vorbereitung eines Angriffskrieges wegen schuldig zu sprechen sei, wohl aber der Kriegsverbrechen und der Verbrechen gegen die Menschlichkeit wegen: »Das Beweismaterial zeigt, daß Sauckel die oberste Verantwortung für ein Programm trug, das die Deportation von mehr als fünf Millionen Menschen zum Zweck der Zwangsarbeit erforderte, wobei viele von ihnen schreckliche Grausamkeiten und Leiden erdulden mußten.« (Die Nürnberger Prozesse 1947, 363)

So wenig nun von dem Kommentar Erika Steinbachs in einer Sonntagszeitung zu erwarten ist, daß er subtilere Unterscheidungen wie die von »Kriegsverbrechen« und »Verbrechen gegen die Menschlichkeit« aufnimmt, so sehr wird daran deutlich, daß das Verschweigen dieser Unterschiede, das Verschweigen der historischen Kausalkette und das Verschweigen der nach damaligem Völkerrecht auch von den USA und Großbritannien beglaubigten »Aussiedlungen« ein weiteres Mal dazu führt, wenn auch unausgesprochen, einen vermeintlichen, an Deutschen begangenen, ungesühnt gebliebenen Genozid zu konstruieren.

Zudem bleiben die Schlußfolgerungen, die aus der Parallelisierung der in Nürnberg verhandelten Tatbestände und der Maßnahmen gegen Deutsche in den sowjetisch besetzten,

Polen angegliederten Ostgebieten und in der Tschechoslowakei zu ziehen wären, unklar. Will Frau Steinbach andeuten, daß die von Fritz Sauckel zu verantwortende Zwangsarbeit, deretwegen er in Nürnberg zum Tode durch den Strang verurteilt wurde, unangemessen war oder daß auch Stalin, Mikołajczyk und Beneš, wenn nicht gar Churchill und Roosevelt ebenfalls vor ein internationales Tribunal gehört hätten? So sehr »wilde Vertreibungen« und auch die in Potsdam sanktionierten Abschiebungen den Menschenrechten widersprechen, so wenig waren sie doch Ausdruck eines bewußten Willens, das deutsche Volk auszurotten oder zu versklaven. Nach heutigem Verständnis sind Deportationen – auch wenn sie nicht dem Zweck der Ausrottung und Versklavung dienen – ebenso rechtswidrig wie Enteignungen. Allerdings hat zumal die britische Regierung in ihren Debatten etwa mit Beneš stets darauf hingewiesen, daß es sich bei den geplanten Aussiedlungsmaßnahmen nicht um Strafen, sondern »nur« um einen Bevölkerungsaustausch nach Maßgabe der Verträge von Lausanne handele.

So läßt sich zwar in einem umgangssprachlichen Sinn davon sprechen, daß den Deutschen eine völkerrechtswidrige Kollektivstrafe auferlegt wurde, die Kategorisierung dieser unmoralischen und unserem Empfinden nach auch rechtswidrigen Maßnahmen hat sich jedoch nie auf ein Strafprinzip, sondern stets auf politische Prinzipien berufen.

Indem Erika Steinbach – wie übrigens auch der »Bund der Vertriebenen« im ganzen seit seiner Gründung – die Kausalkette, die zu millionenfachen Vertreibungen mit Todesfolge geführt hat, beharrlich verschweigt, beteiligt sie sich allen gegenteiligen Erklärungen zum Trotz daran, die nationalsozialistischen Verbrechen zu verharmlosen. Bei den von ihr genannten Opferzahlen – sie spricht von 12 Millionen Überlebenden und 2,5 Millionen Gestorbenen im Zusammenhang mit einer ihrer Meinung nach über die Deutschen im Osten verhängten Kollektivstrafe – verschweigt sie erstens geflissentlich den Umstand, daß fünf Millionen Menschen bereits vor der Vertreibung teils auf eigenen

Entschluß, teils von den nationalsozialistischen Behörden aufgefordert, vor der Roten Armee die Flucht ergriffen haben.

Aufmerksamkeit muß auch die Rede von »Deutschland, wie es sich heute territorial darstellt« erregen. Man mag das für einen harmlosen, um Präzision bemühten Hinweis halten, daß Deutschland einmal ein anderes Territorium umfaßte als jenes Gebiet, dessen Grenzen durch den Zwei-plus-Vier-Vertrag von 1990 endgültig – und völkerrechtlich verbindlich – festgelegt wurden. Man darf sich allerdings auch fragen, ob die Floskel »wie es sich heute darstellt« sich in schöner Kontinuität zum revisionistischen Nachkriegsjargon befindet, der insinuiert, es könne bald wieder anders sein.

Franz Werfel – Kronzeuge des »Zentrums gegen Vertreibungen«?

Am deutlichsten aber kommt die menschenrechtlich-universalistische Revision der Geschichte des Nationalsozialismus und des Zweiten Weltkrieges dort zum Ausdruck, wo es auf den ersten Blick am unverdächtigsten und progressivsten zuzugehen scheint, nämlich bei dem vom »Zentrum gegen Vertreibungen« gestifteten und am 24. April 2003 erstmals in der Frankfurter Paulskirche vergebenen »Franz-Werfel-Menschenrechtspreis« an den Leiter des an der Ruhr-Universität Bochum angesiedelten Instituts für Genozid- und Diasporaforschung Dr. Mihran Dabag. Dabag, der sich in seinen Arbeiten mit der Theorie strukturvergleichender Genozidforschung, mit kollektiver Gewalt und Genozid, mit dem Prozeß der Nationenbildung, der Ideologie der Jungtürken, dem Völkermord an den Armeniern sowie mit Fragen des kollektiven Gedächtnisses und kollektiver Erinnerung befaßte, wurde für seine Forschungen zum jungtürkischen Genozid an den Armeniern ausgezeichnet.

Es war eine, wie die Presse damals schrieb, »hochkarätige Jury«, die den Preisträger für 2003 kürte: Daniel Cohn-

Bendit (MdEP), Dr. Ralph Giordano, Prof. Dr. Peter Glotz, Dr. Otto von Habsburg, Dr. Klaus Hänsch (MdEP), Dr. Helga Hirsch, Prof. Dr. György Konrád, Dr. Otto Graf Lambsdorff, Lennart Meri und Erika Steinbach (MdB). Neben den deutschen Europapolitikern aller Parteien stechen der jüdische Publizist Ralph Giordano und der ehemalige estnische Ministerpräsident Lennart Meri unter den Mitgliedern hervor, und man muß sich die Frage stellen, ob Giordano die von Lennart Meri, der als Kind im Jahr 1941 mit seinen Eltern nach Sibirien verschleppt wurde, am 3. Oktober 1995 gehaltene Rede gekannt hat, in der es u.a. hieß: »Als Este [...] frage [ich] mich, warum zeigen die Deutschen so wenig Respekt vor sich selbst? Deutschland ist eine Art Canossa-Republik geworden, eine Republik der Reue. Aber wenn man die Moral zur Schau trägt, riskiert man, nicht sehr ernst genommen zu werden. Als Nichtdeutscher erlaube ich mir die Bemerkung: Man kann einem Volk nicht trauen, das rund um die Uhr eine intellektuelle Selbstverachtung ausführt. Diese Haltung wirkt auf mich als ein Ritual, eine Pflichtübung, die überflüssig und sogar respektlos gegenüber unserem gemeinsamen Europa darstellt. [sic!] Um glaubwürdig zu sein, muß man auch bereit sein, alle Verbrechen zu verurteilen, überall in der Welt, auch dann, wenn die Opfer Deutsche waren oder sind. Für mich als Este ist es kaum nachzuvollziehen, warum die Deutschen ihre eigene Geschichte so tabuisieren, daß es enorm schwierig ist, über das Unrecht gegen die Deutschen zu publizieren oder zu diskutieren, ohne dabei schief angesehen zu werden – aber nicht etwa von den Esten oder Finnen, sondern von Deutschen selbst?« (Meri)

Mit Meri wurde gezielt ein Politiker geladen, der gerade weil er kein Deutscher ist um so unverblümter für einen nationalistischen Selbstbehauptungswillen der Deutschen plädiert. Andere – nicht deutsche Autoren – zum Sprachrohr der Sache des Zentrums zu machen, hat überhaupt Methode. Das fällt beim »Menschenrechtspreis« des Zentrums besonders ins Auge.

Der vom Zentrum ausgelobte Preis ist nach dem Romancier Franz Werfel benannt, der, 1890 als Kind deutschsprachiger böhmischer Juden in Prag geboren, 1945 in der US-amerikanischen Emigration starb. Der später zum Katholizismus übergetretene expressionistische Romancier erhielt 1927 den bedeutenden tschechoslowakischen Staatspreis und noch 1937 das österreichische Verdienstkreuz für Kunst und Wissenschaft. Nach der Annexion Österreichs floh er 1938 zunächst nach Frankreich und gelangte nach einer strapaziösen Flucht über die Pyrenäen schließlich 1940 von Portugal aus in die USA. 1933 erschien sein in Deutschland bald verbotener Roman »Die vierzig Tage des Musa Dagh«, in dem er auf der Basis damals zugänglicher Forschung und journalistischer Prozeßberichte erschütternd und aufwühlend den jungtürkischen Genozid an den Armeniern verarbeitete und der Deportationen als Bedingung und Vollzugsform des Genozides Anschauungskraft verleiht. Indes erweist sich die Benennung des Preises nach dem Romancier, die dem Zentrum von dessen in den USA lebender Tochter ausdrücklich genehmigt wurde, nur als ein weiterer Zug im geschichtsrevisionistischen Unternehmen einer annähernden Gleichsetzung von Genozid und Vertreibung.

Franz Werfel, daran kann kein Zweifel bestehen, war ein gerade seiner katholisch-jüdischen weltbürgerlichen Haltung wegen überzeugter tschechoslowakischer Patriot, der den Staatspreis dieses Landes nicht umsonst entgegengenommen hat. Im Februar 2003 hat der Vorsitzende der Jüdischen Gemeinde Prags, Tomáš Jelinek, auf die feindliche Haltung Werfels gegenüber den Sudetendeutschen hingewiesen mit einem Zitat aus dem Aufsatz »Das Geschenk der Tschechen an Europa«, in dem Werfel 1938 u. a. schrieb: »Wie Wellenbrecher stehen die Randgebirge dem fremden Anspruch im Wege. Manchmal schlug die imperialistische Springflut sturmgepeitscht über diese Wellenbrecher. Davon ist ein breites Band nationalen Brackwassers zurückgeblieben. Das sind die sogenannten Sudetendeutschen.« (Werfel 1975, 3 f.) Angesichts dessen darf man heftige Zweifel daran hegen, ob Franz Werfel, wäre er nicht bereits 1945 gestorben, sich – wenn überhaupt – ähnlich scharf der vom Zentrum in den Mittelpunkt seiner Geschichtspolitik gestellten Polemik gegen die Beneš-Dekrete angeschlossen hätte.

In dem vom Zentrum verliehenen »Franz-Werfel-Menschenrechtspreis« kommen wie in einem Prisma sämtliche Tendenzen des alles in allem nationalistischen, geschichtsrevisionistischen Unterfangens dieses Zentrums zusammen: Indem der Preis nach einem deutschsprachigen böhmischen Schriftsteller benannt ist, der sich in einem wichtigen Hauptwerk mit dem Genozid an den Armeniern auseinandergesetzt hat, wird äußerlich Versöhnungsbereitschaft nach Ostmitteleuropa ebenso signalisiert wie Offenheit und Anerkennung gegenüber dem jüdischem Schicksal. Der Namenspatron steht zudem für ein universalistisches Engagement gegen Genozid.

Indem der Preis von einer Jury verliehen wird, in der universalistisch gesonnene jüdische Intellektuelle wie Daniel Cohn-Bendit ebenso vertreten sind wie ein nationalkonservativ denkender baltischer Intellektueller wie Lennart Meri, gelingt der Stiftung das ungewöhnliche Kunststück, universalistische Moral und nationalistisches Ressentiment zu vereinen, und zwar geschickterweise durch Personen, die nationalistischer deutscher Anwandlungen zuallerletzt verdächtig sind: einen jeden deutschen Sonderweg ablehnenden überzeugten Europäer wie Cohn-Bendit und einen erklärt jüdischen Autor wie Ralph Giordano, dessen journalistisches und publizistisches Lebenswerk in wesentlicher Hinsicht dem Kampf gegen einen neuen deutschen Nationalismus nach und wegen Auschwitz galt.

Mit der Berufung von Lennart Meri dann wurde es aufgrund dessen entschiedener, lebensgeschichtlich geprägter antikommunistischer Haltung möglich, einen Zeugen für das nationalistische Unterfangen der Kritik am »nationalen Masochismus« zu finden. Lennart Meri verwendet diesen Begriff nicht, meint aber dasselbe, wenn er vom deutschen »Canossagang« spricht. Im jüngsten Kommentar der Präsidentin des »Bundes der Vertriebenen« war es dann wie gezeigt der französische Soziologe Raymond Aron, der für diesen Schachzug herhalten mußte. Man fragt sich, warum es bei so viel nationalem Selbstbewußtsein immer wieder ausländischer Gewährsleute bedarf, um auf die Gebresten des deutschen Selbstbewußtseins hinzuweisen.

Indem das Zentrum schließlich als zentrales Paradigma des Gedenkens an die Vertreibung der Deutschen den Genozid an den Armeniern wählt, will es unter mißbräuchlicher Verwendung der vergleichenden Genozidforschung Flucht und Vertreibung der Deutschen aus den Ostgebieten und aus dem Sudetenland denn doch allen anderweitigen Erklärungen zum Trotz in die Nähe des Holocaust rücken. Für beinahe raffiniert möchte man daher die Kür des ersten Preisträgers, einem wissenschaftlich hoch qualifizierten Erforscher des armenischen Genozids, halten: Mit der Wahl Mihran Dabags und der Berufung auf Werfels »Musa Dagh« ist es dem Zentrum und seinen Promotoren Erika Steinbach und Peter Glotz gelungen, die Singularität der Massenvernichtung der europäischen Juden zwar nicht direkt zu bestreiten. Mit dem – in der Sache ja ganz richtigen – Eintreten für die Anerkennung des jungtürkischen Genozids wird jedoch die Thematik des Genozids zum Hauptthema des »Zentrums gegen Vertreibungen« gemacht, um damit unausgesprochen und minder deutlich als etwa der Genozid-Forscher Rudolph Rummel zu insinuieren , daß die Vertreibung und Aussiedlung der Deutschen auch ein Genozid gewesen sei. Davon waren die zu wesentlichen Teilen ehedem nationalsozialistischen Verfasser der »Charta der Heimatvertriebenen« ohnehin überzeugt. Die Berufung auf Armenien und den jungtürkischen Genozid erweist sich so als das entscheidende ideologiepolitische Gelenkstück des ganzen Unterfangens – in der Sache kommt dies nicht nur einer Geschichtsklitterung, sondern einer massiven Lüge gleich, und es wäre zu wünschen gewesen, der erste Preisträger hätte den Mißbrauch, der mit einem ihm lebenswichtigen Thema hier getrieben wird, rechtzeitig erkannt – so wie zu wünschen gewesen wäre, daß die von Frau Steinbach konsultierten und herangezogenen jüdischen Intellektuellen – sie wurden bereits genannt: Michael Wolffsohn, Julius Schoeps, Ralph Giordano und Daniel Cohn-Bendit – diese Problematik rechtzeitig erkannt hätten.

Wie schwierig das ist, kann der Autor dieser Zeilen ohne jede Selbstgerechtigkeit berichten: War er doch selbst für eine kurze Zeit bereit, auf Anfrage Erika Steinbachs im wissenschaftlichen Beirat des »Zentrums gegen Vertreibungen« mitzuwirken. Die Bereitschaft zu dieser Mitarbeit schmolz freilich dahin, als klar wurde, daß die Präsidentin des »Bundes der Vertriebenen« – anders als Giordano meint – nicht wirklich willens und in der Lage war, sich von ihrem nationalkonservativen bis völkischen Umfeld zu lösen.

Mutmaßungen über Motive erscheinen müßig – tatsächlich wirkt Erika Steinbach weniger wie eine Politikerin, die ein einmal gesetztes Ziel beharrlich und gegen Widerstände durchsetzt, sondern eher wie eine Getriebene. Das unsichere Hin und Her ihrer Positionen: hier menschenrechtlich sensibilisierte Trauerarbeit, dort nationales Ressentiment; hie mutiges Vorpreschen im Hinblick auf eine »Nullösung« bei der Abwehr von Entschädigungsansprüchen an Polen, dort – wie im zitierten Kommentar – semantische und symbolische Zugeständnisse an die Mehrheit der im »Bund der Vertriebenen« nach wie vor bestimmenden Funktionäre; hier Betonung der Singularität der Massenvernichtung der europäischen Juden, dort mehr oder minder subtile Nivellierungsversuche ... Die Präsidentin des »Bundes der Vertriebenen« verkörpert wie keine andere den mißglückten und in sich widersprüchlichen Versuch einer zeitgeistigen Modernisierung des von allem Anfang an unwahrhaftigen und politisch stets hoch gefährlichen Geschichtsbildes der Vertriebenenverbände, die es über Jahrzehnte verstanden haben, die Treue und Loyalität ihrer Mitglieder für eine verbalradikale Änderung der deutschen Außenpolitik zu mißbrauchen. Daß CDU/CSU in der gegenwärtigen Situation versucht sind, das von den Verbänden noch immer geschürte Ressentiment wenn schon nicht zu schüren, so doch für Wahlkampfzeiten in Reserve zu halten, adelt die Zielsetzung des Zentrums nicht, und man kann sich nur beunruhigt fragen, ob – wenn wieder einmal eine offen konservative, wenngleich dem eigenen Anspruch nach in besonderem Ausmaß dem Europagedanken verpflichtete Partei in Berlin regieren sollte – sie es riskieren werden, mit der Unterstützung des geplanten »Zentrums gegen Vertreibungen« ernsthafte Verstimmungen mit den ostmitteleuropäischen Partnern in der erweiterten EU in Kauf zu nehmen.

Drittes Kapitel

»Sieh hin, zum Donnerwetter noch einmal«
Das deutsche Kriegstrauma in der Literatur

Aufgabe des Zentrums soll es gemäß der Stiftungssatzung auch sein, »Raum für Trauer und Verzeihung« zu eröffnen – oben wurde gezeigt, daß es dabei gar nicht um Trauerarbeit im Sinne der Bewältigung unwiederbringlicher Verluste oder gar der Auseinandersetzung mit transgenerational erworbenen Traumata der deutschen Bevölkerung geht. Dabei spielt die Frage der Trauer allen pauschalen Verdächtigungen entgegen, es ginge bei der Thematisierung deutscher Leidenserfahrungen ausschließlich oder vor allem um Aufrechnung, in der deutschen Gegenwartskultur eine bedeutende Rolle; Literatur und Sozialwissenschaft haben sich der Thematik seit langem angenommen, und es zeigt sich, daß angesichts der Schwere einiger transgenerationaler Traumatisierungsprozesse eine angemessene Verarbeitung durch Pläne, wie sie das Zentrum hegt, nicht nur nicht gefördert, sondern geradezu konterkariert werden. Die im vorigen Kapitel skizzierte Theorie der Trauer ist jetzt unter einem veränderten Gesichtswinkel noch einmal aufzugreifen und zwar so, daß die Verlust- und Verletzungserfahrungen von Deutschen sichtbar werden. Dazu bietet die Literatur nach wie vor das überzeugendste Anschauungsmaterial. Eine methodologische Anmerkung ist hierfür unerläßlich. Zwar sind sprachliche Kunstwerke ebenso Texte wie alltägliche, narrativ wiedergegebene Erfahrungen, doch unterscheiden sie sich durch das, was als »ästhetische Differenz« zu bestimmen ist und sich durch eine spezifische, an kontrollierten Formen orientierte, in vielen Fällen bewußt reflektierte Ausdrucksweise auszeichnet. Man kann also mit Recht fragen, ob in literarisch gestaltete Texte nicht soviel Überlegung, Reflexion und damit auch Fiktion eingeflossen ist, daß diese Zeugnisse gar nicht mehr als Beleg für reale Erfahrungen dienen können. Allerdings: auch Kunst, literarische Kunst ist stets die Kunst jener Gesellschaft, in der sie entsteht und alles andere als Ausdruck eines genialischen Formwillens, der aus einem Jenseits von Raum und Zeit einbricht – man kann, darf und soll Literatur als die Literatur ihrer Gesellschaft lesen, ohne darum ihre spezifische Ausdrucksqualität zu vernachlässigen. Man könnte sogar sagen, daß in künstlerischen Objektivationen spezifische Erfahrungen, weil bewußter geformt, sehr viel prägnanter zum Ausdruck kommen als im alltäglichen Narrativ. Das ist im Falle von Trauer und Trauma der Deutschen im Zweiten Weltkrieg nicht anders.

Freilich kennt die Kultur der Bundesrepublik Deutschland jenseits aller Festreden und politischen Statements eine andere Form der Verarbeitung von Flucht und Vertreibung: jene der Literatur. So mag Günter Grass' erklärte Absicht, mit seiner Novelle »Im Krebsgang« einen Beitrag zur Debatte um die Vertreibung so zu liefern, daß das Thema nicht »den Rechten« überlassen bleibe, sinnvoll gewesen sein – der damit verbundene oder jedenfalls so verstandene Anspruch, die Thematik zum ersten Mal literarisch zu bearbeiten, traf zu keiner Zeit zu. Nur wenige Themen haben die Literatur jedenfalls der Bundesrepublik so bewegt; von Anfang an hat die Geschichte von Flucht und Vertreibung das Schreiben motiviert, wenn auch vielleicht nicht immer auf dem von Grass beanspruchten literarischen Niveau. Den Anfang machte ein lange vor Krieg, Flucht und Vertreibung bereits 1930 erschienener Roman, der sich in der frühen Bundesrepublik großer Beliebtheit erfreute: William von Simpsons »Die Barrings«, eine Art ostpreußisches »Vom Winde verweht«, das das alte Preußen und den allmählichen Niedergang der Rittergüter vom letzten Drittel des 19. Jahrhunderts bis zum Ende des Ersten Weltkrieges in dichten Schilderungen wiederzubeleben versucht. Das nach dem Krieg immer wieder auftauchende Motiv des Ritts zu Pferde nach Westen etwa taucht schon bei William von Simpson auf. In der Ausgabe des »Lübecker Generalanzeigers« vom

10. August 1937 war über den Autor der »Barrings« zu lesen:

»Ein interessanter Farbfleck ist der Ritt William von Simpsons auf seinem Schimmel Formidable von seinem Gut in Ostpreußen durch Deutschland, das damalige Österreich-Ungarn, Serbien, Bulgarien, die Türkei nach Konstantinopel, eine Strecke von 3700 Klm., zu der er 54 Tage brauchte.« Derselbe Artikel enthält auch Beschreibungen der Inneneinrichtung des Gutes: »An den Wänden hängen Familiengemälde, auch sie umfassen Generationen. Uns fallen drei schöne weichgetönte Pastelle auf, sie stellen Friedrich Wilhelm III., die Königin Luise und den Zaren Alexander I. dar. Das Königspaar wohnte auf der Flucht nach Tilsit bei dem Urgroßvater William von Simpsons.«

Die Lebensform der Rittergüter war lange vor dem Krieg zu einem inneren Ende gekommen, und auch die vielen Versuche deutsch-nationaler Politiker in den letzten Jahren der Weimarer Republik, die mit dem Niedergang der ostelbischen Junker und ihrer Güter verbundenen ökonomischen Probleme zu lösen, waren letztlich vergeblich. Das schon lange vor 1918 anachronistisch gewordene Junkertum und die ihm entsprechenden Lebensformen auch der von den Rittergütern abhängigen Landbevölkerung hatte sich längst überlebt, als es durch die Zerstörung Ostpreußens im Zweiten Weltkrieg, durch Vertreibung und Enteignung gewaltsam sein Ende fand. Die Eroberung des deutschen Ostens durch die Rote Armee, die Einverleibung dieser Gebiete durch ein nach Westen verschobenes Polen markierte mit Blut, Angst und Schrecken auch das Ende einer Lebensform. In der Literatur der verlorenen Heimat drücken sich so mindestens zwei Motive aus: Die ohnehin vorherrschende Melancholie über das Ende der Rittergüter wurde – wie im Falle von Simpson noch klar ersichtlich – von der traumatischen Erfahrung der Vertreibung beinahe ununterscheidbar überblendet.

Von Simpson, 1881 in Nettienen geboren, starb drei Tage nach dem Ende des Zweiten Weltkriegs in Scharbeutz an der Ostsee. »Die Barrings« erschienen erstmals 1937, ihre

Fortsetzung »Der Enkel« 1939. William von Simpsons Vater starb hochverschuldet 1899, weshalb sein Gut Georgenburg im gleichen Jahr an den preußischen Staat verkauft werden mußte. William von Simpson aber absolvierte eine Landwirtschaftslehre, studierte in Halle und wurde schließlich Husar. Nach seinem Dienst im Ersten Weltkrieg wurde er Landstallmeister des fürstlich-lippischen Gestüts Lopshorn. Auf den letzten Seiten des Romans nimmt ein später Erbe der Familie Abschied von seiner Heimat:

»Was er mit Wiesenburg verloren, das wußte er. Geld hatte er eingetauscht für sein Herz. Was war schließlich Geld? Jeder geschickt operierende Börsenjobber hatte es. Für dreckiges, gemeines Geld hatte er das höchste hergeben müssen, die Heimat. Die Heimat, die er so geliebt, die ihn so reich gemacht hatte, wo er jeden einzelnen der alten Bäume kannte und liebte, wo die Sonne so hell geschienen, die Vögel so jubelnd gesungen, die Blumen so süß geduftet hatten [...]. Die Heimat mit dem Fluß, der weiterfließen würde zum Meer hin durch die Jahrhunderte, wenn die Gräber der Barrings längst verschwunden sein würden. Die Heimat war ihm genommen worden, die ihm gehört hatte, wie er ihr gehört hatte.« (Simpson, 417)

Ein ähnlicher Tonfall durchzieht auch viele nach dem Krieg verfaßte Arbeiten der Publizistin Marion Gräfin Dönhoff, vor allem aber ihren Bericht »Namen, die keiner mehr nennt«, der mit folgenden, gleichwohl versöhnenden Worten schließt: »Ich kann mir auch nicht vorstellen, daß der höchste Grad der Liebe zur Heimat dadurch dokumentiert wird, daß man sich in Haß verrennt gegen diejenigen, die sie in Besitz genommen haben, und daß man jene verleumdet, die einer Versöhnung zustimmen. Wenn ich«, so schließt die ostpreußischem Adel entstammende Publizistin, »an die Wälder und Seen Ostpreußens denke, an die weiten Wiesen und alten Alleen, dann bin ich sicher, daß sie noch genauso unvergleichlich schön sind wie damals, als sie mir Heimat waren. Vielleicht ist dies der höchste Grad der Liebe: zu lieben ohne zu besitzen.« (Dönhoff 1998, 221)

Womöglich fällt diese gelungene Form der Trauer den Angehörigen des Adelsstandes auch deshalb leichter, weil der ostelbische Adel sich mit dem allmählichen Niedergang seiner Lebensform (Krockow 1993, 299f.) schon lange vor ihrem katastrophalen Ende auseinanderzusetzen hatte. Christian Graf von Krockow, der als Professor der Politikwissenschaft stets einem nüchternen, aufgeklärten Patriotismus das Wort gab, fühlt offenkundig nicht anders. »Ja, und dann«, so räumt er jenseits aller Kriegserfahrung ein, »trauert jeder, der dort zu Hause war, natürlich der Landschaft nach – den weiten Wiesen und Feldern unter dem großen Himmel des Ostens; den einsamen Wäldern und klaren Seen, dem Zug der Wildgänse und Kraniche im Frühjahr und Herbst, dem abendlichen Schnepfenstrich und der morgendlichen Pirsch durch tauglänzendes Gras.« (Krockow 1993, 320) Die Lebensform aber, um die es hier in trauernder Erinnerung geht, ist die einer rückwärts gewandten agrarischen Utopie jenseits von Markt und Kapital – eine Utopie, die auch den von Simpson 1937 verfaßten Roman »Die Barrings« durchzieht und womöglich auch einige diesem Adel entstammende Angehörige der deutschen Militäropposition vom 20. Juli 1944 prägte.

Christian Graf Krockow beantwortet die Frage nach dem für Ostpreußen Typischen mit einem Zitat aus einem Buch über ostpreußische Gutshäuser: »Beispielsweise das Gefühl, daß man in einer Gemeinschaft lebte, in der alle auf die gleiche Aufgabe konzentriert waren; eine Aufgabe, die der Pflege und dem Erhalt des Bestehenden gewidmet war und nicht in erster Linie dem Gewinn.« (Krockow 1993, 319) Die Verbindung von dem Vorgefühl des Endes und der Einsicht in die Schrecken des Krieges artikuliert sich auch in Hans Graf Lehndorffs »Ostpreußischem Tagebuch – Aufzeichnungen eines Arztes aus den Jahren 1945–1947«, das erstmals 1961 erschien und viele Auflagen erfuhr. Lehndorff beschwört für jene Tage im Sommer 1944, als die Spitzen der Roten Armee Ostpreußen noch nicht erreicht hatten, ein letztes, geradezu dekadent aufblühendes Tableau der Natur, das ins Ahnungsvolle übergeht: »Und all das Ungreifbare, das aus der Landschaft heraus die Seele zum Schwingen bringt, nahm in einer Weise Gestalt an, wie es nur in der Abschiedsstunde Ereignis zu werden vermag [...]. Aber als der Sommer ging und die Störche zum Abflug rüsteten, ließ sich das bessere Wissen von dem, was bevorstand, nicht länger verborgen halten. Überall in den Dörfern sah man Menschen stehen und zum Himmel starren, wo die großen vertrauten Vögel ihre Kreise zogen, so als sollte es diesmal der letzte Abschied sein. Und jeder mochte bei ihrem Anblick etwa das gleiche empfinden: ›Ja, ihr fliegt nun fort! Und wir? Was soll aus uns und unserem Land werden?‹ (Lehndorff 1961, 9)

Lehndorffs »Ostpreußisches Tagebuch« verzeichnet redlich und wahrhaftig die Erfahrungen eines Arztes, der zunächst in Königsberg geblieben ist und unter sowjetischer Aufsicht dort chirurgische Notdienste erfüllt, sich dann in einem Lager von Vertriebenen wiederfindet, das Ende des Krieges am 8. Mai als vergleichsweise unerhebliches Ereignis verbucht, um nach eigener, schwerer Infektionskrankheit durch polnisch verwaltetes Gebiet im März 1947 in die damalige sowjetische Besatzungszone abgeschoben zu werden. Nach der Fahrt über die Neiße im offenen Eisenbahnwaggon war Ankunft zu vermelden. Lehndorff, einem gläubigen Christen, war offenbar schon im März 1947 klar, daß das, was geschehen war, unwiderruflich geschehen war: »Und dann fuhren wir, wie im Traum, ganz langsam über einen kleinen Fluß. Und als der Zug wieder hielt, durften wir aussteigen, ohne gleich wieder zurückgeholt zu werden. Wir waren in Deutschland.« (Lehndorff 1961, 285) Das, was er hinter sich gelassen hatte, die versunkene und zerstörte ostpreußische Heimat, jene Gebiete, die von polnischen Milizen in Besitz genommen wurden, all das war eines jedenfalls nicht mehr: Deutschland. (Ebd.)

Wer sich beim literarischen Duktus all dieser Erinnerungen an eine andere, das 20. Jahrhundert und seine Verlusterfahrungen prägende Erfahrung erinnert fühlt, liegt so falsch nicht – der innere Niedergang und von außen herbeigeführte Untergang der US-amerikanischen Südstaatenaristokratie fiel jedenfalls einigen Mitgliedern des ostelbischen Adels auf. So schildert die Journalistin Maria Frisé, die als Maria von Loesch in Breslau geboren wurde, eine Zwischenstation in Stettin, wo sie in der Dachkammer ihres soeben angetrauten Mannes ein Buch findet: den dicken Schmöker »Vom Winde verweht«. »Ich las, bis mir die Augen brannten. Der Untergang der O'Haras, einer Familie mit Privilegien, ähnlich jenen, wie auch wir sie genossen hatten, die Zerstörung einer scheinbar so festen Ordnung – es gab viele Parallelen zwischen dem Zusammenbruch der Südstaaten-Gesellschaft und dem Ende unserer schlesischen Gutsherrschaft.« (Frisé 2004, 151)

Nicht unähnlich auch die anachronistisch anmutenden Requisiten der Flucht – während Marion Gräfin Dönhoff auf einem beinahe mythisch anmutenden Schimmel gen Westen ritt und später dafür bekannt war, leidenschaftlich gern Sportwagen zu chauffieren, setzte die Flucht Maria von Loeschs gleich in einem Lancia ein. Auf der Fahrt blieb ihnen das Elend flüchtender Frauen und Kinder nicht verborgen: »Viele Flüchtlinge gingen zu Fuß, schoben Kinderwagen oder zogen Handkarren. Rechts von der Fahrbahn auf der dünnen Schneedecke lag alle paar Kilometer ein längliches Bündel. Ob es kleine Kinder waren, die die Strapazen und die Kälte nicht überstanden hatten? [...] Wir kamen schneller voran als die Flüchtlingskarawane, weil wir uns links zwischen die Wehrmachtsfahrzeuge einreihen konnten.« (Frisé 2004, 153)

Die historischen Erfahrungen des geflüchteten Bürgertums und des Kleinbürgertums aus dem Osten kamen auf verschlungenen Wegen zum Ausdruck, die bäuerliche Bevölkerung hat, so scheint es, kaum einschlägige Erinnerungen hinterlassen. Genauer: ein erster Blick auf jene Kunst und jene Literatur, die sich mit Flucht und Vertreibung befassen, ergibt, daß die traumatischen Erfahrungen dieser Gruppen erst nach einer langen Latenzzeit – beinahe sechzig Jahre – zu Wort kamen.

Das Jahr 2003 förderte in Deutschland eine Fülle von Assoziationen zu den Traumata von Deutschen während des Zweiten Weltkrieges zutage: vom erstaunlichen Erfolg von Jörg

Friedrichs Büchern über den alliierten Luftkrieg über die Debatte zu einem »Zentrum gegen Vertreibungen«, den »Documentaries« des Fernsehprofessors Guido Knopp bis hin zu Sönke Wortmanns Kassenschlager »Das Wunder von Bern«, einem Film, in dem wie in keinem anderen die Thematik von Trauma und Versöhnung in Szene gesetzt wird.

Den Anfang machte die 2002 erschienene Novelle des 1930 geborenen Günter Grass, »Im Krebsgang«, in der die traurige Geschichte des Ende Januar 1945 von einem U-Boot der sowjetischen Kriegsmarine versenkten, mit Flüchtlingen überladenen ehemaligen KdF-Schiffes »Wilhelm Gustloff«, bei deren Untergang 9000 Menschen starben, erzählt wird. Der Erzähler ist ein etwa fünfzigjähriger, mittelmäßiger Journalist, dessen Ehe gescheitert ist und dessen Sohn bei der Mutter des Erzählers aufwuchs. Im weiteren erfahren wir, daß jener Sohn ein im Internet aktiver Neonazi ist, dem es vor allem um das Schicksal eines von einem deutschen Juden erschossenen NS-Gauleiters, Wilhelm Gustloff, geht, dessen Name auch der Name des der Kriegsmarine unterstellten, bewaffneten Kriegsschiffes war. Gegen Ende der Erzählung trifft sich der Neonazi mit einem seiner Antipoden aus den Chaträumen des Internet, einem westdeutschen Studienratssohn, der sich als Jude ausgibt und in der Nähe von Schwerin, bei einem Ehrenmal für Wilhelm Gustloff vom Sohn des Ich-Erzählers erschossen wird. Diese Parallelhandlung kontrastiert die Lebensläufe zweier junger Männer, Rechtsextremist der eine, Jude der andere, die – modisch genug – über das Internet zueinander finden und dort miteinander debattieren, eine Geschichte, in der schließlich jener, der als »Jude« vorgestellt wurde, den Tod findet und bei der sich am Ende herausstellt, daß er gar kein »wirklicher« Jude, sondern »nur« ein mit den jüdischen Opfern überidentifizierter »Deutscher« war. Grass unternimmt in dieser Novelle den erklärten Versuch, den Tod Tausender unschuldiger Nonkombattanten als Ende eines letztlich tragischen Tun-Ergehens-Zusammenhangs zu deuten, an dessen Anfang die nationalsozialistische Judendiskriminierung stand.

Freilich war Grass' »Im Krebsgang«, anders als in der öffentlichen Debatte immer wieder suggeriert, keineswegs der einzige ausdrückliche Versuch des Autors, sich mit Krieg und Vertreibung auseinanderzusetzen. Mehr oder minder direkt handeln auch Grass' frühe Werke, angefangen mit der »Blechtrommel« und den »Hundejahren«, von der Geschichte der Deutschen im Osten und ihrer Vertreibung – die politische Debatte über die Vertreibung und die Möglichkeit einer deutsch-polnischen Versöhnung nahm sich der Autor erst in der Erzählung »Unkenrufe« aus dem Jahr 1994 vor, einer melancholischen Groteske, die von den Bemühungen eines älteren deutsch-polnischen Liebespaares handelt, ehemaligen Bewohnern des deutschen Ostens die Erfüllung ihrer Heimatliebe durch die Bereitstellung von Grabplätzen und Friedhöfen im heutigen Polen zu ermöglichen. Grass, der hier, stets ironisch gebrochen, die Utopie einer Versöhnung von Deutschen und Polen erst angesichts der Einsicht in die eigene Endlichkeit mit altersweiser Resignation in Aussicht stellt, nimmt die vielfältigen Vertreibungsgeschichten akribisch zu Protokoll: Die weibliche Hauptgestalt, die polnische »Witwe«, eine Restauratorin mittelalterlicher Kunst, wurde selbst aus Litauen vertrieben: »Wir sind alle«, so stellt sie sich gleich zu Beginn der Handlung vor, »von Wilno rausgemußt, wie Sie sind von hier weggemußt alle.« (Grass 1994, 20) Durch seine Heldin kann Grass dem Ausdruck geben, was er für eine angemessene, versöhnliche Haltung Polens hält, Ausdruck einer Scham, die die Wunden der Vergangenheit womöglich heilen könnte. Bei dem Besuch eines Friedhofs in Danzig im Jahr 1989 bricht es angesichts des polonisierten Friedhofs aus ihr heraus: »Schande für Polen ist das! Haben weggeräumt alles, wo bißchen stand deutsch drauf. Hier und überall. Auch auf Waldfriedhof. Haben Tote nicht ruhen lassen gewollt. Einfach plattgemacht alles. Bald nach Krieg schon uns später. Schlimmer wie Russen noch. Und das nennen sie Politik, Verbrecher diese!« (Ebd., 24)

Die Stimme der Alexandra Piatkowska nimmt die Gegenposition zur männlichen Hauptfigur der Erzählung ein, eines in Osnabrück lehrenden Professors der Kunstgeschichte, dessen Lebensthema die Erkundung und Erforschung von Grabsteinen ist, der, von seinen Studenten »die Unke« genannt, jene politisch vernünftige, resignative Haltung vertritt, die Grass acht Jahre später offenbar nicht mehr genügte. Reschke nahm im Gespräch mit der verwitweten Blattgoldrestaurateurin »sein Thema ›das Jahrhundert der Vertreibungen‹« auf: »[...] und zählte die Hunderttausende auf, die vertrieben oder zwangsumgesiedelt wurden, alle, die hätten flüchten müssen, Armenier und Krimtataren, Juden und Palästinenser, Bengalen oder Pakistani, Esten oder Letten, die Polen und schließlich die Deutschen mit Sack und Pack Richtung Westen.« (Grass 1994, 37) Der aufgeklärte bundesdeutsche Professor weiß, daß dabei viele auf der Strecke blieben, »›[...] Tote ungezählt. [...] Niemand weiß, wo sie liegen. Verscharrt am Straßenrand. Einzel- und Massengräber. Oder nur Asche blieb. Die Todesfabriken, der Völkermord, das noch immer unfaßbare Verbrechen.‹« (Ebd.)

Milde ironisch betrachtet der Chronist der Erzählung, der nicht mit Grass selbst gleichzusetzen ist, die Ansichten seines Helden über ein Menschenrecht, einen Anspruch auf Heimat: »Nein«, so gibt er in wörtlicher Rede die Erläuterung seines Helden wieder, »nicht das von den Funktionären unserer Flüchtlingsverbände geforderte Recht auf Heimat meine ich – die uns eigentümliche Heimat ist schuldhaft und endgültig vertan worden –, aber das Recht der Toten auf Heimkehr könnte, sollte, dürfte angemahnt werden!« (Ebd., 38) »Das Jahrhundert der Vertreibungen«, so das Credo der Hauptfigur an anderer Stelle, »wird seinen Ausgang unter dem Zeichen der Heimkehr finden.« (Ebd.) Eine Heimkehr im Zeichen ernst genommener und positiv bewerteter »Friedhofsruhe«. Der Fortgang der Erzählung wird die Leserschaft darüber aufklären, daß auch diese versöhnlich-resignative Utopie an den harten Realitäten scheitern wird, die Kosten des Projekts, ungeklärte Fragen bezüglich der Eigentumsrechte an den für das Friedhofsprojekt unerläßlichen Böden, Eitelkeit und Eigensinn werden schließlich die Initiatoren dazu bewegen, von ihrem eigenen Projekt Abschied zu nehmen.

Grass' männliche Hauptgestalt scheint selbst nicht an einem Trauma zu leiden, wohl aber an innerer Zerrissenheit, der Sehnsucht nach Einheit korrespondiert der politische Alptraum eines Deutschland, das als »Koloß in der Mitte Europas« liegt. (Grass 1994, 105) Flucht und Vertreibung versetzen den sensiblen und aufgeklärten Intellektuellen in einen Zustand dauernden Leidens: »Die Tatsache, daß nach Ende des Zweiten Weltkriegs Millionen Deutschen ihre Heimat, Schlesien und Pommern, Ostpreußen, das Sudetenland und – wie seine und meine Eltern«, so läßt Grass den Chronisten berichten, »die Stadt Danzig verlassen mußten, teilte gleichfalls seine Urteilskraft, ohne ihn zu zerreißen; denn Reschke litt zwar unter dem Befund, zwei Seelen in seiner Brust zu haben, hätte sich aber nach operativer Entfernung der einen oder anderen als entseelt empfunden.« (Ebd.) Ihre Ruhe und ihre Erlösung findet diese hamletisch deutsche Seele in der melancholischen Utopie einer Friedhofsruhe, der nichts Beunruhigendes mehr eignet, einer romantischen Utopie, in der der Tod in gewisser Weise als Erlöser und Freund fungiert. Indes: die Rechnung geht nicht auf, der erlösende Tod tritt nördlich von Neapel ein, Held und Heldin der Erzählung, die beide das Jahrhundert der Vertreibungen am eigenen Leibe erlebt haben, finden ihren letzten Frieden in Italien, auf dem Land: »Vom Dorffriedhof aus«, so schließt der erzählende Chronist im Hinblick auf eine mögliche Umbettung das Buch, »hat man einen weiten Blick übers Land. Ich glaubte, das Meer zu sehen. Sie liegen gut da. Laßt sie da liegen.« (Ebd., 299) Die letzte Passage hat mit der Rückkehr in die alte Heimat nichts mehr zu tun – das Ende der Erzählung dementiert auch noch den Wunsch nach einem resignativen Frieden. Womöglich deshalb, weil die Erde des zwischen Deutschen und Polen strittigen Grenzgebiets diesen Frieden nicht bieten kann und auf immer unheimlich bleiben muß? Günter Grass war mit dem Ende der »Unkenrufe« nicht zufrieden – das abgeklärt trauernde Eingedenken von deutschem Witwer und polnischer Witwe schien der Unruhe, die die Versehrungen der Vertreibung auch langfristig bewirkten, nicht gerecht werden zu können.

Der Ich-Erzähler im »Krebsgang« trifft gelegentlich einen Schriftsteller, den »Alten«, der vom Erzähler wünscht, ein liegengebliebenes, aber immer brennenderes Thema zu bearbeiten: »Eigentlich, sagt er, wäre es Aufgabe seiner Generation gewesen, dem Elend der ostpreußischen Flüchtlinge Ausdruck zu geben: den winterlichen Trecks gen Westen, dem Tod in Schneewehen, dem Verrecken am Straßenrand und in Eislöchern, sobald das gefrorene Frische Haff nach Bombenabwürfen und unter der Last der Pferdewagen zu brechen begann, und trotzdem von Heiligenbeil aus immer mehr Menschen aus Furcht vor russischer Rache über endlose Schneeflächen ... Flucht ... Der weiße Tod ... Niemals, sagt er, hätte man über so viel Leid, nur weil die eigene Schuld übermächtig und bekennende Reue in all den Jahren vordringlich gewesen sei, schweigen, das gemiedene Thema den Rechtsgestrickten überlassen dürfen. Dieses Versäumnis sei bodenlos.« (Grass 2002, 99) Das Gefühl des Ungenügens eröffnet die Erzählung und wird sie auch beschließen – wie verzweifelt wird das Buch mit der Befürchtung enden, daß der Tun-Ergehens-Zusammenhang von deutscher Schuld, von katastrophaler Vertreibung, von vermeintlicher Unfähigkeit sie auszudrücken und dadurch hervorgerufenem Ressentiment immer neue Gewalt nach ich zieht: »›Warum erst jetzt?!‹, sagte jemand, der nicht ich bin. ... Weil ich wie damals, als der Schrei überm Wasser lag, schreien wollte, aber nicht konnte ... Weil die Wahrheit kaum mehr als drei Zeilen ... Weil jetzt erst.« (Ebd., 7) Der Ich-Erzähler, und wiederum muß zunächst offenbleiben, wieweit der des Autors unmittelbares Sprachrohr ist, teilt jedenfalls gleich zu Beginn mit, daß »die Gustloff und ihre verfluchte Geschichte [...] jahrzehntelang tabu« waren »gesamtdeutsch sozusagen.« (Ebd., 31)

Grass' Erzählung stellt auch die literarische Reflexion einer Verdrängung dar, einer Verdrängung, die sowohl der

Ich-Erzähler als auch der Autor an sich selbst bemerkt und sich daran klarzumachen versucht, daß die Wahrnehmung des Leidens deshalb abgewehrt werden mußte, weil die, die es äußerten, selbst nicht davor zurückschreckten, andere verächtlich zu machen und zu hassen.

Der Novelle »Im Krebsgang« ist – wie den »Unkenrufen« – eine Widmung vorangestellt, die sich allerdings von der persönlichen Namensnennung dieser Erzählung dadurch unterscheidet, daß der Autor jetzt sein ganzes Buch zu einer Art literarischem Grabstein macht und ihm der Absicht entsprechend ein schlichtes »in memoriam« voranstellt. Die die verschiedensten Handlungsfäden geschickt verflechtende Erzählung verbindet das Schicksal der zivilen Passagiere der »Wilhelm Gustloff« mit einer Erzählung über den Namensgeber dieses Schiffes, eines überzeugten Nationalsozialisten, der in Davos 1936 von einem jüdischen Studenten erschossen wurde und von der NSDAP zu einem »Blutzeugen« ihrer Bewegung erhoben wurde.

Grass eröffnet sich und seinen Lesern den Zugang zur Handlung über die Revitalisierung einer früheren Figur, jener Tulla Prokriefke aus »Katz und Maus«, die wir jetzt als in Ostdeutschland, in Schwerin, lebende Frau kennenlernen, der Mutter des Ich-Erzählers, die in dieser Angelegenheit niemals locker ließ. Schon als der Ich-Erzähler noch FDJ-Mitglied war, habe er seine Mutter gelöchert: »Wie aisig die See jewesen is und wie die Kinderchen alle koppunter. Das mußte aufschraiben. Biste ons schuldig als glicklich Ieberlebender. Werd ech dir aines Tages erzählen, klitzeklain, ond denn schreibste auf ...« (Grass 2002, 31) Dieselbe Tulla Prokriefke erweist sich indes bei all ihren traumatischen Erinnerungen, sie hat – hochschwanger mit dem Ich-Erzähler – den Untergang der »Wilhelm Gustloff« selbst erlebt, als offene Antisemitin. »Da war«, so erinnert sie sich angesichts eines Artikels ihres Sohnes zum Streit über das Berliner Holocaust-Denkmal, »ain Itzich, dem immer so komische Sachen einjefallen sind. Is aber nur ain halber jewesen, wie mein Papa jewußt hat. Hat er noch laut jesagt, bevor er den

Itzich, Amsel hieß der, von onserm Hof jeschmissen hat.« Später, als sie zur glühenden Verteidigerin ihres mordenden Enkels geworden ist, erregt sie sich über den philosemitischen Studienratssohn: »Ainer, der sich ond andere was vorjemacht hat, wenner sich bai jede Jelejenhait wien ächter Jud aufjefiehrt ond immer nur von onsre Schande jered hat ...« (Grass 2002, 182) Die Schwierigkeit, Mitgefühl für das furchtbare Schicksal von Menschen aufzubringen, die ihrerseits mindestens einem vertreibenden, wenn nicht gar vernichtenden Judenhaß anhingen, treibt Ich-Erzähler und Autor um: Der Schrei der Ertrinkenden, der ertrinkenden Kinder überm Wasser, der Versuch, mit hilflosen Trauerritualen des Traumas Herr zu werden, der Versuch, die Erinnerungen, die sich in Alpträumen immer wieder melden, zu bezähmen, sie scheitern und bahnen sich nach der Logik der Erzählung ihren Weg in die übernächste Generation, bis zum Sohn des Ich-Erzählers, der sich gleichsam zum Rächer der deutschen Opfer des Zweiten Weltkriegs aufwirft. Das Trauma meldete sich, jedenfalls in der Erzählung, immer wieder laut: »Aus halbvollen und überfüllten Booten, von engbesetzten Flößen, die von Wellen gehoben wurden, in Wellentälern verschwanden, von überall her stieg gebündelt der Schrei auf und steigerte sich mit dem plötzlich einsetzenden, dann jäh erstickten Heulen der Schiffssirene zu grauenhafter Zweistimmigkeit. Ein nie gehörter, ein kollektiver Endschrei, von dem Mutter sagte und weiterhin sagen wird: »›Son Jeschrai kriegste nich mehr raus aussem Jehör ...‹« (Ebd., 146)

Das immer wieder in diesem Zusammenhang benutzte Wort »Untergang« gewinnt hier eine präzise Bedeutung: Untergang und Ertrinken gehören zusammen, sie erstikken, und vor dem Ersticken bleibt nur noch eines: ein Schrei, der nachgellt. Die Unmöglichkeit, der Erfahrung dieses Schreis gerecht zu werden, begründet in Günter Grass' Sicht eine intergenerationale Konstellation, in der die »hamletische Zerrissenheit«, die noch die »Unkenrufe« beklagten, in die radikalisierten Lebensentwürfe zweier junger Männer, die wohl exemplarisch für die jüngeren Generationen des wiedervereinigten Deutschlands stehen sollen, auseinanderfallen: ein kalter, ebenso teilnahmsloser wie entschiedener Neonazismus hier, eine jede persönliche Erfahrung überspringende, letztlich ideologische Überidentifikation mit den jüdischen Opfern des Nationalsozialismus dort. War es das Schweigen der kurz vor Kriegsende oder kurz danach Geborenen, die all das bewirkt haben? »Was tun, wenn der Sohn des Vaters verbotene, seit Jahren unter Hausarrest leidende Gedanken liest, auf einen Schlag in Besitz nimmt und sogar in die Tat umsetzt. Immer«, so bekennt der Ich-Erzähler am Ende, »bin ich bemüht gewesen, zumindest politisch richtig zu liegen, nur nichts Falsches zu sagen, nach außen hin korrekt zu erscheinen.«(Grass 2002, 210)

Die Erfahrung dieser Generation, zumal dort, wo sie sich mit der deutschen Unheilsgeschichte auseinanderzusetzen versucht hat, erweist am Ende, daß allen Verdrängungsversuchen zum Trotz auch sie Sprachrohr ihrer Eltern ist, Gegenstand einer Delegation des Traumas, dessen sich zu erwehren nur unter Mühen möglich ist. Über die alte Tulla Prokriefke, die Juden haßte und den Untergang der »Wilhelm Gustloff« überlebte, berichtet der Ich-Erähler: »In ihrer mir im Ohr nistenden Wortwörtlichkeit hieß das: »Ech leb nur noch dafier, daß main Sohn aines Tages mecht Zeugnis ablegen.« (Ebd., 19) Der Autor Günter Grass, der mit seiner Erzählung eine Theorie transgenerationaler Verdrängung kunstvoll bebildert, will seine Leserschaft davon überzeugen, daß es diese verdrängte Delegation ist, die letztlich eine der Ursachen des neuen Rechtsextremismus im vereinigten Deutschland ist.

Das unheimliche, weil nicht ausgesprochene Weiterwirken der Erfahrungen von Deutschen in der Epoche des Zweiten Weltkriegs und des Judenmords will ein jüngerer Autor mit seiner Familiengeschichte bannen. Stefan Wackwitz' Dokumentarroman »Ein unsichtbares Land« hat einen geographischen Mittelpunkt, um den alles kreist: »Noch in den dreißiger Jahren«, so berichtet der Erzähler über die Landschaft in der Nähe von Auschwitz, »hat man sich zum Beispiel von unheimlichen Tieren im Lobnitzer Judengrund erzählt, die in Adventsnächten erschienen, oder von gespenstischen Bergen und Wäldern in der Nähe von Bielitz, in die man durch Irrlichter gelockt wurde und aus denen man nicht mehr herausfand.« (Wackwitz 2003, 7f.) Stefan Wackwitz intoniert mit seinem Roman das durch und durch Unheimliche dieser sehr deutschen Geschichte, und sein Roman kann kaum anders gelesen werden als der Versuch, sich durch das Schreiben von dieser Geschichte zu lösen, sie schreibend durchzuarbeiten, um ihr damit die Macht, die sie über das Leben von Deutschen hat, zu nehmen. Wie andere literarische Werke dieses Genres geht es hier allemal auch um einen therapeutischen Selbstversuch. Was jedoch den anderen Autoren als Ergebnis ihrer Erzählung nur indirekt zu entnehmen ist, wird von Wackwitz in einem Traumbild eigens benannt: der von den Sozialwissenschaften so genannte »transgenerationale« Zusammenhang auch bei Schuld und Trauma: »Und ich habe das Gefühl«, so kommentiert der Ich-Erzähler einen Landschaftstraum, »dass dieses Bild verknüpft ist nicht nur mit der Erinnerung an jenen Spaziergang der fünfziger Jahre [...], den ich bis heute nicht vergessen kann, sondern auch mit Erinnerungen, die ich selbst vielleicht gar nicht gehabt habe, sondern von denen mir mein Vater erzählt hat oder die auf einem andern Weg aus den Erinnerungen meines Vaters und Großvaters in meine gelangt sind, in einer so tiefen Schicht vielleicht, daß alle Erinnerung und alles Bewusstsein dort drunten in Wirklichkeit eins und nicht mehr unterscheidbar sind.« (Wackwitz 2003, 187) Man muß diese Passage nicht als Plädoyer für ein diffuses kollektives Unbewußtes lesen, sondern kann sie auch als Schlüssel zum Verständnis eines äußerst komplexen Zusammenhangs von transgenerationaler Delegation, von Abwehridentifikation, scheiternder Empathie und unaufgeklärter historischer Realitätswahrnehmung ansehen.

Der Streit um diese Themen, also um die angemessene Wiedergabe einer überdeterminierten, hochkomplexen Realität von Verbrechen und Versehrung erreichte seinen Höhepunkt in der Diskussion um einen weiteren dokumentarischen Roman: Uwe Timms »Am Beispiel meines Bruders«. Zunächst im Wochenmagazin »Der Spiegel«, dann in dem sozialdemokratischen Periodikum »Neue Gesellschaft« setzt sich der 1947 geborene Schriftsteller Günter Franzen, vom Herausgeber der »Frankfurter Hefte« Peter Glotz als »eindeutig aus dem linken Lager stammend« bezeichnet, mit der »Mitleidlosigkeit eines bestimmten Typus der Achtundsechziger mit deutschen Opfern« auseinander. Dabei geht Franzen zumal auf Timm ein, dem er einen Mangel an bekundeter Ambivalenz vorhält und dem er besonders ankreidet, am Ende des Buches gegen jede Kriegstreiberei aufzurufen. Franzens furiose Kritik lohnt ein Zitat:

»Dass dieses nachgetragene und deshalb nicht ganz so kostbare pazifistische Credo die Agonie des durch den Dreck kriechenden Menschenrestes auf groteske Weise verfehlt, spricht für das Scheitern einer Suche, die sich im behaglichen Gehäuse einer blitzsauberen Gesinnung mit der Verhaftung der üblichen Verdächtigen begnügt und damit in der Sphäre der literaturästhetischen Wirklichkeit überhaupt nicht stattgefunden hat. Uwe Timm«, resümiert Franzen nun seine Kritik, »könnte der Großvater dieses in der Weite Russlands verschollenen Neunzehnjährigen sein. Er könnte sich seines Bruders erbarmen. Er konnte den Kopf des seiner Uniform, seiner Gewaltinsignien und seiner pubertären Großmäuligkeit beraubten, auf seine kreatürlichen Abmessungen geschrumpften Jungen in seinen Schoß betten und ihm das Sterben erleichtern: Ich werde nie genau wissen, wer du bist und was du getan hast. Aber ich stehe dir bei, weil ich dein Bruder bin.« (Franzen 2003, 7)

Man dürfte sich bei einer präzisen Lektüre von Uwe Timms Buch, das auf der Basis einiger hinterlassener Briefe des gefallenen Bruders nicht weniger als eine intellektuell redliche Selbsterforschung des Autors darstellt, schnell darüber einig werden, daß Franzens Kritik in der Sache unfair ist. Jenseits der Frage indes, ob diese Kritik fair ist oder nicht, verwundert vor allem das Bild, das Franzen in seiner Kritik bemüht. Es handelt sich um eine ins Männlich-Soldatische transponierte Pietà-Imago, um das Ansinnen, daß Schriftsteller und Autoren, die sich mit den Millionen gefallener Wehrmachtssoldaten befassen, deren Schicksal nicht unter der Perspektive der von ihnen vergangenen Verbrechen betrachten sollen, sondern in der Perspektive von Mitleid und Erbarmen – Erbarmen mit den Verführten. In seiner Forderung, Mitleid und Erbarmen zu zeigen, übergeht Franzen das tiefe Erschrecken, auch über sein eigenes mögliches Leben, das Timms Buch durchherrscht. In einem Brief vom Juli 1943 muß Timm lesen, daß beider Mutter ihrem im Feld stehenden Sohn mitgeteilt habe, daß er – der damals Dreijährige – alle Russen totschießen wolle: »Wie die Goldmutsch mir schrieb, willst Du alle Russen totschießen und dann mit mir türmen«, weshalb der Autor kaum anders kann, als sich sechzig Jahre später zu fragen: »Wie kommt ein dreijähriges Kind dazu, alle Russen totschießen zu wollen? Es war die selbstverständliche Rede. Es könnte aber auch eine höchst indirekte mütterliche Aufforderung gewesen sein, zu desertieren, die, wegen der Briefzensur, einem Kind in den Mund gelegt worden war. Denn das ergibt keinen Sinn, wenn man alle Russen totschießt, muß man nicht mehr türmen.« (Timm 2003, 57f.)

Timms »Am Beispiel meines Bruders« handelt davon, wie ein inzwischen an der Schwelle zum Alter stehender Mann seine Angst überwindet und der Wahrheit der eigenen Familie, seiner Mutter, seines Vaters und seiner selbst auf die Spur kommen will, ein Buch, das einen bisher im Schatten stehenden Teil der eigenen Persönlichkeit ans Licht ziehen will, einen Teil, der den Autor selbst zum – wie er schreibt – »Nachkömmling« gemacht hat: »Abwesend und doch anwesend hat er mich durch meine Kindheit begleitet, in der Trauer der Mutter, den Zweifeln des Vaters, den Andeutungen zwischen den Eltern.« (Ebd., 10)

Die Abfolge von Anwesenheit und Abwesenheit erweist sich freilich – entwicklungspsychologisch betrachtet – nicht nur als Ergebnis von Lernschritten in der frühesten Kindheit, also des Spiels, sondern auch als Ausdruck einer Angst vor der Wiederkehr der Toten, die in Gestalt der Wieder- und Doppelgänger in Literatur und Halluzination gleichermaßen belebt werden kann. Uwe Timms Bruder hatte sich im Alter von neunzehn Jahren, im Jahr 1942, freiwillig zur Waffen-SS gemeldet und war nach einem Beinschuß und einer Amputation 1943 gestorben. Als er sich Ende 1942 zur Waffen-SS meldete, war die Schlacht um Stalingrad so gut wie entschieden, und die Rote Armee rüstete sich für den letzten Vorstoß auf die eingegrabenen, hungernden und frierenden Landser, denen nichts anderes übrigblieb, als auf den Tod zu warten. Das Frühjahr 1943, in dem Karl-Heinz Timm an die Front kam, war durch die Vorbereitungen für die letzte große Offensive der Wehrmacht, den Angriff auf den Bogen von Kursk, geprägt, eine Schlacht, die – eher noch als das vor allem symbolische Stalingrad – in militärischer Hinsicht zur Entscheidungsschlacht werden sollte. Im März erreicht die Familie ein Brief des Bruders von einem Brückenkopf über den Donez. Dieser Brief wird dem Autor Uwe Timm auf dem Weg seiner Selbsterforschung zur Qual, er berichtet vom Sichtkontakt zwischen dem jungen SS-Mann und Soldaten der Roten Armee: »Brückenkopf über den Donez« heißt es da lakonisch, und weiter: »75 m raucht Iwan Zigaretten, ein Fressen für mein MG.« (Timm 2003, 19) An was wird er, so fragt sich Timm Jahrzehnte später, gedacht haben, als er derlei schrieb. Und – warum hat er sich überhaupt gemeldet? »›Aus Idealismus‹, so meine Mutter, ›er wollte nicht zurückstehen. Sich nicht drücken.‹« (Ebd., 21) Uwe Timm fürchtete, daß sich sein Bruder – worüber in den Briefen nichts stand – an Judenmorden beteiligt habe, und recherchierte ergebnislos nach der Rolle dieser Waffen-SS-Panzerdivision. Am 9. Oktober 1943 schreibt Timms Bruder nach Hause, daß ihm – nach einem Gefecht am Dnjepr im September – nach einer schweren Verwundung beide Beine abgenommen wurden. (Ebd., 31) Eine Woche später erliegt der »SS-Sturmmann« Karl-Heinz Timm seinen Verletzungen. Uwe Timm aber entwuchs seinem die Geschichte und die Trauer verdrängenden, deutsch-nationalen Elternhaus und wurde zu einem vielgelesenen, politisch engagierten, lange Zeit der DKP nahestehenden Schriftsteller – eine Orientierung, die er Ende der achtziger Jahre aufgab.

Seine Schilderungen der beengenden und bedrängenden Nachkriegszeit in Westdeutschland stehen den Schilderungen Christoph Heins zu Ostdeutschland in dessen Roman »Landnahme« in keiner Weise nach. Sechzig Jahre später liest Timm auf Vermittlung des Börsenvereins des Deutschen Buchhandels in Kiew. Er berichtet: »Am Tag meiner Ankunft, es war zufällig die Zeit, in der der Bruder verwundet worden war, wurde ich morgens im Hotel durch Telefonschrillen geweckt. Ein Traum, ein dunkler, ein im plötzlichen Erwachen nur noch undeutlicher Traum, in dem auch er schattenhaft vorgekommen war. Im Schreckzustand versuchte ich aufzustehen. Ich konnte nicht. In beiden Beinen war ein unerträglicher Schmerz. Ich rollte mich aus dem Bett, kroch am Boden dem schrillen Ton entgegen, [...] faßte den Hörer, eine Stimme, unverständlich und fern, die plötzlich, nachdem ich immer wieder Hallo gerufen hatte, verstummte. Im Sessel sitzend, kam langsam wieder zu Bewußtsein, konnte den Schmerz in den Waden lokalisieren, ein Krampf in beiden Beinen ...« (Timm 2003, 125)

Uwe Timm ist ein durch und durch redlicher Autor, und alles spricht für die Wahrheit seines Berichts. Aber auch wenn nicht alles protokollarisch genau wahr wäre, exponiert seine Erzählung ein Problem, das bisher zu wenig beachtet und doch ernst zu nehmen ist: die Frage der sich nur allmählich lösenden Traumatisierung der Generation der um 1940 geborenen Deutschen, einer Traumatisierung, die über das, was Alexander und Margarete Mitscherlich bezüglich der »Unfähigkeit zu trauern« insofern hinausgeht, als hier nicht die Verdrängungsleistungen von Erwachsenen zur Debatte stehen, sondern die Traumata von Kindern. Eigentümlich an Timms Geschichte ist – darauf wird noch zurückzukommen sein –, daß unklar bleibt, ob seine kurzzeitige symbolische Lähmung eine Folge seiner selbsttherapeutisch unternommenen Expeditionen in die Geschichte seiner Familie ist – wofür der Umstand spricht, daß er diese Briefe erst im reifen Erwachsenenalter gelesen hat – oder ob anzunehmen ist, daß sich ihm die Wahrheit über den Tod des Bruders gleichsam osmotisch schon als Kind mitgeteilt hatte.

Um zu einem Verständnis der Gesamtsituation der zwischen 1938 und 1945 Geborenen zu kommen, wäre es gewiß unerläßlich, sich den ebenfalls traumatisierenden, jedoch anders situierten Erfahrungen von Bombenkrieg und Vertreibung zuzuwenden. Anzunehmen ist jedenfalls, daß ein nicht geringer Teil dieser Generation mit den kumulierenden Traumata von »Vater im Krieg«, Bombenkrieg und Vertreibung zu kämpfen hatte.

In Günter Grass' Novelle »Im Krebsgang« suchte der Autor anhand der Erzählung eines Totschlags, den ein heute junger Mann an einem Gleichaltrigen beging, der sich als Jude identifizierte, das kollektive Trauma massenhaften Todes auf der Flucht vor der Roten Armee zu thematisieren und dabei der Überlegung Raum zu geben, daß – wenn jene Geschichte ausführlich in der Familie abgehandelt worden wäre – sich manches hätte vermeiden lassen. Christoph Heins Roman »Landnahme« – er erzählt von der Aufnahme oder eben Abweisung von Flüchtlingen in der DDR, damals als ›Umsiedler‹ bezeichnet – läßt einen Angehörigen der dritten Generation zum Neonazi werden. Als der Ich-Erzähler aus Grass' Novelle seinen Sohn im Gefängnis besucht, bastelt dieser an einem Modell des von der sowjetischen Kriegsmarine versenkten Flüchtlingsschiffs »Wilhelm Gustloff«. Auf die Vorhaltung seines Vaters, er sei doch zu alt für derlei Spielereien, erklärt er ein wenig zu aufgeklärt: »Weiß ich. Doch wenn du mir, als ich dreizehn oder vierzehn war, zum Geburtstag die *Gustloff* geschenkt hättest, müßte ich diesen Kinderkram jetzt nicht nachholen. Hat aber Spaß gebracht. Zeit genug hab ich ja, oder?« (Grass 2002, 208)

Pädagogisch bzw. entwicklungspsychologisch hätte hier allein die Frage zu interessieren, ob es wirklich möglich ist,

Kindern traumatische Erfahrungen – wenn man denn wirklich »Traumata« und nicht irgendwelche Kränkungen meint – angstlindernd sprachlich mitzuteilen. Das scheint mir allein aus der Definition dessen, was ein Trauma ist, ein sinnloser Wunsch zu sein. Traumata übersteigen per definitionem das Fassungsvermögen jener, die es erlitten haben. Die in Grass' Novelle enthaltene, wohlmeinende Pädagogik verfehlt das Gewicht ihres Gegenstandes. Es verbleiben zwei Fragen:

Stellen die zu Beginn des 21. Jahrhunderts erscheinenden, das Trauma der Kriegskinder behandelnden literarischen Kunstwerke einen wenn schon nicht repräsentativen, so doch typischen Ausdruck massenhaft erlittener realer Erfahrungen dar? Ende 2003 publizierte das renommierte wissenschaftliche Periodikum »Psychosozial« ein Schwerpunktheft zum Thema »Kindheit im II. Weltkrieg und ihre Folgen«, in dem sich neben vielen allgemeinen Beiträgen zu »beeinträchtigten Kindheiten und Jugendphasen im Zweiten Weltkrieg« auch detaillierte Studien zu »Vertreibungsschicksalen in Psychoanalysen«, zum »Erleben von Krieg, Heimatverlust und Flucht in Kindheit und Jugend bei einem Kollektiv bypassoperierter Herzpatienten« sowie zu »Charakteristischen Abwehrformen bei Kindern von Flüchtlingen aus den ehemaligen deutschen Ostgebieten« finden. So ergab die Studie an den Herzpatienten, daß sie Todesängste äußerten, die für die Therapeuten kaum auszuhalten waren, ohne daß die Patienten jedoch mitgeteilt hätten, daß ihre Belastungen unerträglich waren. Die Autoren des Forschungsbeitrags vermuten, »daß gerade diese Unerträglichkeit im Massenschicksal untergeht, da die Bewertung von Belastungen und Traumen immer einen Vergleich mit anderen bedeutet«. (Greb u.a. 2003, 44) Der Psychoanalytiker Günter Jerouschek berichtet auch in bezug auf seine eigene Lebensgeschichte, wie sehr die traumatisierende Vertreibungsgeschichte hier und die Mühe, eine zweite Heimat zu finden, zur Verdrängung von Ängsten, zu Überanpassung und zur Unfähigkeit, Signale des eigenen Körpers wahrzunehmen, führt: »[…] nicht zuletzt wird hiermit unbewußt die gewähnte Schuld am Verlust des verlorenen Paradieses abgearbeitet, was freilich ein untauglicher Reparationsversuch bleiben muß […].« (Jerouschek 2003, 47) Ein anderer Beitrag, der sich mit »Charakteristischen Abwehrformen bei Kindern von Flüchtlingen aus den ehemaligen deutschen Ostgebieten« befaßt, berichtet die Geschichte eines Patienten, der mit massiven psychosomatischen Beschwerden zur Behandlung kam. Sein Vater war als Kind Zeuge, wie sein Großvater, Mitglied der NSDAP, von marodierenden russischen Soldaten mit einem Kopfschuß getötet wurde. Der Patient war als Berufssoldat der Bundeswehr im ehemaligen Jugoslawien stationiert, sein eigener, sechzehn Jahre alter Sohn war zum Zeitpunkt des Eintretens der psychosomatischen Beschwerden in eine Schlägerei verwickelt worden, die einen Krankenhausaufenthalt zur Folge hatte. Die Eltern des Patienten hätten weder Ohnmachts- noch Verletzungsgefühle eingeräumt, Fragen nach der Vergangenheit seien abgewiesen worden – die Familie sei von einem Mythos der Anpassung und Unverletzlichkeit umhüllt gewesen, die mit übertriebener Leistungsbereitschaft gepaart war. So lassen sich die Kernelemente eines transgenerationalen Traumas benennen:

»Tiefgreifende Trauer, Ohnmachts- und Schuldgefühle, Verzweiflung, Angst vor Vernichtung, vor Trennung, vor Verlust und vor Identitätsverlust und die Wut auf die Vertreiber betreffen Flüchtlinge und Heimatvetriebene. Separations- und Individuationsprozesse wurden empfindlich gestört, Geschehenes abgespalten, verdrängt und verleugnet. Kinder von Vertriebenen«, so die Summe einschlägiger Analysen, »haben oft durch transgenerationell entstandene Identifizierung Traumatisierungen verinnerlicht, die als innere oder äußere Konflikte wieder auftauchen und deren Abwehrverhalten beeinflussen.« (Stein 2003, 69)

Die Folgen der Vertreibung sind also – sofern man diesen zwar nicht im strengen Sinn repräsentativen, aber sehr wohl Typisches zum Ausdruck bringenden Studien glauben darf, in Millionen von Familien in unterschiedlicher Intensität bis in die dritte Generation hin spürbar. Dabei fällt die eigentümliche Verschränkung von durchaus vorhandenem Ressentiment und einer quasi realistischen Akzeptanz der Situation nach Flucht und Vertreibung auf. Sowohl die psychoanalytischen Studien als auch die Programmatik des »Zentrums gegen Vertreibungen« scheinen nun darauf zu zielen, nicht zuletzt für diese dritte Generation einen Raum zu schaffen, in dem diese Trauer nachgeholt werden kann. Dabei bleibt offen, worüber hier tatsächlich getrauert werden soll, in welchem Ausmaß der von den Großeltern erlebte Verlust der Heimat tatsächlich nachempfunden werden kann, ob also auch noch in der dritten oder vierten Generation die verlorene Heimat das Objekt der Trauerarbeit ist, oder ob nicht – wenn überhaupt – Trauer über die mangelnde Liebesfähigkeit zutiefst verstörter Eltern oder Großeltern zu empfinden wäre. Einer direkten Verarbeitung des hierdurch entstandenen Ressentiments steht auch auf der psychischen Ebene der Umstand entgegen, daß im Falle von Flucht und Vertreibung bei vielen Eltern oder Großeltern tatsächlich ein realer Schuldzusammenhang besteht, daß also ungehemmte Trauer oder Wut zwar möglich sind, sich aber immer wieder an dem Umstand brechen, daß dem widerfahrenen Leiden, das anderen als ausgeübtes Unrecht zurechenbar sein mag, ein Tun-Ergehens-Zusammenhang zugrunde liegt, der die Opfer auch immer wieder als Täter erscheinen läßt.

Die Problematik sogenannter Täterkinder hat in der tiefenpsychologischen Literatur in den letzten Jahren wiederholt Aufmerksamkeit gefunden, und es hat sich gezeigt, daß die überaus komplexen psychischen Prozesse, die sich nicht zuletzt auch und gerade gegen die eigenen Eltern wenden, so schwierig zu bearbeiten und zu verarbeiten sind, daß sie zwar aller psychotherapeutischen Mühe wert sind, aber mit Sicherheit nicht in einer auf nationalistischem Ressentiment aufbauenden Gedenkstätte so gründlich aufgegriffen werden können, wie das der Sache nach geboten wäre. Bei alledem ist – gerade im Rückblick auf die literarische Verarbeitung – zu fragen, ob es sich nicht bei den hier beschworenen

Traumata, die allemal und schlüssig mit der Erfahrung des »Unheimlichen« gekoppelt sind, lediglich um einen literarischen Topos handelt, dem womöglich in der Realität nur wenig entspricht – auch und gerade dann, wenn entsprechende Erfahrungen in der »Realität« eines psychotherapeutischen Prozesses auftauchen. Sigmund Freuds Theorie des Unheimlichen immerhin ließ in verwirrender Weise offen, ob der Ort des Unheimlichen die Literatur oder die Realität ist: »Das paradox klingende Ergebnis ist«, so resümiert er seine Studien, »daß in der Dichtung vieles nicht unheimlich ist, was unheimlich wäre, wenn es sich im Leben ereignete, und daß in der Dichtung viele Möglichkeiten bestehen, unheimliche Wirkungen zu erzielen, die fürs Leben wegfallen.« (Freud 1999, Bd. XII, 264)

Ein Beispiel dafür, daß Dichtung das wahrhaft Unheimliche – ich meine den von Hunderttausenden deutscher Männer mitbegangenen Mord an den europäischen Juden – in einer lichten und aufklärerischen Weise festhalten kann, ist ein seinerzeit – das Buch erschien erstmals zehn Jahre nach dem Krieg – erfolgreicher, äußerst unterhaltsamer Episodenroman, der vor einigen Jahren wiedergelesen und verworfen wurde – eine Verwerfung, die sein heimliches Zentrum, die frühe literarische Offenbarung des Judenmordes, ebensowenig wahrnahm, wie die entsprechenden Passagen zu ihrer Zeit wahrgenommen wurden: Hans Scholz' »Am grünen Strand der Spree« handelt unter anderem von dem Wehrmachtssoldaten Jürgen, der in den letzten Jahren der Weimarer Republik eine leidenschaftliche Liebe zu der mondänen und urbanen Jüdin Ruth Esther Loria hegte. Im inneren Dialog, in der Verflechtung von Erinnerungen und von Briefen, die Jürgen nach Hause schreibt, leuchten die engen Beziehungen von Juden und Nichtjuden – mindestens im urbanen Milieu des Vorkriegsberlin – auf. Ein Bericht vom 14. Juli 1942 führt wieder an den Dnjepr, der auch das Schicksal von Uwe Timms wirklichem Bruder markieren sollte. Hans Scholz indes konnte seinem Publikum 1955 eine andere, minder verquälte Erzählung zumuten:

»Rückten immer gruppenweise vor, vier, vielleicht fünf Personen, familienweise, sippenweise, gaben sich die Hände und hielten sich fest aneinander, die Kinder in die Röcke der Mütter gekrallt, lösten sich miteinander von der großen Menschenschlange ab und schritten bis zum Rand vor. Mußten dann auseinandertreten, jeder zu seinem Schützen. Lettische Zivilisten waren das mit weißen Binden [...]. Hatten Maschinenpistolen. Gaben Einzelfeuer. Ins Genick jeweils, ins Genick [...]. Deutsche Polizisten führten die Aufsicht in alten grünen Uniformen. Ich stand oben am Grabenrand, sah das, sah das und glaubte es nicht. Auf der Stelle unglaublich! Stand oben ...« Nun schweift der innere Dialog ab: »Jetzt streicht der Flieger ab. Am Bahnhof brennt es. 23 Uhr 23 ... Da! Da hinauf, daß du ganz in die Grube sehen kannst. Das ist ja dringend erforderlich ... Seltsam, daß mich hier keiner sieht! [...] Vielleicht bin ich gar nicht da. Das wäre fein. Soll ich den vor mir ansprechen: ›Na, Kamerad von der grünen Farbe, saubre Sache, was? Vati hat gesagt, die Juden sind an ihrem eigenen Unglück schuld'‹ ... ansprechen, damit ich weiß, daß ich da bin? Sieh in die Grube! Sieh in die Grube, scheener Herr aus Daitschland! Sieh hin zum Donnerwetter noch einmal! ...« (Scholz 1955, 76f.)

Es gibt keinen anderen deutschen Roman der Nachkriegszeit, der sich – wenn auch nur in einer Episode unter vielen – so früh, so rücksichtslos und – vor allem – so ehrlich und wahrheitsgemäß mit der Erfahrung des Judenmordes auseinandergesetzt hat. »Sieh hin zum Donnerwetter noch einmal!« Freilich ist Hans Scholz' Buch das Buch eines Zeitgenossen, geschrieben aus der Perspektive eines erwachsenen, sich selbst gegenüber redlichen Mannes, eines *peers*, der seine Generationsgenossen aufrütteln will. Die Kinder der Täter haben es schwerer. Sie leiden an einem Alp, weil sie keine realen Erfahrungen machen können. Das Unheimliche sucht sie heim. Uwe Timm erzählt einen immer wiederkehrenden Traum:

»Jemand will in die Wohnung eindringen. Eine Gestalt steht draußen, dunkel, verdreckt, verschlammt. Ich will die Tür zudrücken. Die Gestalt, die kein Gesicht hat, versucht, sich hereinzuzwängen. Mit aller Kraft stemme ich mich gegen die Tür, dränge diesen gesichtslosen Mann, von dem ich aber bestimmt weiß, daß es der Bruder ist, zurück. Endlich kann ich die Tür ins Schloß drücken und verriegeln. Halte aber zu meinem Entsetzen eine rauhe, zerfetzte Jacke in den Händen.« (Timm 2003, 12)

Dem Unheimlichen, das die Erfahrung von Schuld und eigenem Leiden immer wieder darstellt, Namen und Gesicht zu geben, ist eines der erklärten Ziele des »Zentrums gegen Vertreibungen«. Da aus Gründen politischer Korrektheit, historischer Wahrheit und staatsbürgerlicher Wahrhaftigkeit die vom »Bund der Vertriebenen« in den fünfziger Jahren betriebene Überbietungsstrategie gegenüber dem Judenmord nicht durchzuhalten war, geht es in dem modernisierten Unternehmen des Zentrums ganz im Sinne des Genozidforschers Rudolph Rummel um die Eingliederung der Vertreibung in die Unheilsgeschichte des 20. Jahrhunderts und um deren weitgehende historische, politische und moralische Parallelisierung mit dem Auftaktverbrechen des 20. Jahrhunderts, dem Genozid an den Armeniern.

War es nie oder unter keinen Umständen möglich, sich zur Erfahrung von Flucht und Vertreibung, von Ankunft und Neuanfang in ein realitätsnahes Verhältnis zu setzen? Die Erinnerungen Hans Graf von Lehndorffs ebenso wie die Erinnerungen Marion Gräfin Dönhoffs oder Christian Graf Krockows schienen diesem Ideal nahezukommen – womöglich deshalb, weil Autoren dieser Herkunft aufgrund ihrer bildungsbürgerlichen Sozialisation und ihres schon lange vorher eingeleiteten Abschieds von der ihnen vertrauten Lebensform auf das, was schließlich 1945 über sie kam, besser vorbereitet waren als diejenigen, die die Modernisierungsversprechungen des Nationalsozialismus ernst nahmen. Allerdings: die Einsicht in die Realität, unsentimental und dennoch hoffnungsvoll, war kein adliges, aber vielleicht doch ein klein-bildungsbürgerliches Privileg.

»Wind gab krummen Flüchtlingen Püffe in Haar und Augen, mach daß Du weiterkommst, die Wetterhähne schackerten auf den Firsten.« (Schmidt 1987, 263) Arno Schmidts »Die Umsiedler«, erschienen 1959, sind das Werk eines Westdeutschen und fangen die Atmosphäre jener Jahre gleichwohl anschaulich ein. Die kleine Novelle erzählt vom Transport einer Gruppe von Flüchtlingen, die in Niedersachsen angekommen waren, ins pfälzische Alzey und von der auf diesem Transport entstehenden Liebe zwischen einem ehemaligen Wehrmachtssoldaten und der Witwe eines gefallenen Landsers. Kurz nach der Hochzeit gefallen, ermöglicht der ebenfalls kurz nach der Hochzeit schon wieder untreu gewordene Mann von Katrin dieser mit einer Witwenrente von 180 DM ein für diese Zeiten einigermaßen erträgliches Auskommen. Auf Bahnhöfen, zwischen Koffern, in provisorischen Nachtlagern, in Hotels, auf Matratzen und Fußböden entfaltet sich ein Neuanfang, frei von jeder Sentimentalität, in Konfrontation mit deutschen Landsleuten, die zunächst alles andere als glücklich über die Unruhe waren, die die »Umsiedler« mit sich brachten. Des Elends der Flucht war man sich bewußt, zu verdrängen gab es hier nichts: »Fümfundvirzich sind ma rausgemacht, wie da Russe kam, nach Thüringen. Und in Hannover ha– ich dann in da Maschinenfabrick gearbeit. Aber wir hatten bloß eene Stube und Kammer, und s Dämchen iss doch nu groß.« (Schmidt 1987, 271 f.) Selbstmitleid konnte man sich angesichts der Not des Alltags ebensowenig leisten wie Geschichtsklitterung: »Wir nickten: im Bilde !« (Ebd., 272) Damals – noch – lag alles offen zu Tage, und auch die Erzählungen vom Leiden waren nichts Spektakuläres. Zu Gast bei mißtrauischen Pfälzern, erzählt das junge Paar aus seinem Leben: »[...] lange von Treck und Elend, bis sie uns gerührt Woi brachten (sind aber wirklich gute Leute!)« (Ebd., 280).

Arno Schmidts Erzählung legt den Gedanken nahe, daß in der neuen Auseinandersetzung über Flucht und Vertreibung womöglich nichts anderes geschieht, als daß aus politischen Interessen, deren nationalistischer Kern dargelegt wurde, die sozialpsychologische Traumatisierungsthese, die ja usprünglich bezüglich der Opfer der nationalsozialistischen Vernichtungspolitik entwickelt wurde, einem modischen Impuls folgend, auf »die Deutschen« übertragen wird, ohne zu bedenken, daß diese Traumatisierung vielleicht einem anderen Muster folgte, genauer, daß der gutgemeinte und vielleicht unvermeidliche Versuch, auch dieses Trauma sprachlich mindestens zu benennen – auflösen oder heilen lassen sich Traumata per definitionem nicht –, dazu führt, daß die historische Erinnerung denn doch verfälscht wird. Arno Schmidts dem Alltag sich anschmiegende Kunstsprache hat dafür, wie man mit einem Trauma, einer Verletzung leben kann und muß, ein prägnantes Bild gefunden. Die Leserschaft wird zu Zeugen einer intimen Szene in einem ländlichen Hotel:

»Schatten liefen ihr durch die Augen, der Lippenhimmel verfinsterte; ich ließ meine Hand los, die sofort ins Dekkenwarm aufgenommen wurde. ›Du ich – ‹ brockte der Mund, ihr Kopf rang einmal wild, die Nase stöhnte kurz – ›weißt Du, daß ich nur ein Fuß hab?!‹ und sie stieß ihn jäh unten raus: die saubere harte Prothese bis Wadenmitte. Am linken Bein. ›Beim Luftangriff.‹ Viel rote Schlüpfer leuchteten rundum auf, sonnig, breite Haremsampeln. Fuß war nicht mehr da. Sie fluchte rauh und hoffnungslos. ›Aber sonst bin ich ganz in Ordnung‹ flüsterte ein brüchiger Contralto.« (Schmidt 1987, 280)

Nach dem Bezug einer schlichten Wohnung in Alzey und dem Auspacken der Bücher hat das Haus für den Erzähler eine Seele bekommen: »So leben wir«, heißt es schließlich, »zunächst zusammen; wie es weiter wird, weiß ich noch nicht.« Diese Offenheit zu leben, ihr gerecht zu werden, die Versehrung zu akzeptieren, viele, wahrscheinlich die meisten aller Flüchtlinge und Heimatvertriebenen sind dieser Forderung des Tages gerecht geworden – sieht man von ihren Ideologen und Funktionären ab, die eine Geschichte umdeuten wollen, die sich nicht umdeuten läßt und die zu akzeptieren es hoch an der Zeit wäre.

Günter Grass, der sich selbst immer wieder skeptisch befragt und auch »Im Krebsgang« den Verdacht nicht loswird, daß das einfühlsame Registrieren des deutschen Leidens das mit ihm gestellte Problem womöglich nicht werde lösen können, ging endlich wieder einen Schritt zurück: Am 30. Januar wurde nicht nur im Jahr 1933 in Berlin den Nationalsozialisten von bürgerlichen Konservativen die Macht übertragen, es war auch ein 30. Januar, als sein fiktiver Ich-Erzähler nach dem Untergang der »Wilhelm Gustloff« geboren wurde. Die Erinnerung mündet in Resignation – allerdings nicht mehr die heitere Resignation der »Unkenrufe«, das Bild hat sich jetzt verdüstert und nimmt den Glauben in die heilende Kraft wahrhaftiger Erinnerung zurück: »Da ist es wieder, das verdammte Datum. Die Geschichte, genauer, die von uns angerührte Geschichte ist ein verstopftes Klo. Wir spülen und spülen, die Scheiße kommt dennoch hoch.« (Grass 2002, 116)

Viertes Kapitel
Das Jahrhundert von Völkermord und Vertreibung

Das kurze 20. Jahrhundert, das – so der Historiker Eric Hobsbawm – »Zeitalter der Extreme«, begann im September des Jahres 1914 mit dem Ausbruch des später so genannten Ersten Weltkrieges und endete 1989 mit dem Fall der Berliner Mauer. Dieses Jahrhundert sah eine in der ohnehin an Grausamkeiten nicht armen Geschichte der Menschheit geradezu unwahrscheinliche Ballung von Leid, Tod und massenhaftem Mord: Die Abermillionen Toten des Stalinismus gingen der moralisch und technisch singulären Ermordung der europäischen Juden durch den deutschen Nationalsozialismus voraus, auf sie wiederum folgten die zwanzig Millionen Toten der chinesischen Revolutionen, der millionenfache Klassenmord der Roten Khmer in Kambodscha an einem großen Teil der eigenen Bevölkerung sowie an der Schwelle vom 20. zum 21. Jahrhundert die genozidalen Massaker im jugoslawischen Krieg sowie die Ermordung von etwa einer Millionen Tutsi durch Teile der Hutu in Ruanda. Diese Aufzählung ist durchaus unvollständig und ließe sich in vielerlei Hinsicht erweitern: Die nationalsozialistischen Genozide an Sinti und Roma, die von Stalin befohlenen Mord und Deportationsaktionen an Tschetschenen und Tataren reihen sich in diesen Totentanz ebenso ein wie der Vernichtungskrieg des faschistischen Italiens gegen Äthiopien und die Gas-Attacken Saddam Husseins gegen die irakischen Kurden …

Im Rückblick stellt sich freilich die Frage nach den Anfängen und Ursprüngen – eine Frage, die nicht nur von archivalischem Interesse, sondern sehr wesentlich von der Hoffnung getragen ist, durch ein Verständnis des Ursprungs dieser Mordtaten und ihrer Ursachen künftig derartiges vermeiden zu können. Wer aber diesen Ursprung verstehen will, kommt um eine Betrachtung der Urkatastrophe des Ersten Weltkrieges, soweit er das Osmanische Reich in seiner Auseinandersetzung mit dem Zarenreich betraf, nicht umhin.

Daß den genozidalen, zentral geplanten Ausrottungsmaßnahmen der jungtürkischen Ittihad- und Terraki-Partei mindestens 1,5 Millionen Armenier zum Opfer fielen, bestreitet außer der heutigen türkischen Regierung und einigen ihr botmäßigen Wissenschaftlern niemand mehr – die Methode indes, mit der die Menschen massenhaft umgebracht wurden, war noch nicht die des Konzentrations- oder Vernichtungslagers, sondern jene Praxis, die im Augenblick ihres Untergangs auch das nationalsozialistische Deutschland wählte: der Todesmarsch. Das jungtürkische Vorgehen inspirierte auch die nationalsozialistischen Pläne zur Eliminierung der Juden bis hin zum Wannseeprotokoll: Die »Umsiedlung nach Osten« wurde jedoch von den jungtürkischen Drahtziehern des Genozids als humanitäre Maßnahme getarnt, die Nazis hielten dies angesichts des eigenen Untergangs nicht mehr für nötig. Eine nicht ganz zeitgenössische, auf den Zeugnissen von Überlebenden beruhende Quelle, nämlich der schon erwähnte Roman »Die vierzig Tage des Musa Dagh« von Franz Werfel, vergleicht Praktiken des humanitären Kriegsvölkerrechts mit den Deportationen: »Die Evakuierten des Krieges wurden zu ihrem eigenen Schutz aus der Todeszone weggeführt. Selbst im Feindesland ließ man ihnen Pflege und Hilfe angedeihen. Sie verloren die Hoffnung nicht, binnen einer traurigen, aber absehbaren Frist wieder heimkehren zu dürfen. Den Armeniern winkte kein Schutz, keine Hilfe, keine Hoffnung. Sie waren keinem Feinde in die Hände gefallen, der aus Gründen der Gegenseitigkeit das Völkerrecht achten mußte. Sie waren einem weit schrecklicheren, einem ungebundenen Feind in die Hände gefallen: dem eigenen Staat.« Dieser Feind – so die Reflexion auf dieses Verbrechen – zielte bewußt auf die existentiellen Wurzeln des Menschen: »Manchen stimmt schon das Wechseln seiner Wohnung traurig. Ein verlornes Stück des eigenen Lebens bleibt immer zurück. Für jedermann ist es eine große Entscheidung, seine Stadt mit einer andern, sein Lebensland mit einem neuen zu vertauschen. Selbst der Gewohnheitsverbrecher legt den Weg in die Gefangenschaft, ins Gefängnis schwer zurück. Aber rechtloser als ein Verbrecher sein, der doch den Schutz des Gesetzes genießt! Ausgetrieben werden von einem Tag zum andern, aus der Wohnstätte, von der Arbeit, aus dem im jahrelangen Fleiß Geschaffenen. Dem Haß überliefert! Ungerüstet auf asiatische Landstraßen geworfen, abertausende Meilen Staub, Stein und Morast vor sich! Zu wissen, man werde nie wieder ein menschenwürdiges Nachtlager finden, nie wieder an einem menschenwürdigen Tisch essen und trinken. Dies aber ist noch nichts. Unfreier sein als ein Sträfling! Zu den Verfemten, den Vogelfreien gehören, die jeder ungestraft töten kann. Eingepfercht in ein schleichendes Rudel von Elenden, in das wandernde Konzentrationslager, wo niemand ohne Erlaubnis auch nur seine Notdurft verrichten darf.« (Werfel 1953, 90)

Franz Werfels Roman besticht, neben seinen immer wieder – und sofern man sie auf das jüdische Schicksal bezieht – geradezu unheimlich prophetisch wirkenden Passagen aller oftmals blumigen Sprache zum Trotz durch eine präzise Analyse des Schicksals der Vertriebenen, Entrechteten und Ermordeten des 20. Jahrhunderts, Analysen, die in ihrer Eindringlichkeit das vorwegnehmen, was Hannah Arendt später in ihrem Buch »Ursprünge und Elemente totaler Herrschaft« entfalten wird. Indem Werfel das Schicksal der Armenier als das Schicksal von Verfemten, Vogelfreien, »als schleichendes Rudel von Elenden« in einem wandernden Konzentrationslager darstellt, hat er vor mehr als siebzig Jahren diagnostiziert, was an der Wende vom 20. zum 21. Jahrhundert mit Verzögerung, aber um so schmerzhafter sichtbar geworden ist: Im Lager, im Konzentrationslager vollzieht und vollendet sich die politische Logik der Moderne.

Was die von ganz unterschiedlichen politischen Regimes eingerichteten Lager miteinander verbindet, ist ihre herrschaftliche Logik, nämlich ein Raum zu sein, der sich – wie der italienische Philosoph Giorgio Agamben in seinem Buch »Homo sacer« gezeigt hat –, »öffnet, wenn der Ausnahmezustand zur Regel zu werden beginnt«. (Agamben 2003, 177) Das Lager ist demnach ein Stück Land, das zwar außerhalb der normalen Rechtsordnung liegt, aber gleichwohl kein Außenraum ist. Das Lager entkleidet seine Insassen ihres rechtlichen, politischen Status' und reduziert sie auf ihr nacktes Leben, es ist der rechtsfreie Raum par excellence, jener Raum, dessen Insassen straffrei getötet werden dürfen, in dem sich nacktes Leben und nackte Macht unvermittelt gegenüberstehen. Das Lager, und das ist für das Verständnis seines Wesens unumgänglich, ist kein Gefängnis. Seine Ordnung geht nicht aus dem Strafrecht hervor, sondern aus dem Ausnahme- und Maßnahmerecht, bzw. dem Kriegsrecht, sofern es nicht humanitäres Kriegsvölkerrecht war.

Die Suche nach dem Ursprung des jungtürkischen Genozids an den Armeniern führt zurück in die Anfänge des Ersten Weltkrieges, zurück ins Osmanische Reich. Wie wir heute wissen, begann die Welle vernichtender Deportationen am 24. April 1915 mit Razzien der türkischen Polizei gegen armenische Notabeln in Istanbul. Razzien aber sind Operationen der Ordnungskräfte, eine »summarische Terrormaßnahme, eine organisierte Form kollektiver Verfolgung«. Nicht Steigerung der Macht sei, so Wolfgang Sofsky, das Ziel der Razzia, »nicht Angst und Gehorsam der Unterworfenen, sondern deren Ausrottung«. (Sofsky 2002, 100f.)

Nach den ersten Razzien und Deportationen veröffentlichte die türkische Regierung am 27. Mai 1915 ein Gesetz, daß auf der Basis fälschlich erhobener Vorwürfe bezüglich der Illoyalität der armenischen Bevölkerung des Osmanischen Reiches zu dem Beschluß kam, »daß alle Armenier vereinigt und nach den Vilajets von Mossul und Syrien gebracht werden sollen, wobei ihre Person, ihr Eigentum und ihre Ehre geschützt bleiben. Es wurden die nötigen Befehle erteilt, daß für ihre Unterkunft gesorgt werde und daß sie bis zur Beendigung des Krieges Aufenthalt zu nehmen haben.« (Ohandjanian 1989, 95)

Die Vorbereitung zu dieser »Vereinigung aller Armenier« folgte der Logik polizeilichen Handelns: Dem Einziehen der Inlands- und Auslandspässe, der Konfiskation von Besitz und eventuell vorhandenen Waffen folgte jene kurzfristige Ausweisungsverfügung, die dem Wortlaut des Gesetzes entgegen hunderttausende Menschen auf Todesmärsche schickte, die tatsächlich nichts anderes waren als, wie Franz Werfel es nannte, »wandernde Konzentrationslager« – Orte im Nirgendwo, von Menschen nicht einmal mehr bewohnt, die vogelfrei von jedem Soldaten und Briganten, sei er nun Türke, Tschetschene oder Kurde, vergewaltigt oder ermordet werden durften. Und als ob das Gesetz vom 27. Mai nicht genug gewesen wäre, erließ die Regierung von Taalat und Enver Pascha, den jungtürkischen Staatschefs, am 7. Juli noch eine weitere Verordnung, wonach nun auch die Armee ermächtigt wurde, die Bevölkerung ganzer Städte oder Dörfer zu verlegen. Ein österreichischer Bericht aus Konstantinopel stellte entsprechend im Oktober 1915 fest, daß das Gesetz überhaupt nur geschaffen worden sei, um die gänzliche Ausrottung der Armenier unter gesetzlichem Schutze durchführen zu können. (Ohandjanian 1989, 96)

Im Unterschied zu den Konzentrationslagern der Nationalsozialisten waren die »wandernden Konzentrationslager«, die Haltepunkte der von Milizen, Söldnern oder Soldaten bewachten Elendszüge, weder streng bewacht noch durch Stacheldraht abgegrenzt. Es handelte sich um Durchgangslager, um – wie Joel Kotek und Pierre Rogoulot sagen – »Vorkammern des Todes, riesige Sterbeheime«, die aus brachliegendem Land bestanden, »weit genug von den nächsten Ortschaften entfernt, damit die Deportierten nicht von den Einheimischen mit Nahrung versorgt werden konnten, und so abgelegen, daß vom Ausland keinerlei Hilfe zu erwarten war«. (Kotek/Rigoulot 2001, 105)

Ein Augenzeuge berichtet: »Am nächsten Tag gingen wir bis mittags nicht hinaus, denn es war neblig und furchtbar kalt. Als wir am Nachmittag ins Freie kamen, erblickten wir ein erbärmliches Spektakel. Armselige, wackelige Zelte waren in sich zusammengestürzt, Leute, die im Regen an Kälte oder Hunger gestorben waren, andere, die wie Gespenster geradewegs aus einem Friedhof zu kommen schienen. Viele wimmerten, riefen um Hilfe, während andere sterbend auf dem Boden lagen. An den Zelteingängen stapelten sich Leichen. Jeden Tag wiederholte sich vor unseren Augen dieses schreckliche Schauspiel: Im Durchschnitt starben jeden Tag 120 Menschen. Alle Flächen rund um das Zeltlager waren zu armenischen Friedhöfen geworden.« (Kotek/Rigoulot 2001, 110)

Genozid – rechtliche Ächtung und theoretische Erklärung

Dem Auftakt des jungtürkischen Genozids an den Armeniern sollte keine dreißig Jahre später die Ermordung von sechs Millionen europäischen Juden durch das nationalsozialistische Deutschland folgen, und spätestens nach dem Ende des Zweiten Weltkriegs erweist sich die sogenannte Weltöffentlichkeit als besonders sensibel für Verbrechen, die als »Genozid« gelten – wenn auch nicht immer mit der von der moralischen Sache eigentlich geforderten Deutlichkeit.

Immer wieder erschüttern Nachrichten von Vertreibungen, Mord und furchtbaren Grausamkeiten die Welt, so bei den in jüngster Vergangenheit von den Medien wieder und wieder verbreiteten und ebenso häufig wieder relativierten Warnungen vor einem Völkermord im Westen des Sudans, in der Provinz Darfur, dem mit Anbruch der Regenzeit weitere hunderttausende Opfer folgen könnten. Bisher konnten sich die zuständigen internationalen Organisationen nicht darauf einigen, die von arabischen Milizen tausendfach verübten Mordtaten, Vergewaltigungen und Vertreibungen als »Genozid«, als »Völkermord« zu bezeichnen. Der Grund für dieses Zögern liegt darin, daß die völkerrechtlich gültige Feststellung eines »Genozids« gemäß der bereits erwähnten im Dezember 1948 von der UN beschlossenen »Konvention über die Verhütung und Bestrafung des Völkermords« für alle Zuständigen Rechtsfolgen, und das heißt auch Verpflichtungen, nach sich zieht. Artikel I bestätigt, »daß Völkermord, ob im Frieden oder im Krieg begangen, ein Verbrechen gemäß internationalem Recht ist, zu dessen Verhütung und Bestrafung sie sich verpflichten«. Doch sind es nicht nur diese Verpflichtungen, die politische Akteure aus Opportunitätsgründen scheuen, tatsächlich bietet auch die Definition dessen, was gemäß dieser UN-Konvention als Völkermord gilt, so viele Schwierigkeiten, daß die opportunistische Zurückweisung möglicher Verpflichtungen schon hier eine Fülle von Anhaltspunkten bietet.

So definiert die Konvention in Artikel II: »In dieser Konvention bedeutet Völkermord eine der folgenden Handlungen, die in der Absicht begangen wird, eine nationale, ethnische, rassische oder religiöse Gruppe als solche ganz oder teilweise zu zerstören: a) Tötung von Mitgliedern der Gruppe; b) Verursachung von schwerem körperlichem oder seelischem Schaden an Mitgliedern der Gruppe; c) vorsätzliche Auferlegung von Lebensbedingungen für die Gruppe, die geeignet sind, ihre körperliche Zerstörung ganz oder teilweise herbeizuführen; d) Verhängung von Maßnahmen, die auf die Geburtenverhinderung innerhalb der Gruppe gerichtet sind; e) gewaltsame Überführung von Kindern der Gruppe in eine andere Gruppe.« (Schabas 2003, 721)

Als im engeren Sinne strafbare Handlungen führt der Artikel III der Konvention dann Völkermord, Verschwörung zur Begehung von Völkermord, unmittelbare und öffentliche Anreizung zur Begehung von Völkermord, den Versuch, Völkermord zu begehen, sowie Teilnahme am Völkermord auf.

Man sieht sofort, daß gemäß dieser Definition sehr viele verschiedene Aktivitäten als »Völkermord« gelten können; von der Erschießung 7000 bosnischer Männer in Srebrenica durch serbisch-nationalistische Milizen im Jahr 1995 bis zur angeblichen verdeckten Gabe von Kontrazeptiva durch

US-amerikanische Entwicklungshelfer an Frauen in den bolivianischen Anden in den sechziger Jahren.

Angesichts der auch durch die kulturindustrielle »Universalisierung des Holocaust« sensibilisierten Weltöffentlichkeit und angesichts einer sich nun ins Europäische, ja ins Globale weitenden Erinnerungs- und Gedenkkultur scheint daher eine »Theorie des Völkermords« sowohl in geschichts- als auch in menschenrechtspolitischer Hinsicht unerläßlich. Dabei wird es sich auf den ersten Blick kaum um eine soziologische oder politologische Grundlagentheorie handeln können, sondern allenfalls um das, was die sozialwissenschaftliche Fachterminologie als eine »Theorie mittlerer Reichweite« bezeichnet, d.h. eine Theorie, die sich weder mit den Grundlagen gesellschaftlichen Zusammenlebens noch mit der Analyse und Erklärung einzelner Fälle auseinandersetzt, sondern mit der allerdings stets unter Bezug auf den gesellschaftlichen Gesamtzusammenhang betrachteten Eigentümlichkeit bestimmter Institutionen, Strukturen oder Prozesse, etwa einer »Theorie internationaler Beziehungen«, einer »Theorie der Armut in entwickelten industriellen Gesellschaften« oder einer »Theorie des Bevölkerungswachstums«.

Auch derartige Theorien mittlerer Reichweite haben indes mit einem Problem zu kämpfen, das die Soziologie seit ihren Anfängen umtrieb, nämlich die Frage, ob sie als rein beschreibende oder erklärende Theorien möglich sind, oder ob ihnen nicht notwendig eine normative Komponente schon bei der Frage ihrer Gegenstandskonstitution innewohnt. Diese sogenannte »Werturteilsfrage« läßt sich indes dort leichter lösen, wo – wie etwa in der Strafrechtswissenschaft oder in der Kriminologie – das folgenreiche normative Bewerten sozialer Handlungen den Gegenstandsbereich selbst konstituiert.

Es empfiehlt sich daher, eine »Theorie des Genozids« nach dem Muster einer (reflexiven) Kriminologie und Strafrechtswissenschaft anzulegen: einer Wissenschaft also, die sowohl die Genese als auch die Legitimation der in Anschlag gebrachten Normen erklärt und überprüft und darüber hinaus die Genese des für »unrecht« gehaltenen Verhaltens zu erklären versucht. Ob und wieweit wissenschaftlich erfolgreiche und konsistente Erklärungen dann eine Handhabe für Prävention oder Sanktion ergeben, ist eine unabhängig davon zu klärende Frage.

Es war der aus Polen in die USA emigrierte Raphael Lemkin, der den Begriff des »Genozids« schuf und bereits 1933 mit entsprechenden Initiativen an eine internationale Konferenz zur Vereinheitlichung des Strafrechts herantrat. (Schabas 2003, 44) Der Kampf um die Anerkennung der damals noch als »Vandalismus« und »Barbarei« bezeichneten Deliktgruppen resultierte aus seiner Zeit an der Universität Lemberg, wo Lemkin die nach dem Ersten Weltkrieg etwa in Berlin erfolgten Prozesse und politischen Auseinandersetzungen um den jungtürkischen Massenmord an den Armeniern im Jahr 1915 verfolgte. Dieses Verbrechen, das zunächst lediglich als eines in der Reihe der vielen Massaker galt, die osmanische Herrscher immer wieder an ihren armenischen Untertanen begangen haben, sollte bis heute zum Paradigma dessen werden, was als »Genozid« gilt, weshalb es sowohl für die gesamteuropäische als auch die globale Entwicklung einer historisch sensiblen Gedenkkultur von höchster Bedeutung ist, daß die kemalistische Türkei, die ja nicht der Nachfolgestaat des jungtürkischen Osmanischen Reichs ist, diesen Genozid bis heute nicht anerkennt und – mehr noch – all jene, die ihn national und international anerkennen, unterschiedlich sanktioniert.

In der Auseinandersetzung um den jungtürkischen Genozid an den Armeniern lassen sich bis heute sämtliche Probleme und Konfliktfelder, die mit dem Begriff verbunden sind, identifizieren: die Frage nämlich, ob ein derartiges geplantes Verbrechen überhaupt nachweisbar ist – sowohl was seinen Umfang als auch was die unterstellte genozidale Intentionalität betrifft. Hier stehen Fragen der historischen Quellensicherung ebenso im Zentrum wie Auseinandersetzungen um Grauzonen des Kriegsrechts, genauer des humanitären Völker- und des internationalen Minderheitenrechts. Läßt das humanitäre Kriegsvölkerrecht weiträumige, auch erzwungene »Evakuierungsmaßnahmen« zu, kann und muß jenen, die derlei anordnen, nachgewiesen werden, daß sie das in der Absicht taten, die »evakuierte« Gruppe umzubringen? Was den armenischen Fall, der Lemkin überhaupt erst auf diese Problematik stieß, betrifft, sind Vorgeschichte, Umfang und auch Zurechenbarkeit auf das jungtürkische Regime inzwischen geklärt. (Kieser/Schaller 2002 13f.) In diesem Zusammenhang darf allerdings nicht verschwiegen werden, daß schon im August 1917 armenische Truppen ihrerseits Vertreibungen und Massaker an muslimischen Kaukasusbewohnern verübten. (Baberowski 2003, 167f.)

Raphael Lemkin jedenfalls publizierte 1944 in seinem Buch »Axis Rule in Occupied Europe« seine Ideen erneut – Vorschläge, die noch 1933 vom amerikanischen Kongreß zurückgewiesen worden waren und eine nicht *ex post facto* geleitete Strafverfolgung der nationalsozialistischen Verbrechen ermöglicht hätten. Auf dieser Basis erörterten die Mitglieder der UN in ausführlichen und zum Teil widersprüchlichen Debatten 1948 die Frage, in welchem Sinn der Tatbestand des Völkermordes in bezug auf die vagen, vom Nürnberger Kriegsverbrechertribunal in Anschlag gebrachten »Verbrechen gegen die Menschlichkeit« präzisiert werden könnte, wobei insbesondere die Frage, ob für diesen Tatbestand der Rahmen eines Krieges notwendig sei oder nicht, im Zentrum der Debatte stand. Die wesentliche Neuerung gegenüber den Normen des internationalen Militärtribunals in München bestand dann in der Tat darin, daß »Völkermord« – ein Tatbestand, der in Nürnberg gar nicht zur Verhandlung stand – nicht mehr an zwischenstaatliche kriegerische Handlungen gebunden war, womit zugleich die Frage nach einer die Souveränität von Einzelstaaten aufhebenden Intervention gestellt war.

Weitere wesentliche Fragen bestanden darin, ob und inwieweit auch der subjektive Tatbestand der Absicht oder des Vorsatzes in die Bestimmung des »Genozides« mit einfließen sollte, sowie die Frage nach der Haftung oder Verantwortlichkeit für die jeweils begangenen Verbrechen. Fest steht inzwischen, daß der Nachweis des Vorsatzes von Einzelnen und Gruppen unerläßlich ist, daß aber damit auch »lediglich« eine Verantwortlichkeit natürlicher Personen, nicht aber juristischer Personen, also Staaten, in Frage kommt. Das gilt nicht für Fragen politischer Haftung. Gleichermaßen strittig war die Definition der Gruppen, die als Opfer genozidaler Aktivitäten in Frage kommen, wobei bisher feststeht – das wurde von der Sowjetunion in den vierziger Jahren hintertrieben –, daß auch soziale Großgruppen oder gar große sexuelle bzw. generische Gruppen einbezogen werden. Gleichermaßen gilt, daß »Völkermord« nicht vorliegt, wenn Angehörige der eigenen Gruppe die Verbrechen begehen; so ist etwa fraglich, ob die Roten Khmer, deren Exterminationspolitik 1,5 Millionen Menschen zum Opfer fielen, einen »Genozid« begangen haben – ein Problem, das für die sozialwissenschaftliche Erfassung und Erklärung von »Völkermord« von Bedeutung ist.

Schließlich war und ist strittig, was genau unter dem in Artikel III (d) der Konvention benannten Tatbestand des »Versuchs« zu verstehen ist. Hier ist bemerkenswert und für eine sozialwissenschaftliche Theorie des Genozids gleichermaßen wesentlich, daß sogenannte »ethnische Säuberungen« oder auch Vertreibungen, wenn sie nicht in der Absicht begangen werden, eine Gruppe in ihrem physischen Bestand zu zerstören, keinen Völkermord, sondern allenfalls »Verbrechen gegen die Menschlichkeit« darstellen. Fälle, an die hierbei zu denken wäre, sind die gemäß dem Potsdamer Abkommen in Gang gesetzten Aussiedlungen der Deutschen aus Ostpreußen, Pommern und Schlesien bzw. den von Deutschen besiedelten ethnischen Inseln in Mittel- und Osteuropa nach dem Zweiten Weltkrieg sowie die Vertreibung von Palästinensern sowohl im Krieg von 1948 als auch von 1967 durch die israelische Armee. Das hat zur Folge und ist sogar von dem gegen Adolf Eichmann verhandelnden Jerusalemer Bezirksgericht 1961 festgestellt worden, daß die Vertreibung der Juden aus Deutschland kein Genozid war und erst die planmäßige Vernichtung der polnischen und russischen Juden seit Herbst 1941 als Genozid gelten kann.

Die zum Teil kleinlich wirkende Begriffsarbeit des juristischen Diskurses, der allemal von unübersehbaren politischen Interessen geprägt ist, hat freilich den Vorteil, daß das, was als »Verbrechen gegen die Menschlichkeit« oder eben als »Genozid« gilt, als Straftat zu bestimmen ist, die einerseits – kriminologisch – zu beschreiben und zu erklären ist und die andererseits Rechtsfolgen impliziert. Damit sind Fragen eines im Globalisierungszeitalter hochbrisanten »Völkerstrafrechts« angesprochen, bis hin zur Frage der Zuständigkeiten eines internationalen Strafgerichtshofes, der mehr und anderes ist als die von den UN eingesetzten Tribunale zu Jugoslawien und Ruanda. Hier hätte eine sozialwissenschaftliche Theorie des Genozids jene Funktion zu übernehmen, die im konventionellen Strafrechtsdiskurs die Kriminologie übernimmt. Kann es angesichts der Heterogenität der Phänomene und der Strittigkeit schon der juristischen Kategorien überhaupt eine allgemeine Theorie dieser Art geben?

Neuere Studien analysieren vor allem kulturelle Deutungsmuster und Feindbilder in den europäischen Gesellschaften während und nach dem Ersten Weltkrieg und betonen zumal die große Nähe utopistischer Gesellschaftsentwürfe, apokalyptischer Weltbilder und eliminatorischer Politik, wobei etwa Omer Bartov – bei aller phänomenologischen Aufmerksamkeit und kulturtheoretischen Präzision – letztlich die Vorgaben dessen, was die Totalitarismustheorie in ihrer besten Form, etwa bei Hannah Arendt, formulierte – an keiner Stelle überschreitet. (Bartov 2000) Der klassische sozialwissenschaftliche Einwand gegen die Totalitarismustheorie, daß nämlich die totalitären Ideen ihr eigenes fatales Wirksamwerden nicht erklären können, bleibt auch gegen diese subtilen Überlegungen bestehen.

Ganz anders argumentieren im engeren Sinn kriminalsoziologische Vorschläge (Alvarez 2001), die vom Mord der Nationalsozialisten an den Juden über die Roten Khmer und den Genozid in Ruanda einen Bogen zu den Massakern in Jugoslawien schlagen, besonders die Verantwortlichkeit der jeweils Regierenden sowie individual- und kollektivpsychologische Verdrängungsprozesse gegenüber Leid und Unrecht hervorheben und sich dazu der spezifisch kriminologischen »Neutralisierungsthese« von Sykes und Matza bedienen, in der es um die Frage geht, wie Normbrecher entgegen ihrem primären Wissen, was zu tun und zu unterlassen ist, sich individuell und kollektiv Selbstrechtfertigungen ausstellen. (Sykes/Matza 1957)

Indem so konventionelle Kategorien der Kriminologie auf genozidale Verbrechen und deren Urheber angewendet werden, läßt sich immerhin eine komplexe Sozialpsychologie unterschiedlicher Täter- und Zuschauergruppen (auf englisch als »bystander« bezeichnet) benennen. Die Triftigkeit insbesondere der »Neutralisierungsthese« wäre freilich in ausführlichen und vergleichenden Länderstudien von Fall zu Fall zu überprüfen, wobei auch hier die Frage nach den allgemeinen gesellschaftlichen Kontexten, die das Auftreten genozidaler Verbrechen wahrscheinlicher machen, nicht genügend beantwortet wird. In Frage steht ja, warum und unter welchen Umständen Regime dazu neigen, zu »tödlichen Regimes« zu werden, bzw. wann und warum in Gesellschaften verbrecherische Gruppen an die Regierung kommen.

Hier wirken Überlegungen, die entgegen den Bestimmungen der »Genozidkonvention« den jungtürkischen Massenmord an den Armeniern, die stalinistischen Verbrechen, den Holocaust, die genozidalen Kriege Japans, den alliierten Bombenkrieg gegen Deutschland sowie Kambodscha, Ruanda und Jugoslawien nicht essayistisch und phänomenologisch, sondern nach Kriterien geordnet streng systematisch vergleichen, überzeugender. (Shaw 2003) So lassen sich all diese Fälle als »massenhaftes Abschlachten« – »mass slaughter« – bezeichnen und im einzelnen nachweisen, daß entgegen den Annahmen der Völkermordkonvention »Krieg« und »Genozid« als zwei unterschiedliche Formen massenhaften Tötens und Sterbens eng miteinander verwandt sind. Krieg

– so das zentrale Argument – tendierte schon immer dazu, die ihm rechtlich auferlegten Schranken zu durchbrechen und sowohl die Schonung gegenüber anderen Streitkräften als auch insbesondere der »feindlichen« Zivilbevölkerungen zu mißachten. Es ist dann der systematisch degenerierte Krieg, der in den Genozid mündet.

»Genozid«, so eine Definition, »ist die wesentlich durch eine organisierte Armee betriebene Zerstörung einer vor allem zivilen Großgruppe durch Töten von deren Mitgliedern. Daher sind im Genozid vor allem Zivilisten nicht ihrer Nähe zu feindlichen Armeen wegen, sondern als Zivilisten die Feinde.« (Shaw 2003, 5) Aber wie lassen sich die stalinistischen Verbrechen und die Massaker in Ruanda diesem Theorem subsumieren? Im Fall der stalinistischen Sowjetunion und zumal der »Entkulakisierungskampagne« der dreißiger Jahre einschließlich der gezielten Strategie, Millionen von Menschen verhungern zu lassen, kann Shaw sein Argument nur dadurch retten, daß er diese Verbrechen als eine Spätfolge bzw. einen späten Ausdruck des Bürgerkriegs zwischen Menschewisten und Bolschewisten beschreibt. Auch im Falle Ruandas muß Shaw auf einen einige Jahre zurückliegenden Krieg, den Krieg der Ruandischen Patriotischen Front (RPF) gegen das Hutu-Regime in Kigali, zurückgreifen. In diesem Fall wäre der Genozid nicht in der Folge eines Krieges, sondern gleichsam als eine Maßnahme zur Arrondierung des durch auswärtige Kräfte bedrohten Regimes anzusehen, ähnlich wie der jungtürkische Genozid an den Armeniern.

So brüchig diese These im einzelnen auch sein mag, so sehr kann sie doch plausibel machen, daß die Idee eines Genozids einer totalitären Regierung an Gruppen in ihrem Staat unter Bedingungen äußeren Friedens tatsächlich kaum vorkommt – vom Beispiel des Stalinismus einmal abgesehen. Würde sich diese These als stichhaltig erweisen, hätte das für den menschenrechtlichen Interventionsdiskurs erhebliche Konsequenzen: Das vermeintlich letzte Mittel gegen genozidale Regime, der Krieg, die bewaffnete Intervention, wäre in Wahrheit in aller Regel erst der Auslöser von Genoziden. Daraus unmittelbar pazifistische Konsequenzen zu ziehen, wäre indes voreilig. Denn wie steht es um die Menschenrechte verachtenden Regime, die – wie das nationalsozialistische – von Anfang an nichts anderes wollten als Krieg führen?

Phänomenologische, sozialpsychologische und auch makrostrukturelle Überlegungen zur Entstehung von Genoziden lassen sich durchaus integrieren. Unter Hinweis auf Armenien und an den Beispielen der stalinistischen Sowjetunion, des nationalsozialistischen Deutschlands, der Roten Khmer in Kambodscha und schließlich Serbiens im bosnischen Krieg wird die zentrale Bedeutung moderner Ideologien deutlich, namentlich von Rassismus und Nationalismus – dabei darf insbesondere der mit der Erschließung des amerikanischen Kontinents eng verbundene transatlantische Sklavenhandel nicht übersehen werden, dessen Rolle bei der Ausbildung des modernen, genozidalen Rassismus bisher noch zu wenig gewürdigt wurde.

Während in der Antike und im Mittelalter die Sklaverei ein extrem verminderter Rechtsstatus war, der unter ungünstigen Umständen jeden Menschen treffen konnte, stellt der transatlantische Sklavenhandel aus Afrika nach Nord- und Südamerika den zentralen institutionellen Faktor für die Ausbildung des rassistischen Diskurses dar: Indem das durch die rechtliche Aufklärung schon beinahe überwundene Statut der Sklaverei in einer Gegenbewegung durch eine Pervertierung der naturwissenschaftlichen Aufklärung bestätigt wurde und nunmehr eine angeblich minderwertige, »schwarze« Rassezugehörigkeit als Legitimation zur Versklavung von Menschen ins Feld geführt wurde, entstand ein weitverbreitetes rassistisches Hintergrundbewußtsein. Die gelegentlich vorkommende Verschmelzung der Rasseidee mit dem in der Epoche von Französischer Revolution und Romantik aufkommenden Konzept der Nation begründet ein neues Muster von Inklusion und Exklusion, das schließlich im und nach dem Ersten Weltkrieg zu Genoziden führen sollte. Tatsächlich operierten etwa die Jungtürken nicht nur auf der Basis von »Sicherheitsinteressen«, sondern auch aus einer sozialdarwinistisch inspirierten, turanisch-rassistischen Ideologie von der Überlegenheit der türkischen Rasse heraus.

Vor diesem Hintergrund muß die Einbeziehung der Sowjetunion verwundern, da zwar deren Ideologie totalitär war, jedoch inklusiv und nicht exklusiv und, jedenfalls der offiziellen Lesart nach, nicht rassistisch. So kann etwa die wohl am weitesten durchgearbeitete Theorie des Genozids (Weitz 2003) zeigen, daß starke utopistische Konzepte mit einer gewissen Notwendigkeit zur Identifikation von »Feinden« und »Feindesgruppen« tendieren, die schließlich zur Elimination vorgesehen sind – im sowjetischen Fall etwa die »Kulaken«.

Daß die Sowjetunion hier mindestens fallweise mit einzubeziehen ist, ist nicht zuletzt der inneren Logik genozidaler Entwicklungen zuzurechnen: *Erstens* muß eine mit einem radikalutopistischen Programm versehene Gruppe an die Macht gekommen sein, die *zweitens* – aus Utopie und Machtposition heraus – stets die von ihr beherrschte Bevölkerung in unterschiedliche Kategorien einteilt, eine Einteilung, die *drittens* fast immer dazu führen wird, die kategorisierten und identifizierten Gruppen aus dem politischen Körper »herauszusäubern«, d. h. sie zu verschieben und zu vertreiben. Unter gegebenen Umständen kommt es dann zur letzten, der »ultimate purge«, dem Genozid. In allen Fällen sind über den Mord hinaus systematische Handlungen von Demütigungen und Erniedrigungen zu beobachten.

In dieser Perspektive stand die stalinistische Sowjetunion an der Schwelle zu rassistischen Genoziden, ohne diese jedoch eindeutig überschritten zu haben: Die Sowjetunion unter Stalin jedenfalls tendierte gelegentlich dazu, der von ihr proklamierten sozialistischen Staatsnation beinahe rassische Züge zuzusprechen, zudem erfüllten die Vertreibung und Ermordung von Tschetschenen, Inguschen, Tataren und Koreanern sogar die konventionelle Definition des Genozids. Gleichwohl entsprachen die Massentötungen in der Sowjetunion alles in allem eher einem mörderischen Krieg gegen die eigene

Bevölkerung, und allein der Umstand, daß die für die Mordtaten Verantwortlichen oft genug jenen ethnischen Gruppen angehörten, die verfolgt wurden, spricht gegen die Gleichsetzung mit einem genozidalen Regime. Es fragt sich freilich, ob etwa die Säuberungen der dreißiger Jahre sowie die »Entkulakisierung« im Endeffekt nicht doch dazu führten, die angegriffenen sozialen Gruppen gleichsam zu »Rassen« zu machen. Indem bei der Verfolgung nur noch die zugeschriebene Zugehörigkeit etwa zu einer Klasse als Kriterium zureichte und individuelle Verhaltensweisen keine Rolle mehr spielten, ist das rassistische Deutungsmuster auch ohne ausdrücklich biologistische Ideologie erfüllt.

Am extremen Beispiel der Roten Khmer läßt sich das Zusammenfließen sozialutopistischer, nationalistischer und rassistischer Motive besonders gut beobachten. Hier konnte die neuere Forschung zeigen, in welchem Ausmaß in der primitiv utopistischen Ideologie der Roten Khmer ein rassistisches Konzept des besonders begabten und historisch erwählten Khmer-Volkes mit der Technik einer säubernden Agrarrevolution und einer pervertierten Idee von Nation und Republik verbunden wurde. Indem die Roten Khmer immer mehr der in ihrem Machtbereich befindlichen Chinesen, Vietnamesen und Angehörige der Bergvölker allein aufgrund ihrer ethnischen Herkunft umbrachten und am Ende auch – im Falle von »Mischehen« – rassistische Zugehörigkeitsüberlegungen anstellten, waren sie sowohl für mehrere Genozide als auch für politisch gewollte, namenlos grausame Massenmorde an der eigenen Bevölkerung verantwortlich. In gewisser Weise waren die Roten Khmer, ohne sich so zu nennen, nach Adolf Hitler, seiner Bewegung und seiner Partei, die zweite historisch bekannt gewordene genozidale nationalsozialistische Bewegung. (Kiernan 2002) In mancher Hinsicht dürften sie aber – im Unterschied zum nationalsozialistischen Deutschland – für die künftig drohenden Genozide des 21. Jahrhunderts exemplarisch sein.

Die Arbeiten zur vergleichenden Genozidforschung widerlegen übrigens den Verdacht, durch derlei Forschung würden die von Hunderttausenden von Deutschen begangenen Verbrechen und die deutsche Verantwortung für den Holocaust gemindert oder gar relativiert. Gerade in vergleichender Perspektive ist nämlich nicht zu übersehen, daß die zugegebenermaßen krisengeschüttelte deutsche Gesellschaft nach dem Ersten Weltkrieg sich von der russischen des Bürgerkrieges, von den zerstörten ruandischen oder kambodschanischen Agrargesellschaften grundlegend unterschied: Im Falle des Holocaust war es eine entwickelte bürgerliche, ja geradezu bildungsbürgerliche Gesellschaft, die Verbrechen verübt hat, die das des klassischen Vorläufers, des jungtürkischen Genozids an den Armeniern, in quantitativer und qualitativer Hinsicht übertraf. Insoweit gilt sogar vor dem Panorama der Genozide des 20. und 21. Jahrhunderts noch immer die These von einer spezifisch deutschen Entwicklung, wenn nicht gar von einem deutschen Sonderweg.

Vertreibung und ethnische Säuberung

Für eine Orientierung in der gegenwärtigen Weltlage läßt sich aus dem deutschen Beispiel der Vertreibung der Deutschen nach 1945 allerdings weniger lernen als aus den Fällen von Ruanda, Kambodscha und Serbien. Die Bedeutung des deutschen Beispiels ist aber deshalb nicht minder wichtig – so wenig es nämlich für das unmittelbar operative Geschäft in den Krisenzonen der globalisierten Welt zu lehren hat, so bedeutsam ist es doch für eine nicht mehr national begrenzte moralische Selbstverständigung demokratischer Staaten, denen daran gelegen sein muß, das Konfliktpotential, das auch der historischen Erinnerung innewohnt, nicht nur zu entschärfen, sondern für künftige konstruktive Lösungen fruchtbar werden zu lassen. Das Beispiel der aus den östlichen Teilen des ehemaligen Deutschen Reiches sowie aus verschiedenen ostmitteleuropäischen Ländern vertriebenen beinahe 12 Millionen Deutschen provoziert nämlich eine tiefgehende Debatte über individuelle Schuld, individuelles und kollektives Leiden, über die Möglichkeit der zunächst moralischen, dann auch rechtlichen Beurteilung historischer Prozesse sowie nach der Frage, ob es moralisch nicht nur verantwortbar, sondern geradezu geboten ist, rechtliche Ansprüche ruhen zu lassen bzw. nicht mehr zu erheben. So unbezweifelbar das massive Unrecht war, das den vertriebenen Deutschen widerfuhr, so fragwürdig ist es, ob die Vertriebenen und vor allem ihre Nachfahren dritter und vierter Generation – wie die Vertriebenenverbände das immer wieder postulieren – einen gar noch vererbbaren moralischen Anspruch auf Kompensation haben.

Für die wissenschaftliche Beurteilung der Pläne des »Zentrums gegen Vertreibungen« ist es vor diesem Hintergrund entscheidend, ob die Vertreibungsverbrechen an Deutschen gegen Endes des Zweiten Weltkrieges und danach überhaupt in die eben angedeutete Genealogie des Genozids gehören. Dazu wurde im ersten Kapitel ausführlich Stellung genommen.

Das Unwort von den »ethnischen Säuberungen« ist der deutschen Öffentlichkeit seit dem Bosnien-Krieg und spätestens seit den Kämpfen zwischen Serbien und der albanischen UÇK bekannt. Der darauf folgende Krieg der NATO gegen Serbien sollte schließlich auch damit legitimiert werden, weitere »ethnische Säuberungen« zu verhindern. In der Sache geht es freilich um politische Verbrechen, die den europäischen Kontinent und sein Anrainergebiet seit Beginn des 20. Jahrhunderts immer wieder erschüttert haben und die heute wesentlicher Gegenstand bei der Etablierung einer gesamteuropäischen Gedenkkultur sind. Bei der öffentlichen Auseinandersetzung um das geplante »Zentrum gegen Vertreibungen« geht es auch um die Frage, ob dieses Zentrum vor allem (aber nicht ausschließlich) das Leiden und die Opfer der aus einigen osteuropäischen Ländern sowie aus den Ostteilen des ehemaligen Deutschen Reiches nach 1945 vertriebenen ethnischen Deutschen darstellen – oder ob es nicht aller europäischen Vertreibungen seit Beginn des 20. Jahrhunderts gedenken soll. Dazu hat der US-amerikanische

Historiker Norman Naimark seine bereits erwähnte Studie vorgelegt, die mindestens in Ansätzen wiederzugeben ist.

Naimark, Professor für Geschichte an der renommierten Stanford University, hat mit seinem Buch »Flammender Haß. Ethnische Säuberungen im 20. Jahrhundert« eine große Erzählung vorgelegt, die als Basis für ein nicht mehr nationalstaatlich begrenztes Gedenken taugen könnte, ohne dabei irgend etwas von dem, was Deutschen widerfahren ist, unter den Tisch fallen zu lassen. Freilich funktioniert diese Geschichte nur, wenn man sinnvollerweise bereit ist, den Vorgänger der heutigen Türkei, nämlich das Osmanische Reich, wenn schon nicht zu Europa im engeren Sinn, so doch zum politischen Raum der europäischen Großmächte zu zählen. Unter dieser Bedingung erweist sich der in den ersten Jahren des Ersten Weltkriegs von der jungtürkischen Führung des Osmanischen Reiches an den Armeniern begangene Genozid als jenes Verbrechen, dem in den nächsten achtzig Jahren sämtliche in Europa begangenen Genozide und Vertreibungsverbrechen folgen sollten.

Typisch für dieses Verbrechen war, daß sich auch im Rückblick die dreißig Jahre später kodifizierten völkerstrafrechtlichen Tatbestände von »Genozid« und »Vertreibung« als eines Verbrechens gegen die Menschlichkeit in diesem Fall nicht klar voneinander trennen lassen. Während es beim Genozid um die vorsätzliche Tötung eines Teils bzw. einer ganzen ethnischen, religiösen oder nationalen Gruppe geht, liegt die Absicht der »ethnischen Säuberung« – so Naimark – »in der Entfernung eines Volks und oft auch aller seiner Spuren von einem bestimmten Territorium«. Letztlich unterscheiden sich »ethnische Säuberung« und Genozid durch das Ziel: Entwurzelung oder Tötung, wobei beides fließend ineinander übergehen kann: »Ethnische Säuberungen« können, wie im Fall der Armenier, in einen Genozid münden, während Genozide, so im Fall der millionenfachen nationalsozialistischen Judenmorde, Vertreibungen und Aussiedlungen zur systematischen Voraussetzung haben. Das Ende des Ersten Weltkrieges und die ersten Jahre danach sahen im Zuge der

Konsolidierung der modernen Türkei und in Abwehr des großgriechischen Imperialismus eine beschönigend »Bevölkerungsaustausch« genannte wechselseitige Vertreibung von 1,5 Millionen anatolischen Griechen durch Kemal Atatürks Truppen und die Vertreibung von etwa 350000 mazedonischen Türken.

Im 1923 geschlossenen Vertrag von Lausanne, einem jener Pariser Vorortverträge, die das Ende des Ersten Weltkrieges regelten, wurden diese wechselseitigen Vertreibungen in gemischten Kommissionen völkerrechtlich legitimiert. Die Wirkung des Vertrages von Lausanne als eines negativen Vorbilds kann nicht überschätzt werden: Mit ihm wurde in gewisser Weise das Recht von Staaten auf ethnische Homogenität ebenso festgeschrieben wie die begrenzte Legitimität von gewaltsamen Aussiedlungen. Aus diesem Grunde im folgenden zu der Vorgeschichte dieser Verträge: Zu den Nachwehen des Ersten Weltkrieges gehörte nicht nur der Versuch des griechischen Premiers Venizelos, die während des Krieges an Leib und Leben gefährdeten anatolischen Griechen zu retten, die nach Ausbruch des Ersten Weltkrieges zu Hunderttausenden von der jungtürkischen Führung an die Meeresküste deportiert wurden und dort Zwangsarbeit leisten mußten, sondern auch die »megali idea«, die große Idee eines neuen Großgriechenland durch eine bewaffnete Intervention Wirklichkeit werden zu lassen. Die ab 1919 an der türkischen Westküste errichtete Besatzungszone der Griechen setzte daher mit allen Mitteln auf eine Abwanderung der dort lebenden Türken; zugleich stießen griechische Truppen ins anatolische Kernland vor, um die nationalistische Regierung Mustafa Kemals aus Ankara zu vertreiben. (Naimark 2004, 61)

Der türkische Gegenangriff, der damit verbundene Abzug der griechischen Armee aus Smyrna sowie der Einmarsch der Türken in die Stadt führte am 13. September 1919 in Smyrna zu einem Brand aus nach wie vor ungeklärter Ursache und zu einer Panik sowie zu tödlichen Verbrennungen von Tausenden Frauen und Kindern. Infolge des Brandes wurden etwa 200000 Griechen von den westlichen Alliierten evakuiert und damit die Aussiedlungsbestrebungen der türkischen Nationalisten objektiv unterstützt.

Die bald darauf folgende Konsolidierung der nationalistischen Regierung Mustafa Kemals über das ganze türkische Kernland führte endlich im September 1922 zu einer neuen Verhandlungsrunde der Siegermächte mit der Türkei, in der es um eine Revision des 1919 geschlossenen Vertrags von Sèvres ging, der vor allem die Schaffung eines unabhängigen Armeniens festhielt. In den im November 1922 in Lausanne aufgenommenen Verhandlungen ging es in Abänderung der Bestimmungen von Sèvres ein weiteres Mal um Minderheitenfragen. Die Position der nationalistischen türkischen Regierung, die in dieser Frage die Position der Jungtürken übernommen hatte, zielte auf eine eindeutige Lösung der Minderheitenfragen durch Zwangsumsiedlung. Der am 24. Juli 1923 geschlossene Vertrag führte zur Bildung gemischter Kommissionen, die den Bevölkerungsaustausch und die Umsiedlung von etwa 1,5 Millionen anatolischer Griechen und etwa 400000 auf griechischem Territorium lebender Türken überwachen sollten. Der durch Lausanne besiegelte Bevölkerungsaustausch sanktionierte vor allem, was bereits geschehen war und vorher und nachher Zehntausende von Griechen das Leben gekostet hatte. In den Flüchtlingslagern in Griechenland starben über Wochen vierzig bis fünfzig Menschen pro Tag an Krankheiten und Unterernährung, während die nach Westanatolien umgesiedelten Türken, von denen viele nur Griechisch sprachen, in ein entvölkertes, unfruchtbares Land, das zunächst keine Lebensgrundlagen bot, verpflanzt wurden.

Der Leiter der britischen Delegation bei den Verhandlungen von Lausannne, Lord Curzon, stellte nicht nur treffend fest, daß es sich bei diesem Vertrag um eine »durch und durch üble und grausame Lösung« handele, sondern fügte prophetisch hinzu, daß »die Welt dafür in den kommenden 100 Jahren einen hohen Preis zahlen« würde. (Naimark 2004, 73)

Rein quantitativ stellte die nach dem Zweiten Weltkrieg exekutierte Vertreibung von etwa 11,5 Millionen – 2,25 Millionen starben dabei – ethnischen Deutschen aus Ostpreußen, Pommern und Schlesien, aus Ungarn, Rumänien und Jugoslawien das größte Verbrechen *dieser* Art dar. Die Beurteilung dieses Verbrechens stellt freilich nicht nur die historische Forschung vor besondere Probleme – ist doch hier ganz unzweifelhaft, daß es dazu nie gekommen wäre, hätten Hitler und seine Generäle Ostmitteleuropa nicht mit einem Rassenvernichtungskrieg überzogen, hätten nicht die meisten der im Sudetenland lebenden ethnischen Deutschen an ihrem Staat, der Tschechoslowakei, Hochverrat begangen.

Auch die in den 1990er Jahren geführten, wesentlich von Milosevič' Serbien und Tudjmans Kroatien geführten Kriege – vor allem gegen die bosnischen Muslime, dann gegen die im Kosovo lebenden Albaner – führen in die Geschichte der deutschen Schreckensherrschaft auf dem Balkan zurück. Ohne daß sich hier von unmittelbaren Ursachen sprechen ließe, mußte doch auffallen, in welchem Ausmaß Schuldzuweisungen immer wieder auf eine wirkliche oder nur behauptete Kollaboration mit Wehrmacht und SS Bezug nahmen.

Eine im Entstehen begriffene europäische Gedenkkultur sollte freilich nicht davor zurückscheuen, sich bei aller entstehenden moralischen Sensibilität auch einen nüchternen sozialwissenschaftlichen Blick zu bewahren. Naimark zeigt überzeugend, daß »ethnische Säuberungen« genuiner Ausdruck einer Moderne sind, die vom Gedanken des ethnisch homogenen, im Herrschaftsvollzug bei aller Willkür im einzelnen gleichwohl zentralisierten Sozialstaats ebenso geprägt ist wie von einer ungeheueren Kumulation technischer Mittel: Ohne Eisenbahn, Telegraf, Stacheldraht und Maschinengewehr wären weder »ethnische Säuberungen« noch Genozide möglich gewesen. (Naimark 2004, 17f.) Vor allem aber wird an »ethnischen Säuberungen« deutlich, wie sehr staatliche Verbrechen sich auch auf das biologische Geschlecht beziehen. Während konventionelle Kriege noch bis 1918 vor allem eine Angelegenheit unter Männern waren, zeichnen sich »ethnische Säuberungen« vor allem durch Gewalt gegen Frauen aus: Systematische, geradezu angeordnete massenhafte Vergewaltigungen fanden sich bei den Jungtürken und ihren Hilfstruppen ebenso wie in der Roten Armee und den tschechischen und polnischen Milizen, die Deutsche »aussiedelten«. (Naimark 2004, 21 ff.)

Zu Beginn des 21. Jahrhunderts – nach dem Zerfall Jugoslawiens – scheinen die mörderischen »ethnischen Säuberungen« in Europa ihren Endpunkt gefunden zu haben. Sieht man von Putins Genozid an den Tschetschenen ab, fällt das Augenmerk heute vor allem auf das subsaharische Afrika. Heute – so scheint es – kommt es im Krisenbogen von Marokko bis nach Indonesien, zwischen Sudan und Südafrika zu einer Neugründung und Neuformation von Nationalstaaten, deren Regierungen mit scheinbar naturgesetzlicher Notwendigkeit auf »ethnische Säuberungen« verfallen. Ob Europa aus einer leidvollen Geschichte wirklich etwas gelernt hat, wird sich nicht nur an einer auf Wahrhaftigkeit zielenden Gedenkkultur erweisen, sondern auch daran, ob ihm angesichts absehbarer und drohender Genozide andere politische Konzepte einfallen als die »humanitäre Intervention«, die jedenfalls im Kosovo die Vertreibung erst richtig ermöglichte.

So auch im Falle der Türkei – einschließlich internationaler Komplikationen. Auffällig und beunruhigend ist etwa, daß der Staat Israel, dessen zionistische Vorläufer während des Ersten Weltkrieges solidarisch an der Seite der Armenier standen, heute diesen Genozid nicht nur nicht zur Kenntnis nimmt, sondern mit repressiven Mitteln versucht, öffentliche Debatten sowie die Ausstrahlung von Fernsehfilmen zum Thema zu verhindern. (Kieser/Schaller 2002, 577 ff.) Die angebliche Sorge, daß durch diese Debatte die Singularität der Massenvernichtung an den europäischen Juden verwischt werden könnte, erweist sich schnell als Ideologie – das durchaus realpolitische Interesse, die türkische Republik, einen der wenigen Israel freundlich gesonnenen Staaten, nicht zu verärgern, ist zu offensichtlich. Betrüblich zu beobachten ist auch, wie der weltberühmte, in Princeton wirkende jüdische Islamgelehrte Bernard Lewis 1993 die historische Tatsache des Genozids bezweifelte und der jungtürkischen Lesart militärisch notwendiger Deportationen ob der nationalen Unzuverlässigkeit der Armenier den Vorzug gab. Der in Paris lehrende, ebenfalls jüdische Historiker Pierre Vidal-Naquet protestierte mit anderen französischen Intellektuellen in einem Schreiben gegen Lewis und rückte ihn indirekt in die Nähe der Holocaustleugner. (Kieser/Schaller 2002, 37)

Bekanntermaßen stellte die Französische Nationalversammlung in einem gemeinsam gefaßten Beschluß fest, daß es sich bei den Massakern und Umsiedlungen um einen vom Osmanischen Reich unter der Regierung der Jungtürken verantworteten Völkermord handelte. Als eine ähnliche Debatte in Deutschland schon allein deshalb aufkam, weil das deutsche Kaiserreich mit seiner Militärmission und seinem Einfluß auf die jungtürkische Regierung zumindest eine historische Mitschuld trägt, eine Debatte, die schließlich in einer von mehreren tausend Menschen unterzeichneten Petition an den Bundestag mündete, eine ähnliche Resolution zu fassen, verweigerten sich Bundestag und berufene politische Kräfte dieser Petition, obwohl doch das Drängen humanitärer Organisationen sowie die Interventionen Englands, Frankreichs und Rußlands eine Vorstufe dessen darstellt, was heutzutage, etwa nach dem Krieg gegen Jugoslawien, als weltpolitischer, den Menschenrechten verpflichteter Standard gilt.

So gab der Menschenrechtsbeauftragte im Bundesaußenministerium, der ehemalige DDR-Bürgerrechtler Gerd Poppe, zu Protokoll, daß der Konflikt zwischen Armenien und der Türkei deren »bilaterale Angelegenheit« und Deutschland unzuständig sei. Anders argumentierte der stellvertretende Vorsitzende der SPD-Fraktion Gernot Erler, der zwar den Völkermord als solchen anerkannte, aber – trotz gegenteiliger Beispiele – die Ansicht vertrat, daß die Feststellung historischer Tatsachen nicht Angelegenheit eines Parlaments sein könne. Immerhin hielt Erler in einem Brief an seine Fraktion fest, daß ein Land wie die Türkei, das Mitglied der EU werden wolle, derlei Diskussionen aushalten müsse.

Mit besonderer Vehemenz wandte sich schließlich der grüne Bundestagsabgeordnete Cem Özdemir mit sogenannten verantwortungsethischen Argumenten gegen die Petition. Sowohl in einem Beitrag in der »FAZ« am 5. April 2001 als auch in einem ausführlichen Interview in der »Süddeutschen Zeitung« argumentierte der Abgeordnete zunächst mit dem Wohl der heute in der Türkei lebenden Armenier bzw. dem in Ansätzen entstehenden Dialog zwischen der Türkei und Armenien. Zudem wollte Özdemir durch Vermeidung des Begriffes »Genozid« – er sprach statt dessen mit der demokratischen Opposition in der Türkei lieber von »ethnischer Säuberung und Vernichtung« – die Gleichsetzung mit dem Holocaust vermeiden. Özdemir gab schließlich auf die Frage der Zeitung, warum es so schwer sei, sich mit Vorgängen, die noch vor der Gründung der modernen Türkei durch Kemal Atatürk lagen, zu beschäftigen, eine bemerkenswerte Antwort:

»Die türkische Bevölkerung besteht aber zu 40 bis 50 Prozent selbst aus Vertriebenen und ihren Nachkommen, vom Balkan und aus dem Kaukasus. Da wird die Frage der Aufarbeitung von Vertreibung zu einer Art psychischen Falle, nach dem Motto: Und wir sollen Vertreibung begangen haben? Wir wurden doch selbst vertrieben, und wer spricht über unsere Schmerzen?«

Das kurze, das lange 20. Jahrhundert war und ist das sich bis ins 21. fortsetzende Jahrhundert massenhafter, nach der Logik des Ausnahmezustandes exekutierter Entrechtungen, Vertreibungen und Vernichtungen, bei denen viele ethnische und nationale Gruppen, keineswegs alle, zugleich Opfer und Täter waren. Das vom Bundestagsabgeordneten Özdemir vorgebrachte Argument, unter Berücksichtigung dieses Umstandes auch auf die nur verbale Verurteilung von genozidalen Handlungen zu verzichten, würde das, was sich derzeit als Menschenrechtskultur zu entwickeln beginnt, aufgrund der Geschichte eben dieses Jahrhunderts von vorneherein unmöglich machen.

Das Parlament der Bundesrepublik Deutschland ist dem Grundgesetz verpflichtet, das wiederum unter dem Primat der Würde des Menschen steht – der sich nicht nur auf Deutsche und nicht nur auf die Gegenwart erstreckt, wie die vielen, im Bundestag abgehaltenen Gedenk- und Feierstunden beweisen. Indem Menschenrechtspolitik nicht nur von den regierenden Parteien dieses Landes selektiv, nach Opportunitätsgesichtspunkten vernutzt und über eine schleichende Militarisierung der Außenpolitik banalen Großmachtinteressen geopfert werden, wird das, worum es doch angeblich geht, die Wahrung der Menschenrechte, unglaubwürdig und in seinem Kern ausgehöhlt. Auch eine von materiellen Folgen entlastete Politik der Verantwortungsübernahme kann erhebliche innen- und damit letztlich auch außenpolitische Konsequenzen haben und ist daher auch in sich selbst sinnvoll.

Fünftes Kapitel
Schuld und Versöhnung vor der Geschichte

Die Diskussion um das geplante »Zentrum gegen Vertreibungen« ist inzwischen an einem Punkt angelangt, an dem der deutschen und der europäischen Politik zwei unterschiedliche Optionen offenstehen:

1. Zum einen das Projekt des »Bundes der Vertriebenen«, genauer gesagt, der wesentlich vom »Bund der Vertriebenen« mitgetragenen Stiftung, mit einem »Zentrum gegen Vertreibungen« in der deutschen Hauptstadt einen Ort der Information und der Trauer für all jene Deutschen zu schaffen, die in den letzten Monaten des Zweiten Weltkrieges und seit dem Potsdamer Abkommen aus Jugoslawien, Rumänien, aus Polen und aus den Sudeten mehr oder minder gewaltsam vertrieben oder ausgesiedelt wurden. Das trauernde Gedenken, das hier institutionalisiert werden soll, soll zugleich zur Warnung und Abschreckung dienen, die Vertreibung der Deutschen historisch kontextuieren und sich mit aktuellen Vertreibungsverbrechen in der globalisierten Welt des 21. Jahrhunderts befassen. Im Mittelpunkt aber steht die Vertreibung der Deutschen aus Mittelosteuropa nach dem Zweiten Weltkrieg.

2. Das Projekt einer Reihe von Bundestagsabgeordneten unter Markus Meckel, die die Vertreibung der Deutschen zum Anlaß nehmen, das Vertreibungsgeschehen am Ende des Zweiten Weltkrieges in einem europäischen Dokumentationszentrum darzustellen, in dem die Vertreibung der Deutschen als ein Glied in einer Kette von Vertreibungsmaßnahmen und -verbrechen steht, die in Europa und an seiner Peripherie seit dem Ersten Weltkrieg begangen wurden.

Demnach erweist sich die Vertreibung der Deutschen aus Ostmitteleuropa als – vor dem Kosovo und der Vertreibung der Serben aus der Krajina – letzte große Vertreibung in Europa. Dem gingen, wie oben dargestellt, die Vertreibungen der Armenier durch die Jungtürken, der »Bevölkerungsaustausch« zwischen Griechen und Türken 1922/23, wie sie in den Verträgen von Lausanne »geregelt« wurden, ebenso voraus wie die vom nationalsozialistischen Deutschland nach dem Hitler-Stalin-Pakt vollzogenen Umsiedlungen von Deutschen jenseits der polnischen Grenze ins besetzte Polen, für die dann durch die Vertreibung, Ghettoisierung und Tötung von Juden und Polen »Platz geschaffen« werden mußte. Die Umsiedlung ganzer Völker und Bevölkerungsgruppen – eine Praxis, die in kleinerem Ausmaß aus der Antike bekannt ist – wurde im 20. Jahrhundert auf die (pseudo)wissenschaftlichen Grundlagen der Bevölkerungspolitik und -ökonomie gestellt.

Die Frage nach einer Beurteilung historischen Unrechts und den daraus erwachsenden moralischen Verpflichtungen hat die Menschheit spätestens seit biblischen Zeiten immer wieder umgetrieben. Sei es, daß prophetische Stimmen davon sprechen, daß die Schuld der Väter noch am dritten und vierten Geschlecht gerächt werden wird, sei es, daß der Inbegriff des Mörders, Abels Bruder Kain, verschont wird, sei es, daß es das rabbinische Judentum zum Teil untersagt hat, sich über den Untergang der ägyptischen Verfolger im Roten Meer zu freuen – stets stand die Frage nach den langfristigen Folgen begangenen Unrechts für die Verfolger ebenso im Mittelpunkt wie die Frage nach einer angemessenen Haltung der Opfer. Noch nicht einmal das Neue Testament will langfristig auf Vergeltung verzichten: In Matthäus 25 scheidet der messianische König die Böcke von den Schafen, nachdem er festgestellt hat, daß das Handeln der Menschen danach beurteilt werden soll, wie sie die geringsten seiner Brüder behandelt haben.

Mehr als 2000 Jahre später nimmt der auf der Flucht vor den Nationalsozialisten durch Freitod ums Leben gekommene deutsch-jüdische Philosoph Walter Benjamin diese Problematik wieder auf, wenn er in seinen Thesen »Über den Begriff der Geschichte« in glühenden Worten einen geheimen Pakt zwischen den Generationen beschwört, wonach die jeweils Gegenwärtigen von ihren bedrängten Vorfahren erwartet worden seien, um das historische Unrecht wiedergutzumachen. (Benjamin 1980) Benjamins ganze Anstrengung galt einem Geschichtsdenken, das weder zynisch-resignativ, wie etwa Theodor Lessing, Geschichte als »Sinngebung des Sinnlosen« betrachtete, noch, wie zuletzt Hegel, denkenden Menschen zumutete, im Gang der Geschichte ein fortschreitendes Zusichkommen der Vernunft zu erkennen. Ist eine Geschichtsbetrachtung jenseits von Zynismus und Tragizismus, jenseits hohler Heroisierungen, fatalistischer Glaubensbekenntnisse (Hegel: »Die Weltgeschichte ist das Weltgericht«) oder dümmlicher Selbstfeier (der nach Korruptionsvorwürfen zurückgetretene deutsche Verteidigungsminister Scharping meinte: »Die Weltgeschichte ist kein Amtsgericht.«) überhaupt möglich? Ist nicht einzuräumen, daß den von Benjamin unverhohlen als theologisch bezeichneten Perspektiven in einer wenn auch postsäkularen Gesellschaft ein allgemein nachvollziehbarer Sinn nicht mehr abzuringen ist? Die soziale und politische Realität nicht nur der deutschen Gedenkkultur widerlegt diese Skepsis.

Der Philosoph Hermann Lübbe hat vor einiger Zeit in einer scharfsinnigen Studie nachgezeichnet, in welchem Ausmaß der wohl zuerst im Nachkriegsdeutschland entstandene Brauch, sich für begangene Verbrechen zu entschuldigen, inzwischen weltweit Schule gemacht hat. (Lübbe 2003) Was der deutsche Bundeskanzler Willy Brandt mit seinem Kniefall vor der Gedenkstätte des Warschauer Ghettos begonnen hatte, ist in unterschiedlichen Formen, mehr oder minder intensiv von anderen Staatsmännern übernommen worden. So entschuldigte sich der US-amerikanische Präsident Bill Clinton bei einem Besuch in Ostafrika für den transatlantischen Sklavenhandel, während es langer Jahre und stets wiederholter Aufforderungen bedurfte, bis etwa einem japanischen Premierminister auch nur ein Wort des Bedauerns über den japanischen Imperialismus und die von Japanern verübten

Greueltaten auf dem chinesischen Festland über die Lippen kamen.

Anders freilich als Hermann Lübbe meint, geht es bei alldem nicht nur um eine letztlich wohlfeile, instrumentell eingesetzte Rhetorik, die im äußersten Fall mit Zahlungsverpflichtungen verbunden ist, sondern um eine soziale Realität, die an Gewicht keineswegs verliert, weil es sich hier nicht um Beziehungen zwischen Individuen, sondern um Beziehungen zwischen Großgruppen handelt. Schuldeingeständnis, Vergebung und Versöhnung sind basale Voraussetzungen menschlichen Zusammenlebens, so wenig es irgend jemandem ernstlich in den Sinn käme, diese Realitäten im normalen Alltag zu bestreiten, so wenig Anlaß gibt es, ihre Wirksamkeit und Bedeutsamkeit nur deshalb zu bestreiten, weil es um Beziehungen zwischen Konfessionen, Völkern oder Staaten geht.

Freilich bestehen hier charakteristische Schwierigkeiten, die an der Frage der Artikulation des Leidens der deutschen Bevölkerung während des Zweiten Weltkriegs und danach besonders deutlich werden. So war lange die vielfach geäußerte Meinung zu hören, daß der millionenfache Tod deutscher Soldaten an allen Fronten, der Untergang der deutschen Städte im Bombenhagel des Luftkrieges mit ihren Hunderttausenden von Opfern, die Vertreibung von annähernd zwölf Millionen Deutschen aus ihrer Heimat sowie die vierzig Jahre währende, menschenrechtswidrige Diktatur der DDR eine Art »angemessener Strafe« für die vom nationalsozialistischen Deutschland begangenen Verbrechen gewesen seien. Daß diese Perspektive schon deshalb falsch sein mußte, weil die während des Nationalsozialismus in dem westlichen Teil Deutschlands lebende Bevölkerung keineswegs unschuldiger war als die ostdeutsche, mußte früher oder später auffallen. Mindestens so fragwürdig wie diese kollektiven Strafphantasien waren indes die regierungsamtlichen Unzuständigkeitserklärungen der DDR-Machthaber, die – als Erben des in den nationalsozialistischen Konzentrationslagern gepeinigten kommunistischen Widerstandes sowie als im Gefolge der Roten Armee auftretende Sieger über den Faschismus – sich selbst mit der von ihr beherrschten Bevölkerung gleichsetzten und jede Verantwortung für die vom Nationalsozialismus begangenen Verbrechen abwiesen, wobei der Hinweis auf die Demontage der Industrieanlagen durch die sowjetische Besatzungsmacht nur eine geringe Rolle spielte. Erst in ihren letzten Zügen, am Ende des Kalten Krieges und einer nicht mehr zu verbergenden Wirtschaftskrise wähnten Erich Honecker und sein Politbüro, bessere Beziehungen zu den USA aufnehmen zu sollen und verfielen auf die Idee, dies über Gespräche mit jüdischen Organisationen über Kompensationen für enteigneten jüdischen Besitz zu bewirken. So offensichtlich diese sehr späte Bereitschaft weniger moralischer Einsicht als politischem Opportunismus entsprang, so kurzatmig und wenig wirkungsvoll war sie: Auch die Bereitschaft zur Anerkennung einer gewissen Haftung konnte die DDR nicht mehr vor dem Untergang bewahren.

Am Verhalten dieser letzten DDR Führung wird freilich eine begriffliche Differenz deutlich, auf die später noch ausführlicher zurückzukommen sein wird: auf den Unterschied von Schuld, Verantwortung und Haftung. Im Gegensatz zur systematischen Exkulpation der DDR hat sich die öffentliche Debatte in der Bundesrepublik Deutschland mit diesen Fragen durchaus schwerer getan.

Schuld und Verantwortung, Recht und Moral

So unsinnig etwa die von dem Schweizer Tiefenpsychologen Carl Gustav Jung in psychologischer Hinsicht getroffene Annahme einer deutschen Kollektivschuld war, so erhellend wirkten gleichwohl Karl Jaspers' in seiner erstmals 1946 publizierten Schrift »Die Schuldfrage« vorgenommenen Unterscheidungen von krimineller, moralischer, politischer und metaphysischer Schuld, die jeweils vor den Instanzen der Gerichte, des eigenen Gewissens, der politischen Gewalten der Sieger und vor Gott zu verantworten seien. (Jaspers 1946)

Jaspers' auch heute noch lesenswerte Studie muß sich freilich der Frage stellen, ob sie den Phänomenen der massenhaft und arbeitsteilig begangenen, mörderischen Verbrechen des nationalsozialistischen Deutschlands wirklich gerecht wird, und vor allem die Frage beantworten, ob es wirklich um unterschiedliche Formen der Schuld und nicht doch um lediglich unterschiedliche Beurteilungsweisen der jeweils selben Schuld geht. Dabei bleibt unbestritten, daß eine im strafrechtlichen Sinn mehr oder minder unerhebliche Schuld – etwa als Reisebüroangestellte Fahrkarten ohne Rückfahrt nach Auschwitz ausgestellt zu haben – im Lichte historischer Betrachtung und weiterreichender Erkenntnisse um den Schuldzusammenhang arbeitsteiliger Täterschaft als drückende Last erfahren wird. Indem Jaspers freilich zwischen krimineller und politischer Schuld unterscheidet, unterstellt er in nicht unproblematischer Weise, daß etwa die Urteile des Nürnberger Kriegsverbrechertribunals eher politischer denn juristischer Natur gewesen seien, ohne dabei genügend zu beachten, daß die von den Alliierten bemühten Normen durchaus dem auch noch von der Weimarer Republik anerkannten Völkerrecht einschließlich des Verbots von Angriffskriegen entsprachen. So fragwürdig in diesem Zusammenhang der Begriff der »politischen Schuld« ist, so wenig kann in einer wenn auch bereits postsäkularen Gesellschaft noch allgemein verbindlich über eine religiös empfundene und theologisch begründete Schuld debattiert werden. Es wäre bereits viel gewonnen, wenn in bezug auf gelegentlich kollektiv zugerechnete Verbrechen moralische und rechtliche Aspekte sinnvoll unterschieden werden könnten.

Das setzt zunächst eine Unterscheidung von Recht und Moral voraus. Die rechtsphilosophische Tradition sieht im Recht den »Inbegriff der Bedingungen, unter denen die Willkür des einen mit der Willkür des andern nach einem allgemeinen Gesetze der Freiheit zusammen vereinigt werden kann«. So Immanuel Kant in seiner »Metaphysik der Sitten«. Gemeint ist also eine sozial verbindliche Regelung für die Zulässigkeit von Handlungen, oder genauer gesagt von

Unterlassungen. Zulässig sind all die Handlungen, die andere beim Vollzug ihres eigenen Lebens nicht beeinträchtigen. Um »Recht« handelt es sich bei einer solchen Regelung, wenn sie nach einem »Gesetze der Freiheit«, also nach demokratischen Prinzipien zustande gekommen ist. Im Unterschied zur Moral zielt das Recht nicht – jedenfalls nicht in erster Linie – auf Motive oder Gesinnungen, also nicht auf den inneren, sondern vor allem auf den äußeren Menschen, auf sein Verhalten. Zwar mögen Gesinnungen und Motive bei der Beurteilung und – im Strafrecht – bei der Verurteilung eine mildernde oder verschärfende Rolle spielen, gleichwohl unterscheiden sich, jedenfalls in modernen Gesellschaften, »Recht« und »Moral« dadurch, daß »Recht« stets eine Zwangsordnung voraussetzt, d.h. in letzter Instanz auch gegen den Willen jener, die gegen seine Regelungen verstoßen haben, durchgesetzt werden kann. Reine Moral hingegen appelliert an Einsicht und Selbstachtung, ihre Grundsätze können nicht mit gewaltsamen Mitteln, sondern nur durch Argumente, beispielhaftes Handeln und gegebenenfalls Achtungsverweigerung verbreitet werden. Dem widerspricht nicht, daß moralisch gewonnene Einsichten rechtsförmig werden oder daß umgekehrt Rechtsnormen mit moralischem Furor durchgesetzt werden können. Ein moralisches Prinzip wie das der »Würde des Menschen« ist etwa auf der Basis der Erfahrungen des Nationalsozialismus im deutschen Grundgesetz zum positiven Recht geworden, während etwa das noch in den fünfziger Jahren geltende Recht Eltern, die es zuließen, daß ihre minderjährigen Kinder gemeinsam unter einem Dach nächtigten, des Straftatbestandes der Kuppelei bezichtigte.

Läßt sich auf dieser Basis eine trennscharfe Unterscheidung zwischen einer strafrechtlichen und einer moralisch verstandenen Schuld treffen? Der Begriff der »Schuld« ist in beiden Bereichen an den Begriff des »Handelns« geknüpft, der im Unterschied zum Begriff des »Verhaltens« all jene menschlichen Tätigkeiten bedeutet, die entweder bewußt vollzogen oder die jederzeit ohne Mühe zu Bewußtsein gebracht werden können. Im Unterschied dazu bezeichnet »Verhalten« alle beobachtbaren Veränderungen an einem Organismus, unabhängig davon, ob sie beabsichtigt waren oder nicht. So ist das Zucken eines Augenlids bei grellem Licht als »Verhalten« zu klassifizieren, während das Schließen eines Fensters bei Zug eine Handlung darstellt.

Handlungen werden also von Menschen aufgrund ihrer Überzeugungen und Motive verursacht, wobei eine gewisse Abwägungsfreiheit des Willens unterstellt wird – d.h. die Möglichkeit, die schließlich vollzogene Handlung im gegebenen Augenblick auch unterlassen zu können. In diesem Sinn kann zwischen »Verdienst« und »Schuld« so unterschieden werden, daß »Verdienste« positiv bewertete, nicht trivialerweise erwartete Handlungen in der richtigen Gesinnung, während »Schuld« negativ bewertete, nicht trivialerweise erwartbare Handlungen bezeichnen. Ob eine bestimmte Handlung als »Schuld« oder »Verdienst« bezeichnet wird, hängt demnach von den moralischen Überzeugungen oder den als legitim gesetzten, zwangsweise durchsetzbaren Normen einer Gemeinschaft ab. Recht und Moral unterscheiden sich übrigens grundsätzlich dadurch, daß es im Recht nur um »Schuld«, in der Moral hingegen um »Schuld« und »Verdienst« geht.

Das »Recht« unterscheidet sich von der Moral also dadurch, daß sein Regelungsbereich sehr viel kleiner, aber dafür um so stärker sanktioniert ist. Was im Fall eines individuellen Verschuldens – eines Diebstahls, einer Körperverletzung oder auch eines Totschlags – im Grundsatz einfach festzustellen, zu beurteilen und zu verurteilen ist: Tatbestandserhebung, Prüfung der Zurechnungsfähigkeit, Verurteilung und Strafzumessung kompliziert sich bei Taten, die nicht individuell, sondern gemeinsam, nicht freiwillig, sondern auf Weisung, nicht in einer überschaubaren Vergangenheit, sondern in weiter zurückliegenden Zeiträumen, die Jahrzehnte oder gar Jahrhunderte umfassen können, begangen wurden.

Die seit den späten fünfziger und frühen sechziger Jahren des 20. Jahrhunderts in der Bundesrepublik Deutschland geführten Prozesse gegen Schreibtischtäter und KZ-Schergen waren rechtsstaatlichen Prinzipien verpflichtet und hatten sich darum mit dem von der jeweiligen Verteidigung gern vorgebrachten Argument des Befehlsnotstandes ebenso auseinanderzusetzen wie mit dem Umstand, daß eine alleinige, vorsätzliche Täterschaft aus strafprozessualen Gründen nur schwer zu erweisen war und daher für die Öffentlichkeit unverständlich milde Urteile ausgesprochen werden mußten. Da der – zumindest strafrechtliche – Begriff der Schuld von einer individuellen Verursachung negativ bewerteter Handlungen ausgeht, läßt sich im strafrechtlichen Rahmen – anders als in theologischen, moralischen oder soziologischen Kontexten – von einer kollektiven Schuld sinnvoll nicht sprechen. In diesem Rahmen kann »Schuld« nur als etwas unvertretbar Individuelles gelten. Freilich weiß nicht nur der Glaube, sondern auch Lebenserfahrung und wissenschaftliche Forschung, daß Menschen die Motive ihres Handelns und Unterlassens nicht allein herausbilden, sondern sie diese eben unter jenen Umständen entfalten, unter denen sie geboren werden, in denen sie aufwachsen und geprägt werden. Daraus folgt kein Determinismus: Nicht nur die Statistik, auch die allgemeine Lebenserfahrung lehrt, daß Menschen, die unter exakt den gleichen Bedingungen aufwachsen, zu ganz gegensätzlichen Lebensführungen kommen können. Aber auch jenseits eines jeden Determinismus gilt, daß nicht in jedem gesellschaftlichen Kontext jede Handlung möglich ist, sondern daß die gesamte Skala von Handlungsmöglichkeiten den Normen und Werten der Gesellschaft entspricht, in denen Individuen ihre Individualität ausbilden. Daher muß die Frage gestattet bleiben, ob nicht doch jede individuelle, unvertretbare und unvererbbare Schuld gleichwohl Ausdruck eines sozialen Kontextes ist, ohne den sie nicht hätte vollzogen werden können. Freilich können soziale Kontexte nach der Definition individueller Schuld nicht strafrechtlich belangt werden, wohl aber kann die bloße Zugehörigkeit oder das Mittun in bestimmten sozialen Kontexten – etwa einer verbotenen oder von der Exekutive auf der Basis eines Gesetzes als »kriminell« bezeichneten Vereinigung eine individuell zurechenbare strafbare Handlung darstellen. Doch auch in diesem Fall wird von der grundsätzlichen Wahlfreiheit der Individuen ausgegangen.

Um sich nicht in rechts- oder moraltheoretischen Detailfragen zu verlieren, sei noch einmal daran erinnert, worum es hier geht: Um die Frage, ob die kollektiven Schäden, die die deutsche Bevölkerung im und nach dem Zweiten Weltkrieg in oftmals traumatischer Weise erlitten hat, in irgendeiner sinnvollen Weise als »gerechte Strafe« oder doch mindestens als Tun-Ergehens-Zusammenhang verstanden werden können. Um Strafen im Sinne des Strafrechts kann es sich nicht handeln. Wie steht es um Schuld und Strafe bzw. um intern miteinander verknüpftes Begehen oder Geschehenlassen einer Tat hier und leidvolles Ergehen dort?

Um diese Frage zu klären, muß der Begriff der »moralischen Schuld« im Unterschied zur strafrechtlichen Schuld beleuchtet werden. Während der strafrechtliche Schuldbegriff sich strikt auf zu unterlassende, also verbotene Handlungen bezieht (eventuell mit Ausnahme des Straftatbestandes der unterlassenen Hilfeleistung) kann ein moralischer Schuldbegriff auf der Basis einer Theorie allgemein menschlich gebotener Handlungen Schuld auch dort zuschreiben, wo eine Handlung, die nach moralischen Kriterien unter zumutbaren Bedingungen geboten gewesen wäre, aus Überlegungen ideologischer oder egoistischer Art oder aus Feigheit unterlassen worden ist. Oder wenn etwa zu ihrer Zeit offensichtlich verbrecherische Handlungen mit je nachdem politisch spezifizierten Variationen der volkstümlichen Weisheit »Wo gehobelt wird, da fallen Späne« gerechtfertigt werden.

Moralisch schuldig wären dann all jene, die – ohne selbst gegen Normen des Strafrechts verstoßen zu haben – verbrecherische Handlungen entweder nicht wahrnehmen wollten, billigend in Kauf nahmen oder durch apologetische Meinungsäußerungen zu ihrer Wiederholung ermutigten, anstatt sie durch Mißachtung oder Kritik zurückzuweisen. Diese moralische Schuld wäre freilich allenfalls jenen zuzurechnen, die nach Maßgabe der ihnen verfügbaren Kriterien konventioneller Moral hätten wissen können, daß sie etwas Falsches getan haben. Wie aber ist es um die moralische oder gegebenenfalls auch strafrechtliche Schuld jener Deutscher bestellt, die aus Dummheit oder Verblendung Verbrechen begangen, geduldet oder in Kauf genommen haben? In welchem Sinn sind Dummheit oder Verblendung Ausdruck von Schuld?

Wie ist etwa der Umstand zu beurteilen, daß nicht nur beim »Anschluß« Österreichs Hunderttausende Adolf Hitler frenetisch zujubelten, sondern daß auch nach dem Beginn des Zweiten Weltkrieges nun auch in Deutschland Hunderttausende Adolf Hitler nach dem im Rahmen eines »Blitzkrieges« errungenen Sieges über Frankreich zu Füßen lagen, obwohl doch spätestens mit dem Erlaß der Nürnberger Rasse-Gesetze der verbrecherische Charakter des Regimes hätte bekannt sein müssen? Nicht zu sprechen von jenen Mordtaten, die vollzogen zu haben Heinrich Himmler in seiner Posener Rede ein »nie geschriebenes und nie zu schreibendes Ruhmesblatt« genannt hatte – dabei durchaus eingestehend, daß das Ermorden wehrloser jüdischer Zivilisten einem herkömmlichen Moralverständnis widerwärtig erscheinen müßte. Kann es ein schuldminderndes Recht auf Dummheit und Verblendung geben? Ist, wer dumm oder verblendet ist, am Ende gar nicht schuld- oder gar zurechnungsfähig – ebenso wie Personen, die sich aufgrund organischer Schädigungen oder unter Drogeneinfluß verhielten? Und was ist schließlich mit all jenen, die weder dumm noch verblendet, wohl aber gutgläubig und aus Pflichtbewußtsein agierten, die also als einfache Soldaten oder auch Offiziere, ahnend oder gar wissend, daß sie Verbrechen flankierten, ihren Fahneneid hielten oder aus Kameradschaftsgeist und im Bestreben, Heimat und Familie vor dem Schlimmsten zu schützen, an sogenannten »Partisanenbekämpfungen« teilnahmen, die oft genug nichts anderes waren als willkürliche Massaker an der nichtjüdischen und jüdischen Zivilbevölkerung?

Es geht wie gesagt um moralische Schuld und also um die Frage, inwieweit Menschen für ihre Dummheit, ihre Verblendung und ihr mißverstandenes Pflichtgefühl verantwortlich sind – auch dann, wenn ihnen vorsätzlich oder fahrlässig begangene Verbrechen weder vorwerf- noch nachweisbar sind. Zumal dann, wenn es bei den in Frage stehenden Vergehen um Taten oder Unterlassungen geht, die nur arbeitsteilig, nur unter Abschottung der Zusammenhänge und unter Verhehlung ihres letzten Zwecks ins Werk gesetzt wurden.

Menschen ihre aus heutiger Sicht große Verblendung, Dummheit und ihr mißverstandenes Pflichtgefühl vorzuwerfen, stößt an zwei Grenzen. Da ist einerseits die Einsicht der historistischen Aufklärung, des historischen Bewußtseins, die uns kaum widerlegbar mitteilt, daß Menschen allemal die Kinder ihrer Zeit und ihrer Kultur sind und auch gar nicht anders sein können – dem steht jedoch andererseits die ebenso gesicherte Erkenntnis gegenüber, daß es in allen historischen Epochen zu den wichtigsten moralischen Fragen auch immer entgegengesetzte Meinungen gegeben hat, daß also niemand in einem so geschlossenen Universum lebt, daß er oder sie handelnd und urteilend keine Alternativen gehabt hat. Gewiß: auch das Ergreifen einer historisch vorhandenen Alternative war nicht immer einfach, und vor allem wäre es – bei Abwägung aller Umstände – auch nicht immer fair gewesen, Menschen nicht nur Urteile, sondern sogar Handlungen abzuverlangen, die sie nach ihrer eigenen Wahrnehmung übermäßig gefährdet hätten. Tatsächlich konnte die historische Forschung ja inzwischen zeigen, daß etwa die Weigerung von Wehrmachtssoldaten oder Polizisten, an Judenmorden teilzunehmen, für die Verweigerer keine gefährlichen Konsequenzen hatte, zudem hat etwa das Beispiel der Frauen der Berliner Rosenstraße, die (ungewollt) mitten im Berlin des Jahres 1943 öffentlich für die Freilassung ihrer jüdischen Männer demonstrierten, bewiesen, daß ein Einsatz für Menschlichkeit die Machthaber durchaus beeindruckte. Läßt sich die bloße Meinung, man gefährde sich, wenn man eine moralisch gebotene Hilfeleistung unterlasse, ihrerseits moralisch – und nur noch darum, nicht mehr um eine strafrechtliche Schuld geht es – inkriminieren?

Kollektive Schuld?

Bekanntlich waren alliierte Staatsmänner während des Zweiten Weltkrieges der Auffassung, daß sich das deutsche Volk als ganzes schuldig gemacht habe. So schrieb etwa Präsident Roosevelt Ende August 1944 – vier Wochen nach dem gescheiterten Attentatsversuch der nationalkonservativen Militäropposition auf Hitler – seinem Kriegsminister Stimson: »Dem gesamten deutschen Volk muß eingehämmert werden, daß die ganze Nation an einer gesetzlosen Verschwörung gegen die Gesittung der modernen Welt beteiligt war.« (Zayas 1996, 44 f.) Schärfer noch äußerte sich knapp ein Jahr später, kurz vor Kriegsende, der damals noch stellvertretende britische Premier Clement Attlee vor dem Unterhaus zu dieser Frage: »Sie haben die alten Schranken eingerissen, und deshalb sage ich, daß sie sich nicht auf das alte Europa berufen können. Falls sie sich fügen, falls sie wiedergutmachen müssen, haben sie kein Recht, die Grundlage der Moralgesetze zu beschwören, die sie nicht selbst beachtet haben, oder auf Mitleid und Gnade zu rechnen, die sie niemals anderen zuteil werden ließen.« (Ebd., 46 f.)

Roosevelts Meinung war schon allein angesichts des so vielfältigen deutschen Widerstandes offensichtlich falsch, und es hätte eines weiteren Arguments bedurft, um gleichwohl von der »ganzen Nation« zu sprechen. Clement Attlees Ausbruch jedoch kann allenfalls als eine Meinung gelten – denn tatsächlich hielten sich die westlichen Alliierten bei der Besetzung Deutschlands und zumal bei den Nürnberger Prozessen allen Schwierigkeiten zum Trotz an Recht und Gesetz, behandelten also die deutsche Bevölkerung im allgemeinen und die namhaft gemachten nationalsozialistischen Verbrecher im großen und ganzen nach Maßgabe der damals geltenden kriegsvölkerrechtlichen Regeln. Davon ist die Frage auszunehmen, ob der alliierte Bombenkrieg gegen die deutschen Städte mit seiner Strategie des »moral bombing« gegen deutsche Bevölkerungszentren – zu denken ist hier vor allem an die Hunderttausende von Toten fordernden Angriffe etwa auf Hamburg oder gar Dresden, die weder verhältnismäßig noch strategisch sinnvoll waren – sich noch im Rahmen des Kriegsvölkerrechts bewegten. Fraglich ist indes vor allem – und das ist das Thema dieses Essays –, ob die »Aussiedlung« genannte Vertreibung der Deutschen völkerrechtskonform und moralisch angemessen war. Fraglich ist darüber hinaus, welche strafrechtliche oder moralische Schuld jene auf sich nahmen, die diese Aussiedlung betrieben oder sanktioniert haben. Es soll also gezeigt werden, daß wir es, was die Vertreibung der Deutschen nach dem Zweiten Weltkrieg angeht, nicht mit einem Akt der Reaktion auf eine kollektive, strafrechtlich zu bemessende Schuld zu tun haben. Wenn überhaupt, so konnte es nur um eine – rechtlich womöglich unzulässige – moralische Strafe gegen ein moralisch schuldig gewordenes Volk gehen. Im folgenden sind daher noch einmal die Gemeinsamkeiten und Unterschiede von strafrechtlicher und moralischer Schuld sowie von strafrechtlicher und moralischer Strafe zu entfalten.

Tatsächlich läßt sich der Begriff der »Schuld«, der bisher lediglich als Ausdruck einer aus freien Stücken begangenen Verletzung wichtiger Rechtsgüter definiert war, auch als Aspekt eines verletzten Kommunikationszusammenhangs verstehen. Was in der einen Perspektive als Verstoß gegen eine normative Ordnung erscheint, zeigt sich in der Perspektive der Individuen als Bruch wechselseitig eingegangener oder doch zumindest als sicher geltender Erwartungen. Was hier als Bruch eines Regelkanons gilt, wird dort als Verletzung zwischenmenschlicher Beziehungen mit hohem Symbolgehalt wahrgenommen, auf die in irgendeiner Weise reagiert werden muß. Insoweit zehrt auch noch das Strafrecht, allen sozialtechnologischen Umdeutungen zum Trotz, vom Prinzip der Vergeltung, das nicht mit Rache – also der Zufügung eines Übels – identisch ist. Das Prinzip der Vergeltung besagt zunächst gar nichts anderes, als daß diejenigen, die zerbrechliche zwischenmenschliche Beziehungen bzw. verletzliche menschliche Ansprüche auf Leben, Sicherheit, Freiheit und Eigentum mutwillig beeinträchtigt haben, diesen verletzten Individuen sowie dem sozialen Zusammenhang, in dem auch sie – die Täter – leben, etwas schulden. Das Prinzip der Vergeltung erinnert daran, daß Menschen einander etwas schulden, schuldig sind, daß, wer Menschen oder Güter verletzt bzw. legal oder legitim zustande gekommene Normen verletzt, eine ihm obliegende Verpflichtung gebrochen hat und damit neue Pflichten auf sich genommen hat.

Freilich wird auch im allgemeinen Bewußtsein noch zu wenig verstanden, daß das strafrechtliche Urteil mitsamt einer wie auch immer – mit Ausnahme des Todes oder eines unbegrenzten Freiheitsentzuges – bemessenen Strafe eine geradezu Freiheit und Würde sichernde Form gesellschaftlicher Reaktion auf die Verletzung wesentlicher Rechtsgüter darstellt. Mit Schuldspruch und Strafverhängung gegen einen zurechnungsfähigen und damit verantwortlichen Täter erhält dieser – wenn auch womöglich gegen seinen Willen – die Chance, seine Schuld gegenüber der Gesellschaft bzw. ihrem Normensystem zu tilgen und sich damit der Last seiner Schuld in einem bestimmten Rahmen zu entledigen. Im rechtsstaatlichen Strafverfahren ist die Schuld nach Entgegennahme des Urteils und Verbüßung der Strafe abgegolten. Der Täter gilt danach rechtlich und politisch wieder als so unschuldig wie zuvor. (Auf die heikle und rechtsdogmatisch extrem schwierige Frage etwa von Vorstrafenregistern kann hier nicht weiter eingegangen werden.) Das Ende einer strafrechtlich festgestellten Verschuldung ist das Verbüßen der Strafe, nach der der verurteilte Täter seiner Rechtsgemeinschaft nichts anderes schuldet als alle anderen Rechtssubjekte auch: nämlich Rechtsgehorsam.

Ganz anders indes die moralische Schuld, in der es weniger auf die Beziehung zwischen Täter und Rechtsgemeinschaft mitsamt ihrem Normencode ankommt, sondern auf die Beziehung zwischen Tätern und Opfern. Während der strafrechtliche Schuldner seiner Rechtsgemeinschaft die Entgegennnahme eines Übels – der Strafe – schuldet, steht der moralische Schuldner exklusiv in der Pflicht des Opfers – hier geht es nicht mehr um die abstrakte Beziehung zwischen einer Person und einem Institutionensystem, sondern um eine existentielle Beziehung zwischen Menschen.

Vergeben und Verzeihen

Der moralische Schuldner schuldet dem moralisch Geschädigten noch vor aller persönlichen Wiedergutmachung die Bitte um Entschuldigung, womöglich gar das Flehen um Verzeihung. Der religiösen Tradition ist dieser Gedanke aus einem jüdischen Gebet bekannt, das zu einem zentralen Gebet der Christenheit werden sollte, nämlich dem Jesus von Nazareth zugeschriebenen »Vater unser«, in dem es heißt: »Und vergib uns unsere Schuld, wie auch wir vergeben unseren Schuldigern …« Dieses Gebet fordert nichts anderes als die Religion des rabbinischen Judentums an ihrem höchsten Feiertag: daß die Menschen für das, was sie einander angetan haben, um Verzeihung bitten mögen.

Diese Erinnerung an theologische Formen der Vergebung moralischer Schuld öffnet den Raum für eine nähere Betrachtung dessen, was Vergebung bzw. Verzeihung bedeuten kann. Um das Phänomen moralischer Schuld, das nicht im Schulden der Strafübernahme, sondern in der Pflicht, die Geschädigten um Verzeihung zu bitten, besteht, angemessen zu verstehen, ist die Vielfalt dessen, was als »Verzeihen« gilt, zu betrachten. Es war Hannah Arendt, die in ihrem Buch »Vita activa« die Fähigkeit, »Versprechen« zu geben und einander zu »verzeihen«, als Conditio humana bestimmt hat. Diese Fähigkeiten sind nach Arendt die »Modi, durch die der Handelnde von einer Vergangenheit, die ihn auf immer festlegen will, befreit wird und sich einer Zukunft, deren Unabsehbarkeit bedroht, halbwegs versichern kann«. (Arendt

1981, 303) Beides, das Versprechen und das Verzeihen, sind keine natürlichen Vorgänge in der Welt, sondern nicht mehr – aber eben auch nicht weniger – als Sprechhandlungen, sprachliche Äußerungen, durch die sich der in der Zeit angelegte menschliche Lebensvollzug jeweils grundsätzlich verändern kann. Während es das Institutionen gründende Versprechen ermöglicht, einer stets ungewissen Zukunft berechenbare Handlungsbahnen abzugewinnen, kann es dem Verzeihen gelingen, eine auf den ersten Blick unabänderliche Vergangenheit in ein neues Licht zu tauchen und sie damit auch tatsächlich zu verändern.

Arendt versteht den Akt des Vergebens als einen zwischenmenschlichen Handlungsvollzug, der zwar »eminent persönlich«, aber nicht notwendig individueller oder privater Natur zu sein hat. (Arendt 1981, 308) Von den beiden möglichen Polen des Vergebens, daß nämlich jemandem etwas vergeben wird, bevorzugt Arendt eindeutig den Umstand, daß jemandem verziehen wird: Im Mittelpunkt der Verzeihung »steht der Schuldige selbst, um dessentwillen der Verzeihende vergibt. Das Vergeben bezieht sich nur auf die Person und niemals auf die Sache, und es kann daher auch objektiv ungerecht sein. [...] Denn wenn ein Unrecht verziehen wird, so wird demjenigen verziehen, der es begangen hat, was natürlich nicht das geringste daran ändert, daß das Unrecht unrecht war.« (Ebd.)

Es zeichnet sich ab, daß unter diesem Verständnis kollektive Untaten ebenso wie kollektive Bitten um Verzeihung bzw. kollektive Akte der Vergebung nur schwerlich nachzuvollziehen sein dürften – was bei einer so eminent politischen Denkerin wie Arendt die Vermutung aufkommen läßt, daß sie derlei für die Beziehungen zwischen großen Gruppen überhaupt nicht für sinnvoll hält. Dieser mögliche Einwand muß vorerst unerwidert bleiben – immerhin wird man darauf hinweisen dürfen, daß diese Beschränkung aufs Persönliche für den Gegenpart des Verzeihens, nämlich das Versprechen, nicht gelten kann: Politisches Zusammenleben ist ohne das Schließen von Kontrakten innerhalb einer politischen Gemeinschaft, aber auch zwischen politischen Gemeinschaften nicht denkbar.

Aber wie verhalten sich politische Gemeinschaften zu Vertragsbrüchen? Arendts Versuch einer Phänomenologie des Vergebens konnte nur ein Anfang sein – die philosophische Diskussion hat sich seither den Schwierigkeiten und Paradoxien dieser so grundlegenden menschlichen Handlungsweise immer intensiver gewidmet und dabei eine Vielfalt gefunden, die es schließlich auch ermöglicht, Schuld und Vergebung für die schwierigen Fälle unvorstellbarer Großverbrechen von Gruppen und ihren Beauftragten an anderen Gruppen begrifflich angemessen und praktisch-politisch folgenreich zum Thema zu machen.

Dabei wird man bei der Aufdeckung der Paradoxien des Verzeihens keineswegs so weit gehen müssen wie der französische Philosoph Jacques Derrida, der der Auffassung war, daß ohnehin nur das Unverzeihliche verziehen werden könne: Was verzeihlich ist, muß nicht verziehen werden, etwa eine unbeabsichtigte Schädigung; was aber wirklich unverzeihlich ist, etwa ein im Zustand der Zurechnungsfähigkeit begangener Mord, kann gar nicht verziehen werden. Das liegt daran, daß sich Schuld und Vergebung zwischen zwei radikal vereinzelten Parteien abspielt. Sobald sich indes dritte Parteien mit dem Bemühen um Schlichtung einmischen, eröffnen sich eine Vielzahl von Möglichkeiten: Amnestien, Wiedergutmachungen und schließlich Versöhnung – aber keine radikal gedachte Verzeihung. (Derrida 2000)

Derrida reagiert mit diesen Ausführungen auch auf Argumente von Vladimir Jankelevich, der 1971 in bezug auf die mögliche Verjährung der Ermordung von sechs Millionen europäischen Juden durch die Nationalsozialisten für eine strikte Unverjährbarkeit plädierte und dabei zugleich auf die seiner Auffassung nach moralische Schwerhörigkeit, Hartherzigkeit und Selbstgerechtigkeit »der Deutschen« hinwies: »Die Verzeihung! Doch haben sie uns jemals um Verzeihung gebeten? Es ist die Verlorenheit, und es ist die Verlassenheit des Schuldigen, die allein der Verzeihung einen Sinn und eine

Existenzberechtigung geben würden. Wenn der Schuldige fett und gut genährt ist, prosperierend und reich gemacht durch das ›Wirtschaftswunder‹, ist die Verzeihung ein unheimlicher Scherz. Nein, die Verzeihung ist nicht für Schweine und Säue gemacht. Die Verzeihung ist in den Todeslagern gestorben.« (Jankelevich 2003, 271)

Wenn sie auch im einzelnen sicher ungerecht sind, so treffen Jankelevichs empörte Worte doch einen Aspekt der deutschen Debatte, in dem es eben um die Art und Weise geht, wie die deutschen Vertriebenenverbände, ihre Mitglieder und Funktionäre (und nur von ihnen, nicht von *allen* Vertriebenen ist hier die Rede) die Frage historischer Schuld und Verantwortung abgehandelt haben. »Unser Entsetzen«, so spricht noch einmal Vladimir Jankelevich als ehemaliger jüdischer Kämpfer der Résistance, »für das, was der Verstand bei genauem Hinsehen nicht begreifen kann, würde das Mitleid schon im Augenblick seines Entstehens ersticken ... wenn der Angeklagte uns leid tun könnte. Der Angeklagte kann es nicht gleichzeitig mit beiden Seiten halten: Den Opfern ihr Ressentiment vorhalten, für sich selbst Patriotismus und gute Absichten beanspruchen und nach Verzeihung streben. Man müsste wählen! Man müsste, wenn man Verzeihung wollte, sich schuldig bekennen, ohne Vorbehalte und mildernde Umstände.« (Ebd.)

Auf diese zweifelsohne von der Idee einer jedenfalls moralischen Kollektivschuld geprägte Erklärung hat Paul Ricœur mehr als zwanzig Jahre später in seinen berühmt gewordenen Vorlesungen zur Frage des »verletzten Gedächtnisses« reagiert und sich dabei auch mit dem Wechselspiel von Vergessen und Verzeihen auseinandergesetzt. Anders als Jankelevich und Derrida hält Ricœur das Verzeihen im wahren Sinn des Wortes auch zwischen zwei Menschen grundsätzlich für möglich. Das setzt freilich eine Kritik des »leichten Vergessens« und einer mißverstandenen, wenn man so will, billigen Verzeihung voraus. Für ein »leichtes Verzeihen« hält der protestantische Philosoph Ricœur sowohl eine ritualisierte Vergebung der Sünden als auch eine juristische Rehabilitation, ebenso wie die von weltlichen Autoritäten ausgesprochene Gnade oder erlassene Amnestie. Auch die von »achtbaren Politikern« wie Willy Brandt gegenüber den Juden oder von Václav Havel gegenüber den Sudetendeutschen geäußerten Bitten um Vergebung erregen Ricœurs Skepsis: »Rühren diese Bitten, so ehrenhaft und mutig sie auch sein mögen, an die Wurzel der Leiden?« (Ricœur 1998, 147)

All diese Formen stehen unter dem begründeten Verdacht, ein leichtes Verzeihen zu fördern, das etwa jener Aufgabe, die Arendt dem Verzeihen stellte, nämlich vom Bann der Vergangenheit zu befreien, nicht genügen kann. Ricœur kritisiert ein Verzeihen aus Selbstgefälligkeit, das sich lediglich die Pflicht der Erinnerung ersparen möchte, ebenso wie ein Verzeihen aus Wohlwollen, das sich die Gerechtigkeit ersparen möchte, aber eben auch ein Verzeihen aus Nachsicht, das Vergebung mit »Freispruch« gleichsetzt. In der Kritik eines »leichten« Verzeihens aus Selbstgefälligkeit, Wohlwollen oder dem Willen, die Bilanz der Vergeltung auszugleichen, macht sich in Ricœurs Sicht nichts anderes geltend als ein entschlossener Wille zu vergessen.

Im Unterschied dazu postuliert er ein »schweres Verzeihen«: »Das schwere Verzeihen ist dasjenige, welches die Tragik des Handelns ernst nimmt und auf die Voraussetzungen des Handelns zielt, auf die Quelle der Konflikte und der Verfehlungen, die der Vergebung bedürfen.« (Ricœur 1998, 153)

Indem Ricœur hier die »Tragik« des Handelns ins Zentrum stellt, trifft er freilich eine folgenschwere Vorentscheidung, die zumindest jene Fragen ungeheurer, massenhaft aufgetretener Schuld in einem arbeitsteiligen Verbrechen ebenso verfehlt wie eine solchen Verbrechen korrespondierende Übernahme der Verantwortung durch andere. Nimmt man den der antiken Tragödie entliehenen Begriff der Tragik nämlich ernst, so entsteht das tragische Dilemma gerade nicht dadurch, daß Personen Ordnungen im Wissen überschreiten, daß sie auch anders hätten handeln können, sollen oder gar müssen, sondern dadurch, daß sie vorgegebenen Weisungen, an denen nichts Verächtliches war, entsprochen haben. Wird jedoch ein üblicherweise als verbrecherisch gekennzeichnetes Verhalten als »tragisch« bezeichnet, fällt eine Vergebung schon deshalb leichter, weil dem Individuum nicht das volle Ausmaß der Schuld zuzurechnen ist, sondern ihm zugute gehalten werden kann, nach bestem Wissen und Gewissen gehandelt zu haben. In genau diesem Sinne haben sich etwa im Frankfurter Auschwitzprozeß Schergen des Vernichtungslagers Auschwitz unter Berufung auf einen nie erwiesenen »Befehlsnotstand« verteidigt. Die »tragische« Erläuterung des Begriffs der »schweren Verzeihung« verpaßt also sein Ziel. Von einem »schweren« und also ernsten Verzeihen könnte die Rede nur sein, wenn die Schuld auch unverkürzte, eindeutig zurechenbare und nicht anderen Instanzen anzulastende Handlungsverursachung ist.

Es scheint, als habe Ricœur für den Bereich des Politischen eben jene Form der Schuld akzeptiert. Die Ausführungen, die er hierzu macht, werden für die Frage, wie die deutsche Nation sich in einem einigenden Europa zur Vertreibung verhalten soll, wegweisend sein. »Unser Rückgriff auf das Verzeihen«, so entfaltet Ricœur seinen Gedanken beinahe polemisch, »richtet sich an dieser Stelle gegen eine übersteigernde Umkehrung der Politik, jemanden in eine Opferrolle zu drängen, welche die Wunden der Geschichte in unerbittliche Vorwürfe verwandelt. Hier berührt sich das Verzeihen auch mit dem aktiven Vergessen: nicht mit dem Vergessen der *Tatsachen*, die wirklich unauslöschlich sind, sondern mit dem Vergessen ihrer *Bedeutung* für Gegenwart und Zukunft.« (Ricœur 1998, 155)

Ist es, wie Ricœur das wünscht, sozialpsychologisch wahrscheinlich und politisch möglich, diese Haltung zu institutionalisieren? »Die ungetilgte Schuld akzeptieren; akzeptieren, daß man ein zahlungsunfähiger Schuldner ist und bleibt; akzeptieren, daß es Verlust gibt, *an der Schuld selbst Trauerarbeit leisten*; zugeben, daß das eskapistische Vergessen und die endlose Verfolgung der Schuldigen ihren Grund in derselben Problematik haben; eine feine Linie zwischen Amnesie und unendlicher Schuld ziehen. »Mit einem Wort«, so beendet Ricœur seine Studie, »das Verzeihen verleiht dem, was in der Erinnerungsarbeit und in der Trauerarbeit harte Arbeit bleibt, den Geschmack der ›Gnade‹«. (Ricœur 1998, 156f.)

Derlei theologische Erwägungen scheinen den harten Fakten und Vorwürfen der politisch-moralischen Auseinandersetzung gegenüber beinahe luxuriös, gleichwohl läßt sich zeigen, daß nun gerade im Fall der Vertreibung der Deutschen aus dem Osten angesichts des Wütens des nationalsozialistischen Deutschlands in Polen die Sprache des Glaubens womöglich das einzige realistische Fundament auch für eine politische Befriedung und – womöglich – Versöhnung bereithält. Der katholischen Kirche ist es bereits 1965, im Rahmen des Zweiten Vatikanischen Konzils, gelungen, hier durch einen Austausch von Schreiben deutscher und polnischer Bischöfe einen Beitrag zur Versöhnung zu leisten. Das ist um so bemerkenswerter, als nun gerade die katholische Kirche Polens und ihre Bischöfe, anders als etwa die Deutschen, eine Institution bildeten, die wie keine andere für den Bestand der polnischen Nation eintrat. 1965 regte Bischof Kominekt von Breslau, der in dieser Angelegenheit von dem späteren Papst Johannes Paul II., dem jungen Bischof Wojtyła, unterstützt wurde, einen Brief an die deutsche Bischofskonferenz an, der in Rom von Kardinal Wyszyński übergeben wurde und unter anderem folgenden Wortlaut hatte:

»Die polnische Westgrenze an Oder und Neiße ist, wie wir wohl verstehen, für Deutschland eine äußerst bittere Frucht des letzten Massenvernichtungskriegs – zusammen mit dem Leid von Millionen Flüchtlingen und vertriebenen Deutschen (auf internationalen Befehl der Siegermächte – Potsdam 1945! – geschehen). Ein großer Teil der Bevölkerung hatte diese Gebiete aus Furcht vor der russischen Front verlassen und war nach dem Westen geflüchtet. Für unser Vaterland«, so fuhren die Bischöfe in ihrem Schreiben fort, »das aus dem Massenmorden nicht als Siegerstaat, sondern bis zum Äußersten geschwächt hervorging (keine Frage des größeren Lebensraumes!); es sei denn, daß man ein über 30 Millionen Volk in den engen Korridor eines ›Generalgouvernements‹ von 1939 bis 1945 hineinpressen wollte – ohne Westgebiete.« (Urban 2004, 183)

Im Unterschied zu anderen politischen Stellungnahmen rechtfertigte die Erklärung der Bischöfe die Landnahme nicht mehr durch ein älteres historisches Anrecht, argumentierte also nicht mehr mit einer Rückkehr, sondern mit einem politisch-demographischen Argument, das auf die von den Siegermächten des Zweiten Weltkriegs geschaffenen Fakten Bezug nahm. Die kommunistische Partei Polens und deren Parteiführung griff die Bischöfe mit dem Hinweis an, daß man gegenüber den Deutschen zu Kreuze gekrochen sei, ihnen die Verbrechen der Konzentrations- und Vernichtungslager nachgesehen und die Bedingungen für Dialog und Versöhnung überhaupt nicht angemessen geklärt habe. Als Konzession an die erregte Stimmung im Lande verlasen die Bischöfe wenig später einen Hirtenbrief, in dem sie feststellten, daß das polnische Volk keinerlei Grund habe, seine Nachbarn um Verzeihung zu bitten, und auch sie fest davon überzeugt seien, daß das polnische Volk dem deutschen keinerlei Unrecht zugefügt hätte. Aber: »Wenn sich auch nur ein Pole als unwürdiger Mensch erwiesen hat, wenn auch nur einer im Laufe der Geschichte eine unwürdige Tat begangen hätte, hätten wir schon einen Grund zu sagen: ›Wir bitten um Vergebung!‹« (Urban 2004, 185) Mit diesem Satz des Hirtenbriefes nahmen die Bischöfe beinahe wörtlich eine Formulierung aus dem umstrittenen Brief an die deutsche Bischofskonferenz wieder auf: »Wir vergeben und bitten um Vergebung.«

Solcher Vergebung und Bitte um Vergebung, wie sie hier im geistlichen Zusammenhang aufgerufen wurde, entspricht sozialwissenschaftlich die Frage nach der Möglichkeit, sich mit begangener und erlittener Schuld auseinanderzusetzen – und in gewisser Weise zu betrauern, daß man schuldig geworden ist.

An der Schuld selbst »Trauerarbeit« zu leisten, das hieße mit Freuds Begriffen, sich daran abzuarbeiten, daß jene Untaten, die einen zu Schuldnern anderer werden ließen, unwiderruflich vergangen sind. Das aber heißt, zumal angesichts der Untaten des 20. Jahrhunderts, sich mit erlittenen und zugefügten Traumata auseinanderzusetzen – eine Aufgabe, die zu klären zuerst Sigmund Freud angetreten ist. In bezug auf die literarische Verarbeitung von traumatischen Erfahrungen wurde dies bereits im dritten Kapitel entfaltet.

Freud hatte unter dem Eindruck des Ersten Weltkrieges eine Theorie entwickelt, die sowohl das Wesen der menschlichen Aggressivität neu begründete als auch einen neuen Blick auf das Wesen seelischer Verwundungen warf. Dabei spielte gewiß auch die Erfahrung der Frontsoldaten des Krieges eine nicht unerhebliche Rolle – Freud selbst war in einen wissenschaftlichen Konflikt mit seinem psychiatrischen Kollegen Wagner-Jauregg verwickelt, bei dem es um die Frage ging, wie die sogenannten »Kriegszitterer« zu behandeln seien, Soldaten also, die dem Druck der Dauerbelastung an der Front nicht standhalten konnten und daher neurotische Symptome entwickelten – eine Thematik, mit der sich Freud immer wieder befaßt hat.

Heute, nach den Erfahrungen zweier Weltkriege, ungezählter Bürgerkriege, von Genoziden und der Massenvernichtung der europäischen Juden durch die nationalsozialistischen Deutschen ist der Begriff des »Traumas« und mit ihm jener der »posttraumatischen Belastungsstörung« geradezu populär geworden, und es gilt gelegentlich als Ausweis, wenn nicht gar als Auszeichnung, ein Trauma persönlich erlitten oder transgenerational erfahren zu haben. Mit dem Begriff des Traumas, der im Hinblick auf die transgenerationale Schädigung auch noch der Kinder und Kindeskinder der deutschen Vertriebenen oben erklärend verwendet wurde, soll jetzt in normativer Hinsicht deutlich werden, daß die Frage von Vergessen und Verzeihen – jedenfalls für die Individuen – nicht lediglich eine Frage moralischer Einsicht oder eines wie auch immer aufgeklärten Willens, sondern oft genug auch eine Frage des physiologischen Könnens oder genauer gesagt »Nicht-Könnens« ist. Die Traumaforschung konnte seither zeigen, daß Menschen bzw. ihr psychischer Apparat ein bestimmtes durch Schmerzen oder Verluste ausgelöstes Übermaß an unlustvollen Reizen einfach nicht mehr verarbeiten können, so daß sie – ob sie das nun wollen oder nicht – immer wieder von schmerzlichen, aufwühlenden Erinnerungen heimgesucht werden, die sich im »besten« Fall in psychosomatische Beschwerden aller Art verwandeln, die jeweils für eine bemessene Zeit -- bis beliebige Anlässe die Bilder der Erinnerung wieder aufrufen – den körperlich, d. h. hirnorganisch gespeicherten Schmerz wieder ins Bewußtsein treten lassen.

»Der Leichenhaufen vor unserem wuchs jetzt über die Grabenränder hinaus. Trotz der Kartoffeln waren alle äußerst schwach; kein Kranker wurde im Lager gesund; statt dessen bekamen viele noch Lungenentzündung und Ruhr, wer nicht imstande gewesen war, aufzustehen, oder nicht die Energie dazu aufgebracht hatte, lag stumpf auf seinem Bett, starr vor Kälte, und niemand merkte, wenn er starb.« (Levi 1991, 161)

Primo Levis nüchterne Schilderung seiner letzten Tage in Auschwitz vor der Befreiung – sie gehört noch zu den minder drastischen – berührt dabei noch nicht einmal die Grunderfahrungen von namenloser Angst, bohrendem Hunger und unerträglichen Schmerz-Erfahrungen, die sich dem Nachvollzug ebenso entziehen wie aufdrängen. Zumal am Beispiel des Schmerzes wird klar, warum hier »bloßes Anschauen« kein Modus der Erfahrung sein kann. Schmerz – so Wolfgang Sofsky – »ist nicht nur die entstellende Verletzung des Körpers, die den Menschen zerbricht, seine Stellung in der Welt wird insgesamt erschüttert. Sie trifft ihn in seinem Innersten und unterwirft ihn als ganzen, in seiner Totalität.« (Sofsky 1996, 70) Ähnliches gilt von der Angst, deren Phänomenologie sich noch drastischer zeigt: Sie ist »ja nichts anderes als dieser Antagonismus von Lähmung und Flucht. Sie kettet den Menschen fest und löst in seinem inneren Kerker das Chaos aus.« (Sofsky 1996, 71)

Angst ist eine Emotion, die wir sowohl selbst verspüren als auch anderen ansehen können. Sie ist – in begrenztem Ausmaß – auch eine interattraktive Emotion und kann wie Gelächter in unterschiedlichem Ausmaß ansteckend sein, ohne daß man die Ursachen oder Gründe der Angst anderer kennen müßte. »Auf jeden Fall«, so hat Susan Sontag versucht, die Schwierigkeiten beim Betrachten des Leidens anderer zu resümieren, »lädt uns das Grauenhafte ein, entweder Zuschauer zu sein oder Feiglinge, die nicht hinsehen können.« (Sontag 2003, 51) Die hier angesprochene Zuschauerrolle ist indes nicht und kann auch nicht sein die des distanziert abwägenden oder des offen staunenden Betrachters. Zuschauer von fremden Leiden sind entweder Sadisten, Zyniker oder Feiglinge – ein Umstand, der auf die unauflösliche, lebensweltliche Verwurzelung unseres sozialen Vokabulars ebenso hinweist wie auf den Umstand, daß alle Gefühle auch immer moralische Stellungnahmen artikulieren. (Nußbaum 2003, 89)

Die auf das Zusammenleben in Kleingruppen, auf ein Minimum an Vertrauen, Vorhersehbarkeit und wechselseitige Zuwendung angelegten Verhaltens- und Wahrnehmungsprogramme der Gattung sind für Erfahrungen dieser Art nicht eingerichtet und münden deshalb im äußersten Extremfall in Formen der Depersonalisation, wie sie wiederum Primo Levi am Beispiel der »Muselmänner«, von Menschen, die automatenartig, wie Zombies, lebende Tote, gleichgültig und vermeintlich schmerzlos die Lager bis zu ihrem Tode bevölkerten, beschrieben hat: »Sie, die Muselmänner, die Verlorenen sind der Nerv des Lagers, sie, die anonyme, die stets erneuerte und immer identische Masse schweigend marschierender und sich abschuftender Nichtmenschen, in denen der göttliche Funke schon erloschen ist und die schon zu ausgehöhlt sind, um wirklich zu leiden.« (Levi 1991, 38)

Mit der Existenz als »Muselmann« ist gleichsam das Äußerste erreicht, was Menschen beim Erleiden traumatischer Erfahrungen jenseits des Todes zustoßen kann, und es ist sehr die Frage, ob – wenn auch in abgestufter Form – hier noch von Individuen die Rede sein kann, die noch der menschlichen Gabe des Vergessens und Verzeihens fähig sind. Der Hinweis darauf ist notwendig, um von der bisher am zwischenmenschlichen, persönlichen Modell des Verzeihens und seiner Schwierigkeit auf die hier in Frage stehende Thematik des politischen Vergessens und Verzeihens zu sprechen zu kommen. Tatsächlich – so ließe sich nun angesichts der Erfahrung tiefer psychischer Traumata einwenden – läßt sich in vollem Umfang sinnvoll nur vom Verzeihen des Unverzeihbaren sprechen, und die Frage, die jetzt aus dieser Problematik selbst heraus entsteht, ist die Frage nach der Vertretbarkeit des Verzeihens.

In traditionalen Gesellschaften der Antike mußte es nicht der Geschädigte selbst sein, dem Genugtuung zu widerfahren hatte, und auch nicht der Täter, der um Verzeihung einkommen konnte. Von den Germanen der Antike etwa ist der Brauch des Wehrgeldes überliefert, und nicht wenige Tragödien der Antike berichten davon, daß letzten Endes die Götter allein einen tragisch Schuldiggewordenen entsühnen können, nicht aber der Geschädigte oder dessen Hinterbliebene selbst. In den auf der hebräischen Bibel beruhenden Religionen, dem rabbinischen Judentum und dem Christentum, ist es dann Gott selbst, der in der Vergebung der Sünden eine herausragende Rolle spielt. Während das Christentum letztlich die Vergebung der Sünden dem in Gestalt Jesu in sein Scheitern am Kreuz eingegangenen Gott zuschreibt, unterscheidet das rabbinische Judentum: Sünden gegen Gott kann dieser vergeben, wenn der Sünder im Rahmen der Gemeinde (nicht allein) um Vergebung einkommt, während Vergehungen gegen andere Mitmenschen ausschließlich von diesen selbst vergeben werden können. Das rabbinische Judentum postuliert damit schon früh – in der späten Antike – den Gedanken der Unvertretbarkeit.

Es ist aber zu fragen, ob diese auch unseren heutigen aufgeklärten Moralvorstellungen entsprechende Unvertretbarkeit von Schuld, Sühne und Vergebung vor dem Hintergrund unauslöschlicher traumatischer Erinnerungen von den geschädigten Individuen und ihren ebenfalls individuell aufgetretenen Verfolgern überhaupt angemessen vollzogen werden kann. Zudem ist angesichts unserer soziologischen Einsichten, gemäß derer jede verbrecherische Handlung zwar einerseits vom Täter grundsätzlich in Freiheit begangen wurde, es jedoch andererseits stets individuell nicht mehr zu verantwortende soziale Umstände sind, die bestimmte Verbrechen – etwa Genozide – überhaupt ermöglichen, zu fragen, ob es nicht spätestens jetzt an der Zeit ist, die Frage eines politischen, d.h. das je individuelle übersteigenden Schuldbergriffs zu erörtern.

Schuld, Verantwortung und Demokratie

Im Hinblick auf Karl Jaspers, der als erster von »politischer Schuld« schrieb, wurde oben behauptet, daß unter Bedingungen der Moderne sinnvoll allenfalls von rechtlicher und moralischer Schuld und ihrem jeweils möglichen »politischen Gebrauch« die Rede sein könne. Dann aber stellt sich die Frage nach dem »Wesen« des Politischen, das einer bekannten Bestimmung des faschistischen Rechtstheoretikers Carl Schmitt gemäß letzten Endes in einem ohne weitere Gründe angelegten Freund-Feind-Verhältnis besteht, das sich entlang beliebiger symbolischer Grenzen herausbilden kann. Politische Gemeinschaften sind demnach Gruppen, die sich genau dadurch konstituieren, daß ihnen bewußt ist, wer nicht zu ihnen gehört, von wem sie in ihrem Wesen bedroht sind und wessen Wesen sie dementsprechend mindestens auf Distanz zu halten bzw. auszulöschen haben. Dieser Bestimmung gemäß sind Staat und Recht nicht die letzten Bezüge politischer Vergemeinschaftung, vielmehr können innerhalb eines Staates verschiedene Teile der Bevölkerung jeweils zu Freunden oder Feinden erklärt werden, wie auch das Recht in dieser Hinsicht seinen Eigenwert verliert und zum Instrument der Durchsetzung beliebiger Gruppeninteressen werden kann.

Eine auf den ersten Blick entgegengesetzte Position vertritt der von Schmitt bekämpfte und verunglimpfte Rechtstheoretiker Hans Kelsen, der jede Differenz zwischen Staat und Recht einzieht und in Staaten nichts anderes als Rechtsgemeinschaften sieht, sich dabei allerdings das Problem einhandelt, Anordnungen welcher Art auch immer, die von einem effektiv herrschenden staatlichen Akteur erlassen werden, als »Recht« bezeichnen zu müssen – eine Überzeugung, an der Kelsen eigenartigerweise auch und gerade nach dem Nationalsozialismus noch festhielt, indem, wie es der zunächst Kelsens positivistischer reiner Rechtslehre zumindest teilweise anhängende Jurist Gustav Radbruch formulierte, sich »gesetzliches Unrecht« und – im Falle des Widerstandes – »übergesetzliches Recht« gegenüberstanden.

Der kurze Exkurs in die Rechtstheorie dient der Klärung der von Jaspers aufgeworfenen Frage, ob neben moralischer und rechtlicher Schuld noch sinnvollerweise auch von politischer Schuld gesprochen werden kann, oder ob nicht, wie hier vertreten, vom politischen Gebrauch rechtlicher oder moralischer Schuld die Rede zu sein hat. Sogar wenn man wie Schmitt eine autonome Sphäre des Politischen anzunehmen bereit wäre, ist nicht klar, worin eine politische Schuld bestehen könnte – allenfalls im Verrat an den von der eigenen Bezugsgruppe aufgestellten Werten oder gar dem Verrat an den Bestandsinteressen der je eigenen Gruppe. In diesem Sinn wäre etwa das Attentat vom 20. Juli nicht nur ein Fall von Verrat, sondern ein Fall von »politischer Schuld« gewesen. Die Attentäter blieben demnach dem faschistischen Führer, dem sie einen persönlichen Eid geschworen hatten, Treue und Gehorsam schuldig. An diesem extremen Beispiel wird deutlich, daß der Begriff der »politischen Schuld« normativ unterbestimmt ist und die Fragen, um die es hier geht, nicht angemessen fassen kann. Jedenfalls dort nicht, wo es um die mögliche Schuld gegenüber anderen Instanzen als jenen des eigenen Selbstbehauptungskollektivs geht.

Es bedarf also eines anderen Begriffs der Politik, um die Frage nach der politischen Übernahme von Schuld zu klären. Um sich nicht auf die Umwege einer fundamentalen Erörterung des Wesens politischer Gemeinschaften zu begeben, ist es sinnvoll, unter »politischer Gemeinschaft« hier »Demokratie« zu verstehen, und zwar einfach deshalb, weil diese auch vom Grundgesetz vorgesehene Form politischer Vergemeinschaftung von allem Anfang an mit dem Gedanken der grundsätzlichen Einbeziehung aller eine qualitative Differenz markiert. Herrschaft in der Demokratie unterscheidet sich von jeder anderen Form politischer Herrschaft nicht dadurch, daß ihre Gesetze in jedem Fall besser oder gerechter sind, aber doch so, daß es im Grundsatz einzig und allein die den Gesetzen Unterworfenen sind, die sich selbst die ihren Willen bindenden und einschränkenden gesetzlichen Rahmen geben, und zwar auf Zeit. Die technische Schwierigkeit, diesem Willen bei einem sehr großen demokratischen Souverän jederzeit Ausdruck zu verleihen, hat in der Geschichte der politischen Institutionen der Demokratie zu einem parlamentarischen Repräsentationssystem geführt, in dem frei, gleich und geheim gewählte Abgeordnete, die allein dem Volk und ihrem Gewissen verpflichtet sind, den politischen Willen des Volkes stellvertretend zur Geltung kommen lassen. Die berühmte, immer wieder zu Unrecht dem Totalitarismusverdacht unterzogene Unterscheidung zwischen einer durch Mehrheiten hergestellten »volonté des tous« und einer vernünftig ermittelbaren »volonté générale«, bei der man sich fragen kann, gemäß welcher Kriterien ihre Vernünftigkeit eigentlich ermittelt werden kann, scheint noch immer von einer solchen Identitätsvorstellung zu zehren.

Worauf es hier ankommt, ist der Umstand, daß in parlamentarischen Demokratien der politische Wille repräsentiert wird. Nach Rousseau und anderen Begründern der Demokratie besteht die moralische Bedeutung der Demokratie darin, daß sittlich autonome Wesen einander in Freiheit wechselseitig verpflichten, ihre Handlungen und Unterlassungen unter selbst gegebene Gesetze zu stellen und somit dieser moralischen Urentscheidung aus Freiheit eine Zwangsordnung entspringen zu lassen, die allerdings erst dort zu wirken beginnt, wo die Freiheit der jeweils anderen berührt wird. Demokratien sind somit aus moralischen Gründen limitierte Zwangsordnungen – die Demokratie selbst mehr und anderes als lediglich ein System von Rechtsordnungen. Ohne Rechtsordnung keine Demokratie – umgekehrt gilt indes, daß es ohne Demokratie – jedenfalls in der Moderne – keine Rechtsordnung geben kann, die ihren Namen wirklich verdient, da alle anderen Ordnungen einem erheblichen Legitimationsdefizit unterliegen.

Als die moralischen Gemeinschaften, die Demokratien auch sind, wird im Gesetzgebungsverfahren, in der Ausführung der Gesetze durch die Exekutive und in der durch eine unabhängige Gerichtsbarkeit garantierten rechtmäßigen Anwendung der Gesetze der politische Wille des Volkes repräsentiert und zur öffentlichen Erscheinung gebracht. In diesem Sinn repräsentieren die Institutionen und Entscheidungen der gewaltenteiligen, rechtsstaatlichen Demokratie tatsächlich den Willen des Volkes und verfälschen dabei nichts. Das heißt aber, daß der ursprünglich mythisch-monarchische Repräsentationsgedanke überhaupt erst in der Demokratie seine Erfüllung und rationale Einlösung findet. Und im weiteren in bezug auf das hier verhandelte Problem politischer Verantwortung: Anders als im Fall unvertretbarer individueller moralischer Schuld, die nicht repräsentiert werden kann, läßt sich politische Schuld jedenfalls im Rahmen der Demokratie gar nicht anders denken denn als repräsentierte.

Hier trifft die viel kritisierte Theorie der Identität von demokratisch gewählten Gesetzgebern und Exekutiven auf der einen Seite und dem diesen Gesetzen unterworfenen Volk auf der anderen Seite tatsächlich zu: Sofern es überhaupt so etwas wie eine kollektiv zurechenbare rechtliche Schuld gibt, sind die demokratischen Institutionen für ihre Ablösung im gleichen Sinn verantwortlich, in der ein Individuum der staatlichen Gemeinschaft die Strafe schuldet oder – im Bereich der Moral – dem Geschädigten die Bitte um Vergebung. Mit diesen Überlegungen ist zumindest für Demokratien der Gedanke einer stellvertretenden Schuld begründet, und es wird im weiteren zu klären sein, ob die anfangs getroffene Unterscheidung von rechtlicher und moralischer Schuld hier ebenfalls zutrifft, und vor allem in welchem Sinn im Fall undemokratischer politischer Gemeinschaften überhaupt von einer nicht kollektiven, wohl aber korporativen Schuld die Rede sein kann. Gesine Schwan ist diesen Fragen in ihrer Studie über »Politik und Schuld. Die zerstörerische Macht des Schweigens« nachgegangen und hat zu zeigen versucht, daß das Eingeständnis einzelner Schuld und kollektiver Verantwortung eine geradezu befreiende, der Demokratie förderliche Haltung ist. (Schwan 1997, 211 f.)

Auf den deutschen Fall bezogen ließe sich zunächst behaupten: Unter undemokratischen Bedingungen kann es keine korporative Schuld geben, auch nachträglich kann nur eine je individuell zurechenbare moralische oder juristische Schuld behauptet werden. In welchem Maß können jedoch Demokratien für die Verbrechen, die zum Teil personenidentische undemokratische Gemeinschaften begangen haben, Haftung, Schuld oder Verantwortung übernehmen?

Der Schriftsteller Martin Walser hat vor mehr als 25 Jahren behauptet, daß nur ein stärkeres Gemeinschaftsgefühl es den Deutschen ermöglichen könne, mit »Auschwitz fertig zu werden«. (Walser 1979, 48) Der radikale Individualismus der bundesdeutschen Gesellschaft verhindere indes eine kollektive Übernahme der Schuld, weshalb an eine wirkliche Bewältigung gar nicht zu denken sei – eine Bewältigung, die eine ich-transzendierende Haltung des wechselseitigen Eintretens für begangene Schuld zur Konsequenz hätte. Auch vor diesem Hintergrund sind Walsers zu Recht gescholtene Ausführungen in seiner Dankesrede zum Friedenspreis des deutschen Buchhandels zu verstehen, jener Rede, in der er u. a. das in Berlin errichtete Denkmal für die ermordeten Juden Europas als »Denkmal unserer Schande« bezeichnete.

Für das Problem einer kollektiven Zuständigkeit für die Verbrechen von Individuen, die einer wie auch immer definierten Gemeinschaft angehören, lassen sich einige verwandte, keineswegs miteinander identische Begriffe aufbieten: Während »Schuld« eine ausschließlich individuell zurechenbare Verursachung von schädigenden Handlungen bezeichnet, verweist der von Walser in diesem Zusammenhang immer wieder gebrauchte Begriff der »Schande« auf die unabhängig von jeder individuellen Schuld einem einzelnen oder einer Gruppe zugeschriebene Verachtung. Anders als »Schuld« scheint zugeschriebene »Schande«, ebenso wie der »Stolz«, nicht daran gebunden zu sein, selbst verächtliche oder schlechte Handlungen vollzogen zu haben: Irgendeine soziale Nähe zu möglichen Schuldigen reicht. Daran wird jedoch zugleich deutlich, daß der Begriff der »Schande« eher dem Gebiet der Sozialpsychologie zuzurechnen ist als einer rationalen Auseinandersetzung um Schuld und Verantwortung – und sei es nur deshalb, weil »Schande« fast immer die Schande in den Augen der anderen ist, unabhängig davon, ob ihr Schuld zugrunde liegt oder nicht.

Subjektiv kann sich von außen oder auch selbst zugeschriebene Schande als Gefühl der »Scham« äußern, also als auch körperlich empfindbare, ganzheitliche Einsicht, daß – schuldhaft oder schuldlos – Normen, Konventionen, Grenzen menschlichen Verhaltens und Handelns überschritten worden sind. Für das Empfinden von »Scham« ist zunächst charakteristisch, daß es sich nach dem Brechen einer Norm durch einen Akteur ebenso einstellen kann wie angesichts einer erlittenen Erniedrigung oder Entwürdigung. Das Gefühl der Scham ist zunächst offensichtlich nicht an die Kategorien von Moral und Recht gebunden, sondern liegt tiefer. Zweitens jedoch ist »Scham« ein die Individuen überschreitendes Gefühl, das nicht auf die Grenzen des eigenen Handelns oder Leidens verwiesen ist – Scham empfinden wir, wenn Personen, denen wir in irgendeiner Weise nahestehen, in ihrer Integrität verletzt wurden. Das mag – wiederum wie im Falle des »Stolzes« – im Einzelfall begründet oder unbegründet gewesen sein. Die Empfindung selbst ist indes nicht per se irrational. Es ist nicht irrational, wenn Eltern auf die Schulleistungen ihres Kindes stolz sind, wenngleich sie dazu nicht mehr beigetragen haben müssen, als dieses Kind gezeugt und aufgezogen zu haben, ebensowenig wie es irrational ist, wenn Eltern sich angesichts von Schäden, die ihr Kind verursacht hat, schämen oder gar schuldig fühlen.

In diesem Zusammenhang läßt sich dann darüber räsonieren, ob Stolz oder Scham angesichts des Verhaltens von Großgruppen wie Staaten oder Ethnien rational sind oder nicht. Wenn es rational ist, sich mit einer staatlichen oder ethnischen Gemeinschaft als solcher zu identifizieren, können auch diese Emotionen rational sein. Aber ist dieses – nennen wir es »patriotische« – Gefühl rational? Darauf komme ich zurück.

Zunächst aber ist für eine rationale politische Auseinandersetzung mit nationalen Vergangenheiten die Klärung zweier anderer Begriffe vordringlich: die des Begriffs der »Verantwortung« und die des Begriffs der »Haftung«. Unter »Verantwortung« wird üblicherweise die Bereitschaft verstanden, für mögliche negative Folgen von Handlungen, an denen man selbst beteiligt war oder für die jemandem eine rechtliche, moralische oder politische Zuständigkeit zugesprochen wurde, einzustehen, und das heißt: sie entweder ein weiteres Mal nicht geschehen zu lassen, entstandene Schäden wiedergutzumachen oder gegebenenfalls unter erheblichem Prestigeverlust die zugesprochene Zuständigkeit abzugeben. In allgemeinster Hinsicht kann man mit dem Soziologen Max Weber oder mit dem Philosophen Hans Jonas von einer Haltung sprechen, die den Blick auf die Folgen und Nebenfolgen einer Handlung für wichtiger hält als das Durchsetzen ihres direkten Zwecks.

Der Begriff der »Haftung« hingegen entstammt nicht der Moraltheorie, sondern dem bürgerlichen Recht, in dem es um das Kompensieren von Schäden geht, auch dann, wenn die Schadensverursachung weder gewollt noch vom Haftungspflichtigen selbst ausgelöst wurde. Personen, die in bestimmten Rechtsbeziehungen zueinander stehen, schulden Dritten eine Haftung. Sie werden durch die Rechtsbeziehung, in der sie gegebenenfalls stehen, in Haft genommen – ganz unabhängig von Schuld, Scham oder Schande.

Die Begriffe von »Verantwortung« und »Haftung« sind für eine Theorie rationaler Vergangenheitspolitik deshalb von Bedeutung, weil sich in ihnen das oben entfaltete Problem der Repräsentation der Zurechenbarkeit für im Kollektiv begangene Verbrechen genauer untersuchen läßt. Eine uneingeschränkte politische Repräsentation von Schuld läßt sich, so wurde oben dargestellt – nur im Rahmen uneingeschränkter Demokratie behaupten: Für Verbrechen, die im und durch den politischen Rahmen eines demokratischen Gemeinwesens begangen wurden, haben gewählte Regierungen und Gesetzgeber ebenso einzustehen wie umgekehrt Verbrechen, die von demokratisch gewählten Regierungen und Gesetzgebern begangen wurden, in einem bestimmten Ausmaß dem ganzen demokratischen Gemeinwesen angelastet werden können.

Trifft das auch die Opposition? Mit Sicherheit nicht in moralischem, wohl aber in rechtlichem Sinne. Anders jedoch scheint es im Fall von undemokratischen Gesellschaften, von einzelnen oder Gruppen (wie Parteien) ohne jede Legitimation zu sein: Hier kann von einer kollektiven (rechtlichen oder moralischen) Schuld des Gemeinwesens keine Rede sein, sondern allenfalls von einer Schuld der Individuen bzw. des Zusammenschlusses von Individuen, der seinerseits verbrecherischen Charakter trägt.

Die für ein zusammenwachsendes Europa alles entscheidende Frage besteht nun darin, in welches Verhältnis sich demokratisch legitimierte Regierungen und Gesetzgeber zu jener Gesellschaft setzen, aus der zum großen Teil personenidentisch Verbrechen gegen Menschheit und Menschlichkeit begangen wurden – die einander entgegengesetzten Fälle BRD und DDR wurden bereits kurz angesprochen. Sofern die rechtlichen Ansprüche auf Leib und Leben, Eigentum und Würde niemals rechtlich korrekt außer Kraft gesetzt wurden, also der Fall eines demokratisch legitimierten Bruchs der Menschenrechte nicht vorkam – was entgegen anderweitiger Meinungen auch im Nationalsozialismus nie der Fall war –, erscheint die Frage der Kompensation der Opfer und der Bestrafung der Schuldigen als unproblematisch. Schwieriger erscheint die Problematik staatsrechtlicher Haftung, wo nach wie vor strittig ist, ob ein Staat als Rechtsperson auch und jenseits seiner Verfassung mit sich selbst identisch ist. Die DDR – im Unterschied zur Bundesrepublik – hat ihre politische und rechtliche Teilidentität mit dem Deutschen Reich bestritten, war dabei indes deshalb nicht glaubwürdig, weil ihre neue Staatlichkeit nicht demokratisch legitimiert war. Aber sogar wenn dieser unwahrscheinliche Fall eingetreten wäre, bliebe die Frage nach der zivilrechtlichen Haftung etwa für das Gut vertriebener Juden noch offen.

Oben wurde die Differenz von rechtlicher und moralischer Schuld auch nach ihren Konsequenzen und ihrem Ende erläutert: Die rechtliche Schuld ist dann beglichen, wenn die Strafe verbüßt, die moralische, wenn glaubwürdig um Verzeihung gebeten wurde. Im Fall kollektiver politischer Zurechnung greifen indes, wenn es um demokratisch konstituierte Nachfolgegesellschaften geht, die Kategorien des Strafrechts oder einer individuellen Gesinnungsmoral nicht – hier sind Kategorien des Zivilrechts bzw. der Verantwortungsmoral hinzuzuziehen. Analog zur Frage individueller Schuld ließe sich für politisch, und das heißt kollektiv repräsentierte oder übernommene Schuld sagen: Die rechtliche Schuld ist beglichen, wenn die Haftungsansprüche anerkannt und eingelöst, die moralische Schuld, wenn die Verantwortung für Taten übernommen wird, an denen demokratisch gewählte Gesetzgeber und ihre Regierungen gar nicht beteiligt waren. Im folgenden soll nun die komplexe juristische Frage einer staatsrechtlich begründeten Haftung nur noch am Rande behandelt werden, dafür die Frage politisch-moralischer Verantwortung, die allemal Auswirkungen auch auf die Handhabung von Haftungsfragen hat, im Zentrum stehen.

Verantwortung hat oder übernimmt, wer bereit ist, für die künftigen Folgen des eigenen Handelns mit allen Konsequenzen einzustehen. Was kann es dann bedeuten, für Handlungen, die bereits von anderen begangen worden sind, »Verantwortung zu übernehmen«? Auf welcher Basis kann das geschehen und mit welchem Recht? Welches sind die Motive oder Gründe, so zu handeln, als ob man sich verbrecherische Handlungen zurechnen ließe – genauer, als ob die von einem verbrecherischen Vorgängerregime begangenen oder gedeckten Taten auf einer demokratisch legitimierten Basis begangen worden wären?

Zwei einander entgegengesetzte Optionen sind denkbar: Die Übernahme der Verantwortung entspricht einem Gefühl ethnischer Verbundenheit und folgt damit dem Gefühl der Scham, oder das demokratisch legitimierte Gemeinwesen maßt sich aufgrund seiner demokratischen Prinzipien auch eine virtuelle Rückwirkung an – eine Haltung, die auf den ersten Blick unhistorisch, geradezu imperialistisch und hypertroph wirkt. Während die auf Scham gegründete Übernahme von kollektiver Verantwortung ein beobachtbares Faktum ist, das von nichts als der faktisch vorfindlichen Identifikation mit einer politischen Großgruppe zehrt – sie liegt eben vor oder nicht, kann jedoch, wie das für alle Gefühle gilt, weder eingeklagt noch erzwungen werden –, bedarf die auf einem rückwirkenden Demokratieprinzip beruhende Verantwortungsübernahme einer ausführlichen Begründung.

Freilich ist die Aufgabe weniger schwierig, als es den Anschein hat. Tatsächlich haben nämlich Theorien der Demokratie – nicht zuletzt in allen Überlegungen eines ursprünglichen Gesellschaftsvertrages – immer schon eine ideale Vergangenheit ins Spiel gebracht, von der die klügeren Theoretiker wie Locke, Rousseau und auch Rawls gewußt haben, daß es sich »nur« um eine normative Rekonstruktion, aber nicht um eine wirklich so geschehene Vor-Geschichte handelt.

In welchem Sinn läßt sich also rational entfalten, daß gewählte Gesetzgeber und eine entsprechende Exekutive den Anspruch einer mindestens moralischen, wenn nicht sogar juristischen Verpflichtung für eine bereits abgeschlossene Vergangenheit auch für jene Fälle behaupten, unter denen es erstens keine lebenden Zeitgenossen und zweitens auch keine ungebrochene rechtliche Kontinuität mehr gibt. Er scheint sich nur um den hohen Preis rechtfertigen zu lassen, den Menschen anderer Epochen zu unterstellen, daß gegenwärtige demokratische Gemeinschaften deren recht verstandene Interessen zur Geltung bringen – in dem Sinn, in dem etwa Walter Benjamin in seinen geschichtsphilosophischen Thesen von dem schon erwähnten geheimen Pakt der vorhergehenden und der von ihnen erwarteten gegenwärtigen Generation mit ihrer schwachen messianischen Kraft geschrieben hat. (Benjamin 1980, 694) Diese Auffassung unterstellt freilich gegen den historischen Einwand, daß das Selbst- und das Verhältnis anderer Menschen und anderer Epochen sich von dem unseren radikal unterscheide, eine grundsätzliche Interessen- und Deutungsidentität – eine Annahme, die kaum haltbar sein dürfte und die Schwierigkeit der Übersetzung auch ähnlicher Ansprüche auf Leben, Freiheit und Glück, wie sie auch in anderen Epochen erhoben wurden, einfach übergeht. Immerhin: dort, wo jene Maßstäbe entstanden oder auch schon in Geltung waren, die auch die heutigen Rechts- und Moralsysteme bestimmen, dürfte eine nachträgliche Interessenwahrnehmung jedenfalls nichts übermäßig Willkürliches haben: Daß Witwen und Waisen zu verschonen sind und Kriegsgefangene nicht einfach getötet werden dürfen, war schon zu biblischen Zeiten bekannt, ebenso wie auch schon mittelalterliche Gesellschaften ein Minimum an Schutz von Grundrechten kannten.

Es ist nicht willkürlich, wenn sich heutige, an Menschenrechten, Demokratie und Rechtsstaat ausgerichtete politische Gemeinwesen der Verletzung dieser Maßstäbe annehmen. Übernahme von Verantwortung bedeutet in diesem Zusammenhang das praktisch gewendete Ausüben erinnernder

– anamnetischer – Solidarität, d. h. die mindestens symbolische Wiedereingemeindung der Opfer geschichtlichen Unrechts, die sich mit der Verpflichtung verbindet, dafür Sorge zu tragen, daß sich derartige Untaten nicht wiederholen können.

Bei alldem stellt sich freilich die Frage, ob und in welchem Ausmaß historische Pflichten gegenüber der Vergangenheit gelten, ob also diese Verpflichtungen gleichermaßen allen vergangenen Opfern des geschichtlichen Prozesses gegenüber gelten können. Nimmt man den Begriff der Verantwortung, der in äußerster Konsequenz auf einklagbare Verpflichtungen zielt, ernst, so wird sofort deutlich, daß von einer unbegrenzten Verantwortung auch nur für jene Geschehnisse, die sich auf dem Territorium eines heutigen Staatsgebietes abspielten, sinnlos ist. Eine ernst zu nehmende und auch ernst genommene Verantwortung verdient ihren Namen nur, wenn sie konkret, das heißt begrenzt ist. Verantwortung besteht immer gegenüber anderen, zur Überprüfung berechtigten Instanzen und in bezug auf etwas oder auf Personen.

Als grundsätzlich begrenzte Zuständigkeit gilt Verantwortung also um so stärker, je stärker die entsprechenden Personen, denen gegenüber Verantwortung zu übernehmen ist, dem moralischen oder rechtlichen Zuständigkeitsbereich der Verantwortungsträger angehören. Die Feststellung einer rechtlichen Zuständigkeit in bezug auf Personen, die historisches Unrecht erlitten haben, setzt aber deren Kenntnis und Identifikation voraus. Die Verantwortungsverpflichtung nimmt in dem Ausmaß ab, in dem die Individualität dieser Personen dahinschwindet. Das läßt sich am Beispiel von Pietätspflichten – etwa in bezug auf die Zurschaustellung von Leichen – demonstrieren: Während sich über die anatomischen Ausstellungen Gunther von Hagens' noch eine ernsthafte ethische Debatte entfesseln ließ, geschah dies im Fall des im Museum in Bozen ausgestellten Leichnams des Eiszeitmenschen »Ötzi« ebensowenig wie im Fall ausgestellter ägyptischer Königsmumien – obwohl doch gerade sie namentlich bekannt sind und man zudem weiß, daß diese Art der Zurschaustellung ihren erklärten Ansprüchen zuwiderläuft.

Gibt es mit wachsendem zeitlichem Abstand einen entsprechend größer werdenden Diskont auf Respekt? (Im orthodoxen Judentum gilt immerhin – was etwa archäologische Arbeiten in Israel erheblich erschwert – die kategorische Pflicht, Leichen aller Art, und bestehen sie auch nur in Form von Knochen, zu bestatten.)

Unmittelbaren Pietätspflichten entsprechen darüber hinaus moralische und rechtliche Kompensationspflichten gegenüber den Nachfahren der Geschädigten. Wiederum ist der Fall eines vererbbaren Kompensationsanspruchs unproblematisch, wenn Kompensationsansprüche rechtlich als übertragbares Eigentum gelten und darüber hinaus zum Zeitpunkt des Schadens ein entsprechendes Erbrecht bestand – wovon historisch in beiden Fällen mit wachsendem zeitlichem Abstand in der Regel nicht auszugehen ist. Gleichwohl: in den USA sind derzeit einige Zivilklagen der Nachfahren ehemaliger Sklaven gegen die Rechtsnachfolger von Firmen anhängig, die die Vorfahren der Kläger unter entwürdigenden und verbrecherischen Bedingungen ausbeuteten. Bei der grundsätzlichen Kontinuität des US-amerikanischen Rechtssystems gilt es daher vor allem zu klären, ob die damals für die Sklavenarbeit rechtlich Verantwortlichen gutgläubig davon ausgehen durften, daß das in manchen Staaten der USA ausdrücklich legale Institut der Sklaverei zu seiner Zeit verfassungskonform war oder doch schon damals als eine Form »gesetzlichen Unrechts« zu bewerten war, wie etwa die Abolitionisten meinten.

Läßt sich ähnlich sinnvoll auch von moralischen Kompensationspflichten gegenüber den identifizierbaren Nachkommen von Opfern des historischen Unrechts sprechen? Wer schuldet hier wem was? Gilt auch hier, daß die moralische Schuld derjenigen, die zu tragen sie durch ihre demokratische Legitimation anzunehmen bereit und auch verpflichtet sind, dann abgetragen ist, wenn sie für das begangene Unrecht von

Vorgängerregimes die Nachfahren um Verzeihung bitten oder doch zumindest bereit sind, das geschehene Unrecht anzuerkennen? Die entsprechenden Schwierigkeiten sind in jüngster Zeit an einigen Beispielen deutlich geworden. So verweigert nach wie vor jede türkische Regierung die Anerkennung des Umstandes, daß die jungtürkischen Machthaber des Osmanischen Reiches während des Ersten Weltkrieges einen Genozid an etwa 1,5 Millionen Armeniern begangen haben, so äußerte der deutsche Außenminister Fischer bei einer Reise nach Namibia anläßlich des 100. Jahrestages des Ausbruchs des Hereroaufstandes zwar Bedauern über die genozidale Kriegführung des deutschen Kolonialheeres unter General von Trotha, vermied aber sorgfältig jede förmliche Entschuldigung, um möglichen rechtlichen Kompensationsansprüchen gegen den Rechtsnachfolger des Deutschen Kaiserreiches, die Bundsrepublik Deutschland, auf zivilrechtlicher Ebene keine Chance zu geben.

Das Genügen moralischer Kompensationspflichten stößt offenbar immer dort an seine Grenzen, wo mit der Übernahme oder dem Eingeständnis der Verantwortung für begangenes Unrecht zugleich die Feststellung der zurechenbaren Haftung im zivilrechtlichen Sinne möglich erscheint. Dieser der moralischen Ökonomie zwischen Großgruppen abträgliche Effekt beruht indes seinerseits auf einer nicht unplausiblen moralischen Überlegung: Wieviel ist das Eingeständnis einer Verantwortung und eine stellvertretende Bitte um Verzeihung wert, wenn aus beidem absolut nichts folgt? Besteht hier nicht zu recht der Verdacht des Heischens einer allzu billigen Ablösung moralischer Bürden im Sinne des von Ricœur sogenannten »leichten Verzeihens«?

Politisch und sozialpsychologisch sollte indes auch ein rein moralisches Eingeständnis nicht zu leicht gewogen werden. Die lange Zeit von der japanischen Regierung kategorisch verweigerte Anerkennung der Kriegsverbrechen der kaiserlichen Armee auf dem chinesischen Festland und in Korea einschließlich der Zwangsprostitution koreanischer Frauen basierte nicht nur auf der Furcht vor materiellen Forderungen, sondern auch auf der nach wie vor in Japan herrschenden Überzeugung, daß der lange vor Pearl Harbour nach Asien getragene Krieg letztlich kein Unrecht war und Japan im Krieg zwar besiegt, aber durch die Niederlage nicht in ein schuldhaftes Unrecht versetzt worden sei. Ähnlich wie im Fall des jungtürkischen Genozids steht hier beinahe noch mehr als Geld, nämlich ein tief gegründetes nationales Selbstverständnis auf dem Spiel, von dem abzuweichen die politisch Verantwortlichen ihre Ämter kosten könnte.

Moralische Ökonomie

Im folgenden soll nun die Frage der moralischen Ökonomie im Mittelpunkt der Betrachtung stehen und rechtliche Fragen allenfalls unter dem Blickwinkel ihrer moralischen Bedeutsamkeit erörtert werden. Die moralische Ökonomie von Gesellschaften ist für ihre Existenz und ein sinnvolles und gerechtes Zusammenleben ihrer Mitglieder mindestens so bedeutsam wie die Legalität und Legitimität ihrer Institutionen. Das gilt nicht nur für inner-, sondern zunehmend auch für zwischenstaatliche Beziehungen – zumal in einer sich globalisierenden Welt, in der nicht nur durch Handel, Tourismus und Medien ein sich immer dichter vereinheitlichender sozialer Raum, sondern in der durch die zunehmende moralische, rechtliche und politische Relevanz der Menschenrechte, deren Verletzung unter bestimmten Bedingungen auch den Anspruch auf staatliche Souveränität unterbricht und einschränkt, auch ein rechtlich-moralischer Raum entsteht, in dem die faire Regelung rechtlicher, moralischer und politischer Schuld für das friedliche Zusammenleben von Völkern und Staaten zu einem ernst zu nehmenden politischen Faktor wird. Allein die im Israel-Palästina-Konflikt nach wie vor ungelöste Frage, ob den im Krieg von 1948 geflohenen und auch teilweise von der israelischen Armee vertriebenen Palästinensern ein materielles oder auch nur symbolisches Rückkehrrecht zukommt, ist ein substantielles Hindernis bei einer Lösung dieses Konflikts.

Innenpolitisch ist ein auf Gerechtigkeit beruhendes Verständnis der Verbrechen vorheriger oder eigener Regierungen ein bedeutender Faktor für die Ausbildung eines Verständnisses für die universalistischen Prinzipien von demokratischen Verfassungen und damit ein erheblicher Faktor für ein demokratisches Zusammenleben. Wer nicht in der Lage ist, ein von universalistisch moralischen Prinzipien geleitetes Verständnis für die Geschichte der eigenen Nation zu entfalten, bleibt auch dann, wenn er rein äußerlich die Faktizität einer demokratischen Ordnung hinnimmt oder sogar verteidigt, ein Risiko für die Demokratie.

Der Gedanke einer moralischen Ökonomie wirkt auf den ersten Blick nicht unproblematisch, geht es doch jedem ökonomischen Denken in erster Linie um die Maximierung eines selbst nicht mehr bestimmbaren und begründbaren Nutzens. Die rein zweckrationalen Zuordnungen ökonomischen Denkens scheinen der Sphäre der Moral, in der es nicht in erster Linie um Mittel, sondern um Zwecke geht, fremd. Im Begriff der Verantwortungsethik hat jedoch die Frage nach dem Verhältnis von moralischen Zwecken und eingesetzten Mitteln ihre klassische Formulierung gefunden.

Ursprünglich bezeichnete der Begriff der Ökonomie die Lehre vom Haushalt, also die Frage nach den zur Verfügung stehenden Ressourcen und ihres klugen Einsatzes zur Erhaltung des Hausstandes. In diesem Sinn soll hier von moralischer Ökonomie die Rede sein, und zwar insofern, als nach den moralischen Ressourcen für ein demokratisch-politisches Gemeinwesen gefragt wird.

Geschichtsbilder sind ein unverzichtbarer Bestandteil dieser Ökonomie. Ob schulisch vermittelt, ob durch Medien aller Art verbreitet, ob wissenschaftlich geformt oder »nur« im Alltagsverstand vorhanden – Geschichtsbilder als große oder kleine Erzählungen über das Schicksal der politischen Gemeinschaft, der Menschen angehören, formen ihre Ansichten über Gerechtigkeit und Ungerechtigkeit im inner-

oder zwischenstaatlichen Leben, sie formen Legitimitätsansprüche ebenso wie Feindbilder, prägen die Haltung, die unterschiedliche gesellschaftliche Gruppen zueinander einnehmen, und bereiten zugleich den Boden für die Haltung gegenüber anderen Staaten und Gesellschaften. Das von vielen Deutschen nach dem Ersten Weltkrieg gepflogene Geschichtsbild vom »Dolchstoß« einer verräterischen, revolutionären Clique gegenüber einem im Feld besiegten Heer war nichts anderes als von der durch eigene Fehler im Feld unterlegenen Heeresleitung selbst in die Welt gesetzte Lüge, entzog aber der ersten deutschen Demokratie, der später so genannten »Weimarer Republik« wesentliche Legitimitätsressourcen.

Moralische Ökonomie im definierten Sinn besteht natürlich nicht nur aus Geschichtsbildern, sondern auch aus religiösen Überzeugungen, historisch gewonnenen und geronnenen Überzeugungen zu Gerechtigkeit, Verdienstlichkeit, zu Tugenden, zu Pflichten und Ansprüchen. Diese sind in einer Gesellschaft in den wenigsten Fällen homogen, sondern unterscheiden sich nach sozialer Lage, religiöser Überzeugung, nach Bildung und Wohlstand sowie nicht zuletzt auch nach materiellen Interessen.

Die Aufgabe einer rational-politischen Haltung zu den Geschehnissen der Vergangenheit, zumal wenn sie von demokratischen Nachfolgegesellschaften im oben definierten Sinn zu verantworten ist, stößt überdies auf das schon angesprochene Problem einer moralischen Vererbung, aber eben – komplementär dazu – eines moralisch vererbten Anspruches auf Genugtuung in einem nicht rechtlichen Sinne. Lassen derartige Ansprüche im Lauf der Zeit nach – verjähren sie gleichsam? Hatten also, um einen immer wieder debattierten Fall aufzugreifen, Juden 2000 Jahre nach Zerstörung des letzten jüdischen Staatswesens einen unbestreitbaren moralischen Anspruch darauf, Gebiete, aus denen sie zu Zeiten des römischen Imperiums verwiesen wurden, wieder zu erlangen? Haben die im Krieg von 1948 zum Teil geflüchteten, zum Teil vertriebenen Palästinenser einen moralischen Anspruch darauf, in Gebiete des heutigen Staates Israel mit allen Konsequenzen zurückzukehren? Und: haben die in den letzten Monaten des Zweiten Weltkrieges und die im Lauf des Jahres 1945 vertriebenen Deutschen aus den Ostgebieten und aus Siedlungsgebieten Ostmitteleuropas ein moralisches Recht auf Rückkehr nach Ostpreußen oder in Gebiete, die heute zu Tschechien gehören? So unterschiedlich die einzelnen Fälle sind, so unumgänglich ist es, die zu ihrer Beurteilung verwendeten Prinzipien möglichst abstrakt zu formulieren.

Dabei sind mehrere Aspekte strikt zu unterscheiden:

1. Wer ist überhaupt der Träger eines möglichen Anspruchs auf moralische Kompensation? Handelt es sich um Individuen oder um Gruppen? Wenn es sich um Gruppen handelt: Geht es um politisch verfaßte Körperschaften – vor allem Staaten – oder um vage definierte Gebilde wie Ethnien, Religionsgemeinschaften oder »Völker«, die sich voneinander nicht durch rechtliche, sondern durch narrative Schranken voneinander abgrenzen?

2. Wer kann als der angemessene Adressat eines möglichen Anspruchs auf moralische Kompensation gelten? Individuen, politisch verfaßte Körperschaften oder Ethnien, Religionsgemeinschaften bzw. »Völker«?

3. Sofern es um moralische Genugtuung vor dem Lauf der Geschichte, und das heißt unwiderruflich verrinnender Zeit, geht: Sind entsprechende Ansprüche auf moralische Genugtuung von Individuen, politischen Gemeinschaften oder Völkern gegenüber Individuen, politischen Gemeinschaften oder Völkern vererbbar? Und wenn ja: nach welchen Kriterien?

Reicht es zu, so wie die jüdisch-religiöse Tradition das vollzog, über etwa 2000 Jahre hinweg einen grundsätzlichen Anspruch auf Rückkehr zumindest liturgisch artikuliert zu haben, um damit einen legitimen moralischen Anspruch geltend zu machen, der gegebenenfalls auch anderweitige Ansprüche vernichtet? Haben die Serben einen Anspruch auf das Amselfeld nur deshalb, weil die entsprechenden Mythen und Sagen immer wieder von einer tiefen Verbundenheit dieser Ethnie zu diesem Landstrich künden? Deutlich wird, daß das

Aufrechterhalten des Anspruchs allein ohne Berücksichtigung der anders zustande gekommenen Ansprüche anderer nicht zureicht und moralisch unzureichend ist. Juristisch ist derartigen Fällen ohnehin nicht sinnvoll beizukommen: Im diskutierten Fall wäre der Adressat entsprechender Ansprüche bezüglich der Vertreibung von Juden aus Judäa der Rechtsnachfolger der römischen Kaiser: der italienische Staat, die Rechtsnachfolger des von Karl dem Großen unter Berufung auf die Cäsaren gegründeten Heiligen Römischen Reiches deutscher Nation – also die Bundesrepublik und Österreich? Vielleicht auch die Türkei, die rechtlich das Osmanische Reich beerbte, das wiederum nicht wenige Verpflichtungen von Ostrom, von Byzanz, übernahm, das wiederum in der Tradition des römischen Imperiums stand?

Die zionistische Bewegung jedenfalls war sich der motivorientierten und moralischen Kraft der religiösen Überlieferung durchaus bewußt, hat freilich – bis auf wenige fundamentalistische Siedler seit 1967 – das Recht auf Rückkehr durch den durch Arbeit, Kauf oder Okkupation erworbenen Anspruch auf zunächst in anderem Eigentum befindliches Territorium begründet, also nicht durch einen historisch-moralischen Anspruch, sondern durch genau die Rechts- und Machtinstrumente, die nach 2000 Jahren auch von anderen anerkannt werden konnten.

Dem läßt sich entnehmen, daß moralische Ansprüche im Lauf der Zeit an Wert verlieren und – im Unterschied zu juristischen Titeln – nicht vererbbar sind. Das liegt daran, daß im Rahmen der Moderne als Träger und Adressaten moralischer Ansprüche nur Personen oder durch autonome Personen konstituierte demokratische politische Gemeinwesen in Frage kommen. Andere soziale Größen mit unklaren Grenzen wie Ethnien, Religionen oder Sprachgemeinschaften kommen zwar auch als Träger und Adressaten moralischer Ansprüche in Frage – typisch ist dabei jedoch, daß die Zurechnung unscharf wird. Das Beispiel der katholischen Kirche, deren Grenzen mit engen, quasi rechtlichen Normen gezogen sind, kennt klare Verantwortlichkeiten: Wenn also

Johannes Paul II. im Heiligen Jahr 2000 für den Judenhaß kirchlicher Amtsträger ebenso um Vergebung gebeten hat wie für die von kirchlichen Amtsträgern begangenen Greuel etwa bei der Eroberung Lateinamerikas, so konnte er das so überzeugend genau deshalb tun, weil diese Religion – der Katholizismus – quasirechtliche Außengrenzen hat, und weil in der Gestalt des Papstes die Kirche nicht nur repräsentiert, sondern geradezu verkörpert ist. Die Abbitten einzelner lutherischer Landeskirchen etwa für Luthers Judenhaß wirken demgegenüber nicht zufällig sehr viel schwächer. Von allen in Frage kommenden nicht staatlich-rechtlich verfaßten »Gemeinschaften« stellen »Völker«, also Ethnien, einen besonders schwierigen Fall dar, bestehen doch ihre Grenzen, anhand derer sie von anderen identifiziert werden können oder sich selbst identifizieren, aus Überlieferungen, Sitten, aus Sprache und vor allem aus einem geteilten Herkunftsglauben. Wenn, wie Benedict Anderson meinte, »Nationen« erfundene Gemeinschaften sind, so sind »Völker« das allemal – zumal dann, wenn sie sich eine reale historische Kontinuität zumessen, die es so nicht gegeben hat. Die im zweiten deutschen Kaiserreich gern gepflogene Legende etwa von Hermann dem Cherusker, der die Römer ebenso in die Flucht schlug wie die Truppen des Deutschen Bundes das Frankreich Napoleons II. besiegt hatten, erwies sich spätestens dann als Legende, als altphilologische Forschung nachwies, daß es sich bei »Hermann« um einen vor allem Latein sprechenden, in den Quellen ausschließlich als »Arminius« bezeichneten, abtrünnigen Hilfswilligen der Römer handelte, der mit »Deutschland« überhaupt nichts im Sinn hatte. Aber sogar wenn »Völker« erfundene Gemeinschaften sind, so sind sie durchaus real.

Die Existenz sprachlicher Gemeinschaften, die einen gewissen Siedlungsraum teilen, ein großes Ausmaß an Sitten, Gebräuchen und Überlieferungen aufrechterhalten und in vielen Fällen auch eine eigentümliche Variante ihrer Religion ausgebildet haben, ist ja gar nicht zu bestreiten. Mehr noch: Europäische Politik nach dem Ersten Weltkrieg war sehr wesentlich von dem von dem US-amerikanischen Präsidenten Wilson aufgestellten Prinzip des »Selbstbestimmungsrechts« der Völker geprägt – mit verheerenden Folgen. (Beestermöller 1995) In der Tradition eines Teils der politischen Philosophie der Romantik und des 19. Jahrhunderts sah man in einer »Nation« – ein Begriff, der über Jahrhunderte nichts anderes bedeutete als »Landsmannschaft« oder »Zugehörigkeitsgemeinschaft« – das im Staat verfaßte Volk, so daß damit »Volk« das vorgängige Prinzip, der »Staat« hingegen lediglich eine äußere, rechtliche Form dieser Substanz war.

Die andere, aufklärerische Tradition, die in der Französischen Revolution zur Geltung kam, verstand unter »Nation« ein politisches, ein demokratisches Prinzip, unter dem sich Angehörige verschiedenster ethnischer Herkünfte zusammentun konnten. Als historisch weder individuell noch rechtlich strikt identifizierbare Größen haben »Völker« sowohl in rechtlicher als auch vor allem in moralischer Hinsicht einen deutlich schwächeren Status als Rechtsgemeinschaften oder Individuen – wenngleich sie über eine größere historische Tiefe verfügen. So läßt sich eine vorläufige Hierarchie der Stärke von Anspruchsberechtigungen und Zurechenbarkeitskriterien im Fall der Beurteilung historischen Unrechts aufstellen:

Am stärksten scheint der Status von mit rechtlichen Grenzen versehenen und daher mit rechtlich identifizierbaren Ansprüchen versehenen Gemeinschaften mit einer kontinuierlichen Geschichte zu sein – das Beispiel der katholischen Kirche.

Sodann steht auf dieser Skala der Status von historisch weniger weit zurückreichenden, demokratisch legitimierten und rechtlich verfaßten, als verantwortlich und zuständig geltenden Gemeinschaften wie demokratische Staaten – etwa die USA. Ihnen folgen auf dieser Skala identifizierbare einzelne Personen als Quellen rechtlicher sowie moralischer Ansprüche und Pflichten. Am Ende dieser Skala stehen Gemeinschaften, die – wenngleich eine weitreichende Geschichte behauptend – in Zugehörigkeit und Grenzen auf

Sitten und Bräuchen, auf Sprache und Überlieferung beruhen und keine trennscharfen rechtlichen Grenzen haben. Deren moralische Ansprüche, so die hier vertretene These, sind grundsätzlich schwach und daher auch nur schwach vererbbar bzw. mit einem über die Zeit unaufhaltsamen Wertverlust konfrontiert. Freilich: eine politische Theorie, die die Ansprüche von Ethnien in der moralischen Ökonomie so gering bewertet wie in diesen Überlegungen, wird sich noch einmal mit dem »Selbstbestimmungsrecht der Völker« auseinandersetzen müssen.

Immerhin hat dieses Prinzip, das auch heute noch als ein Grundprinzip der völker- und menschenrechtlichen Ordnung gilt, keinen geringen Anteil an jenen Problemen, die heute mit der geschichts- und gedenkpolitischen Einordnung der deutschen Vertreibung zu lösen sind. Es war dieses Prinzip, das den mehr oder minder rechtsstaatlichen Imperien Mittel- und Osteuropas (Österreich-Ungarn, das Zarenreich, das Osmanische Reich) den Todesstoß gab und in den Pariser Vorortverträgen die Gründung von Nationalstaaten beförderte, die indes aufgrund der realen Geographie ihrer Bevölkerung nun mit erheblichen Minderheitenproblemen zu kämpfen hatten, die schließlich mit zur Vertreibung der Deutschen aus ihren Siedlungsgebieten in Ostmitteleuropa und den östlichen Teilen Deutschlands führte.

Im Gedanken des »Volkes« ist seit Aufklärung und Romantik eine systematische Ambivalenz enthalten, die es einerseits als Ethnie im definierten Sinne, andererseits als demokratischen Souverän erscheinen läßt – zwei Bestimmungen, die im Idealfall miteinander kongruent, jedoch oft genug auseinandergefallen sind.

Mit dieser Klärung des Begriffs des »Selbstbestimmungsrechts« der Völker liegt nun ein begriffliches, wenn man so will ein moraltheoretisches Instrumentarium vor, um die gedenkpolitischen Absichten des »Bundes der Vertriebenen« und seiner gegenwärtigen Vorsitzenden Erika Steinbach, ein »Zentrum gegen Vertreibungen« zu errichten, vor.

Am Ende ist zu fragen, ob und was all jene politischen Instanzen, die aus ganz unterschiedlichen Gründen die Vertreibung und Aussiedlung der Deutschen betrieben und direkt von ihr profitiert haben, zur historischen Auseinandersetzung mit diesem Thema beitragen können. Läßt die historische und politische Situation die Forderung nach einer Bitte um Verzeihung, wie sie sich etwa die deutschen und polnischen Bischofskonferenzen zu eigen gemacht haben, als angemessen erscheinen? Wer würde diese Bitte um Verzeihung einfordern, und wer hätte sie auszusprechen? Parlamente, Regierungen? Und wenn ja, welcher Länder? Polens, Tschechiens oder auch Rußlands, der USA und Großbritanniens? Wenn richtig ist, was oben zu zeigen versucht wurde, daß nämlich aufgrund des deutschen Angriffskriegs auf Polen und des Versuchs, mit Hilfe der Sudetendeutschen den tschechoslowakischen Staat zu vernichten, Vertreibung und Aussiedlung seit 1941 – sowohl angesichts der konkreten Lage im umkämpften Europa als auch vor dem Hintergrund der damals allseitig als Vorbild akzeptierten Lausanner Verträge – beschlossene Sache war und auch im Rückblick als alternativenlos erscheint, kann es nur noch um ein Bedauern der Umstände, aber nicht mehr um eine Entschuldigung für das politische Programm selbst gehen.

Die Worte, die der damalige tschechoslowakische Staatspräsident Václav Havel am 17. Februar 1995 im Karolinum in Prag zu dieser Frage gefunden hat, sind daher nach wie vor wegweisend:

»Auch wir haben versucht, unseren Teil der Verantwortung für all das Ungute, was nach dem Krieg geschehen ist, zu beschreiben, aber auch wir haben nicht die geringste Absicht, die Geschichte zurückzudrehen, unsere vor langer Zeit durch das Parlament legitim angenommenen Rechtsakte – über die die nachfolgende Geschichte bereits Berge ganz anderer Akte aufgehäuft hat – aufzuheben, neue Stürme im Bereich der Eigentumsverhältnisse ausbrechen zu lassen und dadurch all den bösen Geistern aus der Vergangenheit den Weg zu ebnen. Die Vergangenheit werden wir nie ändern können, und weder der Dreißigjährige Krieg noch der Erste und der Zweite Weltkrieg noch die Konsequenzen des letzteren lassen sich aus unserem historischen Gedächtnis löschen. Die Wahrheit über all diese Geschehnisse zu sagen, ist jedoch unsere Pflicht gegenüber der Welt sowie uns selbst gegenüber; dies ist von grundlegender Bedeutung für die Hygiene unserer Nation und unseres Staates. Was die Aussiedlung betrifft, so müssen wir auch die unangenehme Wahrheit zugeben und dabei keine Rücksicht darauf walten lassen, welche verrückten Folgerungen jemand aus unseren Worten ziehen mag. Unsere Selbstreflexion ist nämlich ein weiterer, noch konsequenterer Schritt auf dem Wege einer Absage an die Prinzipien, welche all den heutigen Feinden der offenen Gesellschaft als Grundlage dienen, wenn sie versuchen, durch die Anmeldung ihrer Ansprüche das teuflische Rad einer nie enden wollenden, von Stammesgefühl ausgehenden Abrechnung wieder in Bewegung zu setzen.

Diejenigen, die aus unserem Land einst vertrieben oder ausgesiedelt wurden, sowie deren Nachkommen sind bei uns willkommen, genau wie alle Deutschen hier willkommen sind. Sie sind willkommen als Gäste, die das Land in Ehren halten, in dem Generationen ihrer Vorfahren gelebt haben, die die Stätten betreuen, an die sie sich gebunden fühlen, und als Freunde mit unseren Bürgern zusammenarbeiten. Vielleicht trennt uns keine große Entfernung mehr von den Tagen, wenn Tschechen und Deutsche – nachdem sie sich in dem nach innen offenen Raum der Europäischen Union zusammengefunden haben – in der Lage sind, sich ohne Hindernisse überall auf deren Gebiet niederzulassen und an dem Aufbau ihres so erwählten Heimatortes teilzunehmen. Ein gutes Verhältnis unter Völkern, und daher auch unsere Versöhnung, kann nur der Zusammenarbeit freier Bürger entspringen, die der Versuchung widerstehen, sich unter kollektiven Bannern zu scharen und in deren Schatten die Geister der Stammesfehden wieder heraufzubeschwören. So wie die Zeit der Entschuldigungen und der Aufstellung von Rechnungen für die Vergangenheit enden und die Zeit einer sachlichen Debatte über sie beginnen sollte, so muß auch die Zeit der Monologe und einsamer Aufrufe enden und durch eine Zeit des Dialogs abgelöst werden. Der Dialog hat ja schon lange begonnen – unter Bürgern, lokalen Selbstverwaltungsbehörden, Historikern und sogar unter Politikern. Ich bin ein Befürworter seiner ständigen Erweiterung und Vertiefung. Es muß jedoch ein wirklicher Dialog sein. Das heißt, daß wir Informationen, Erfahrungen, Kenntnisse, Analysen, Anregungen und Programme austauschen, sie vergleichen, Einklang suchen und all das Gute in die Tat umsetzen, worauf wir uns einigen, ohne daß sich entweder der eine oder der andere – nicht einmal andeutungsweise – als Geisel des anderen oder als Geisel unserer unheilvollen Geschichte fühlt.« (http://www.collegium-carolinum.de/doku/vdok/hav-95.htm)

Dem ist wenig hinzuzufügen. Aber auch die im Vergleich zu einer »Entschuldigung« vermeintlich schwächere Form des politischen Bedauerns kann konkrete, dialogfördernde Formen annehmen und muß es keineswegs bei Reden belassen. Es wäre zu wünschen, daß die Bundesrepublik Deutschland, ihr Parlament und ihre jeweilige Regierung auch in Zukunft den Gedanken eines nationalen »Zentrums gegen Vertreibungen« nicht weiter verfolgen – gleichviel welche Parteienkoalition die Regierung stellt. Statt dessen wäre – wie angedeutet – auf internationaler Ebene an eine menschenrechtsorientierte, nun wirklich das ganze 20. Jahrhundert umfassende Ausstellung in Lausanne zu denken, wo von der Aussiedlung der Griechen bis zur Trennung von Muslimen und Hindus bei der Gründung Pakistans an alle Vertreibungen und ethnischen Säuberungen bis in die jüngste Gegenwart erinnert wird, während im Zuge der europäischen Einigung daran zu denken wäre, daß in jenen Ländern, in denen einmal Deutsche gelebt haben, in Museen und Erinnerungsorten an ihre kulturelle und politische Existenz und deren infolge des von Deutschland verursachten Zweiten Weltkriegs gewaltsame Auslöschung erinnert wird.

Zu hoffen wäre, daß künftige Generationen europäischer Bürger in Ostmitteleuropa – von Tschechien über Polen bis nach Rumänien und nicht nur dort – Rolle und Leistung ihrer deutschsprachigen Minderheiten als einen wenn auch katastrophal endenden, so doch über Jahrhunderte währenden bedeutsamen Beitrag zu ihrer eigenen Vorgeschichte verstehen lernen. Mehr noch: eine solche Erinnerung wird sich geradezu als Gradmesser für das Gelingen der europäischen Integration erweisen: Ob sich ein neues europäisches Selbstverständnis herausbildet, wird sich genau daran bemessen lassen, ob man endlich in der Türkei öffentlich und trauernd des Genozids an den Armeniern gedenken wird, in Griechenland und der Türkei frei von Angst und Ressentiment an den blutigen Bevölkerungsaustausch von 1919 erinnern kann und ob es in Tschechien und Polen möglich sein wird, an Ursachen und Formen der Vertreibung der Deutschen zu erinnern. Allerdings: welche Gedenkstätte erinnert hierzulande – im Hinblick auf ein künftiges Europa – an jene Verbrechen, die Volkstumspolitiker, völkische Ideologen und ihre Exekutoren in Wehrmacht und SS den Völkern und Bevölkerungen Ostmitteleuropas angetan haben?

Sechstes Kapitel
»Wer ist Siegfried Zoglmann?« – Die Vertreibung der Deutschen und das palästinensische Flüchtlingsproblem

Am 6. Juni 1982 marschierte die israelische Armee als Reaktion auf die Ermordung des israelischen Diplomaten Shlomo Argov durch palästinensische Terroristen in London im südlichen Libanon ein, um mit der Operation »Shlom Galil« (Frieden für Galiläa) die Wohnorte im nördlichen Israel vor Raketenangriffen und unmittelbaren Attacken der Palästinenser zu schützen. Der Libanonfeldzug, der mit der Vertreibung der PLO-Führung aus Beirut endete, rief in aller Welt Proteststürme hervor und fand mit dem Massaker christlicher Milizen in den palästinensischen Flüchtlingslagern Sabra und Schatila seinen traurigen Höhepunkt. Der damalige Verteidigungsminister Ariel Scharon sah sich aufgrund des überwältigenden Protests in Israel und wegen der Ergebnisse einer Untersuchungskommission, die ihn von Verantwortung für das Massaker zumindest nicht freisprach, gezwungen, zurückzutreten. Mitte Juni 1982 erschien unter anderem in der »Frankfurter Allgemeinen Zeitung« eine Anzeige namhafter Persönlichkeiten, in der zwar einerseits die historische Verantwortung Deutschlands gegenüber den Juden beschworen, andererseits aber gegen eine von Israel exekutierte »Politik der Gewalt« protestiert wurde. Unter den 84 Unterschriften befanden sich nicht nur jene bekannter linksliberaler protestantischer Theologen wie Helmut Gollwitzer und Rolf Rendtdorff, sondern eben auch die Unterschriften des Bundestagsabgeordneten Siegfried Zoglmann und des Bundesvorsitzenden der Sudetendeutschen Landsmannschaft, Jörg Kudlich. (Kloke 1994, 137) Wer ist Siegfried Zoglmann?

Der Beirat der Deutsch-Arabischen Gesellschaft versammelt auf seiner Internetseite auch heute noch eine ansehnliche Anzahl von Namen prominenter Persönlichkeiten, unter ihnen etwa den des für seine Berichterstattung aus dem islamischen Raum ebenso gefeierten wie kritisierten Journalisten Peter Scholl-Latour. Als letzter wird in der umfangreichen Liste, die unter anderem die Namen sämtlicher amtierender arabischer Botschafter in der Bundesrepublik enthält, auch ein Verleger namens Siegfried Zoglmann, MdB a.D., wohnhaft in Bonn, genannt. Der heute hochbetagte, 1913 geborene Zoglmann, war ab 1928 in der sudetendeutschen Jugendbewegung aktiv, trat 1934 der NSDAP bei, und wurde 1938 zum Gebietsführer der Hitlerjugend in Böhmen und Mähren ernannt und meldete sich 1942 freiwillig bei der Waffen-SS, um bei der »Leibstandarte Adolf Hitler« Untersturmführer zu werden. Nach dem Krieg an der Gründung des rechtsextremen, von völkischen Intellektuellen aus dem Sudetenland getragenen Witiko-Bundes beteiligt, wurde er 1950 Landtagsabgeordneter der nordrhein-westfälischen FDP und sieben Jahre später Bundestagsabgeordneter der Partei. Als parlamentarischer Geschäftsführer der Fraktion setzte er sich u.a. für eine »angemessene Versorgung« ehemaliger SS-Führer ein. 1970 gründete Zoglmann aus Protest gegen die Ostverträge der Regierung Brandt/Scheel gemeinsam mit dem ehemaligen FDP-Vorsitzenden und Ritterkreuzträger des Zweiten Weltkrieges Erich Mende die »Nationalliberale Aktion« und wurde deren Sprecher. Gemeinsam mit dem Bundestagsabgeordneten Heinz Starke wechselte er im Dezember 1972 zur CDU/CSU-Bundestagsfraktion und wurde Mitglied der CSU. Die von ihm im Sommer 1971 gegründete Partei »Deutsche Aktion« blieb völlig erfolglos. 1983 mit der bayerischen Staatsmedaille für besondere Verdienste geehrt, wurde Zoglmann noch 2002 vom bayerischen Ministerpräsidenten Edmund Stoiber beim Pfingsttreffen der Sudetendeutschen Landsmannschaft gewürdigt. Als Verantwortlicher der von Middelhauve herausgegebenen Zeitschrift »Die deutsche Zukunft« suchte er auch publizistisch rechtsextremes Gedankengut zu verbreiten.

Wie kommt ein ehemaliger Nationalsozialist und unverbesserlicher Rechtsextremist wie Zoglmann in die Reihen einer doch immerhin Renommee beanspruchenden politischen Gesellschaft? Zoglmann hatte sich – wie andere Vertriebenenfunktionäre auch – immer wieder zu Fragen des Israel-Palästina-Konflikts zu Wort gemeldet und in den achtziger Jahren seine Unterschrift auch unter Protestadressen gesetzt, in denen ansonsten gestandene Linke gegen die teils direkt völker- und menschenrechtswidrige Politik der israelischen Regierung gegen die Palästinenser protestierten. Die FDP, der Zoglmann lange Jahre angehörte, war zudem stets dem Selbstbestimmungsrecht der Palästinenser verbunden – zumal der ehemalige Außenminister Hans-Dietrich Genscher sich dafür immer wieder in besonderer Weise einsetzte. Dabei war allen – Beteiligten ebensogut wie Beobachtern – stets klar, daß das Eintreten für das Selbstbestimmungsrecht der Palästinenser immer auch dem »Selbstbestimmungsrecht« der Deutschen galt – zumindest zu jener Zeit, als Deutschland noch geteilt war. Dabei ging es nicht nur um das Selbstbestimmungsrecht, sondern immer wieder auch um das »Recht auf Heimat« – ein völkerrechtlich prekäres Konstrukt.

Die deutsche Publizistik wandte sich diesen Parallelen schon früh zu. Die Nähe beider Ereignisse – die Deutschen wurden zwischen 1944 und 1947 vertrieben, die Palästinenser in den Jahren 1947/48 und dann noch einmal in geringerem Ausmaß 1967 – verstärkte den ja auch sachlich keineswegs falschen Eindruck, daß beide Ereignisse in irgendeiner Weise miteinander zusammenhingen.

Die Entstehung des palästinensischen Flüchtlingsproblems

Zunächst freilich unterschieden sich die offiziell gültigen Erzählungen und Erklärungen zu beiden Vertreibungsprozessen: Während im Fall der Deutschen das in vielen Fällen erlittene individuelle Unrecht ebenso zugestanden wurde, wie jenseits der Agitation der Vertriebenenverbände ein gewisses Maß an Selbstverschuldung dieses Unrechts durchaus reflektiert wurde, ging die offizielle israelische Argumentation jahrelang davon aus, daß die Palästinenser freiwillig bzw. auf Anraten ihrer Führer aus jenen Gebieten, die gemäß dem UN-Beschluß Israel zugeschlagen worden waren, geflohen seien, um nach einem Sieg der arabischen Truppen zurückzukehren. Darüber hinaus wurde in bezug auf die anderen, während des Krieges von Israel eroberten Gebiete behauptet, daß die Fluchtbewegung einer bäuerlichen Bevölkerung aus umkämpften Gebieten normal sei – womit als rechtliche und moralische Frage nur noch offen zu bleiben schien, ob es legitim war, die Flüchtlinge an ihrer Rückkehr zu hindern.

Angesichts des sowohl von den arabischen Armeen als auch den palästinensischen Freischaren in den Jahren 1936 und dann wieder 1947/48 an den Tag gelegten Vernichtungswillens schien das auch international allemal plausibel, und so hatte der israelische Staat es leicht, die Verantwortung für das Elend der Flüchtlinge der Integrationsunfähigkeit oder -unwilligkeit der arabischen Nachbarstaaten Israels zuzurechnen. Im Gegenzug beharrte die politische Führung der Palästinenser ebenso wie die Regierungen der arabischen Staaten stets auf einer vollständigen Rückkehr der Flüchtlinge – eine Forderung, die bis heute nicht zurückgenommen worden ist und unter anderem das Scheitern des bisher noch hoffnungsvollsten Friedensgesprächs zwischen Israel und den Palästinensern, zwischen Ehud Barak und Yasser Arafat unter der Vermittlung von Bill Clinton in Camp David verursachte.

Die Frage des palästinensischen Rückkehrrechts erweist sich als Schlüssel nicht nur zum Frieden, sondern als paradigmatischer Fall zur weltpolitischen Betrachtung und Beurteilung gegenwärtiger Flüchtlingsprobleme.

In bezug auf Israel/Palästina waren es erst die sogenannten postzionistischen, neuen israelischen Historiker (Schäfer 2000), die einen anderen Blick auf das Flüchtlingsproblem warfen. Diese Historiker zeichneten sich vor allem dadurch aus, daß sie einige der offiziellen Gründungsmythen des Staates Israel durch eine genaue, quellengedeckte Geschichtsschreibung außer Kraft setzen wollten. So bestritten sie als erstes das immer wieder mit großem Erfolg tradierte Bild vom winzigen israelischen David und dem arabischen Goliath, jenen übermächtigen fünf Armeen, die nach dem UN-Teilungsbeschluß von 1947 den Jischuw, also die jüdische Bevölkerung im Mandatsgebiet Palästina, angriffen, indem sie nicht mehr den Vergleich der Anzahl von Kombattantenstaaten in den Mittelpunkt ihrer Betrachtung stellten, sondern die reale Feuerstärke, die Mannschaftsstärken sowie den Ausbildungs- und Motivationsgrad der feindlichen Armeen. So betrachtet, erwies sich die gerade im Entstehen begriffene Armee des Staates Israel zumindest während des Krieges den arabischen Armeen ebenbürtig, wenngleich zu Beginn die Kampfkraft der britisch geführten Arabischen Legion aus Transjordanien größer erschien. Die spätere Waffenhilfe aus der inzwischen kommunistischen Tschechoslowakei stellte jedoch im Winter nicht nur ein militärisches Gleichgewicht her, sondern ließ die Waagschale zugunsten der israelischen Armee sinken. Ebenso erbrachten eingehende Untersuchungen der inzwischen zugänglichen Akten des Außenministeriums eine Überprüfung der These von dem plötzlichen und einmütigen Überfall der arabischen Armeen, und es stellte sich heraus, daß die israelische Regierung vor und während des Krieges diskrete diplomatische Gespräche mit dem jordanischen Königshaus geführt hatte mit dem Ziel einer mehr oder minder einvernehmlichen Teilung des ehemaligen britischen Mandatsgebiets – eine Teilung entlang der Waffenstillstandslinien von 1948, die von jüdischer Seite nie von ganzem Herzen akzeptiert wurde, aber immerhin zwanzig Jahre halten sollte und auch gegenwärtig noch die internationale Grenze Israels markiert.

Schließlich gingen die postzionistischen Historiker der wohl schwierigsten aller einschlägigen Fragen nach, der Rolle der Palästinenser im Krieg von 1948 – die ihre Vorgeschichte bereits im arabischen Aufstand von 1936/37 hatte. Hier ergab die Forschung, daß zumindest für den populären Mythos, arabische Führer hätten die arabische Bevölkerung Palästinas über das Radio aufgefordert, ihre Dörfer zu verlassen, keinerlei Beweis zu erbringen war. Gleichermaßen ließ sich die vor allem von der lange Jahre herrschenden israelischen sozialdemokratischen Partei der Arbeit aufgestellte Behauptung, es habe nur ein einziges, von jüdischen Rechtsnationalisten verübtes Massaker (Deir Yassin) gegeben, bei einer genaueren Betrachtung nicht halten. Vielmehr erwies sich, daß auch der sozialdemokratischen Regierung des Jischuw unterstellte Milizen an mehreren solcher Kriegsverbrechen beteiligt waren.

Darüber hinaus war – ebenfalls entgegen einer immer behaupteten offiziellen Version – die Aussage nicht mehr aufrechtzuerhalten, daß ein Teil der arabischen Bevölkerung Palästinas infolge der Kampfhandlungen geflohen sei. Der Nachweis, daß es in nicht wenigen Fällen auch gezielte Vertreibungen gab und daß für diese Vertreibungen sogar eine Art Masterplan vom israelischen Generalstab verabschiedet worden war, ließ sich nicht mehr bezweifeln.

Um so größer war die Erschütterung, als im Jahre 2003 ausgerechnet der wichtigste Autor der sogenannten postzionistischen Historiker, der in Beer Sheva lehrende Benny Morris, zum einen einräumte, daß ohne die Vertreibung der Palästinenser die Gründung des israelischen Staates nicht möglich gewesen wäre, und außerdem zu Protokoll gab, daß es ein Fehler gewesen sei, 1947/1948 nicht alle innerhalb der Waffenstillstandsgrenzen verbliebenen palästinensischen Araber einem »Transfer«, d.h. einer Umsiedlung in das damalige Jordanien zu unterziehen.

Die Idee vom »Transfer« der im jüdischen Siedlungsgebiet lebenden Araber war und ist keineswegs neu, sondern beschäftigte zionistische Theoretiker spätestens seit den dreißiger Jahren des 20. Jahrhunderts. Dieser Transfergedanke war die logische Konsequenz einer realistischen Konzeption der zionistischen Nationalstaatsbildung auf dem Territorium des antiken Israel, später einer osmanischen Verwaltungsprovinz und schließlich des von Großbritannien verwalteten

Völkerbundmandatsgebiets Palästina. Die frühen, humanistisch gesonnenen Zionisten waren – keineswegs ganz zu Unrecht – davon ausgegangen, daß die osmanische Verwaltungsprovinz »Falestin« an europäischen Maßstäben gemessen ein weitgehend unbewohnter Landstrich war. Tatsächlich ließ sich die Bevölkerungsdichte west- und osteuropäischer Industriegebiete mit »Falestin«, das durch wenige mittelgroße Städte und vor allem durch die Ökonomie von Weidewechsel und exzessivem Landbau abhängiger Fellachen geprägt war, überhaupt nicht vergleichen. Daran gemessen, ließ sich tatsächlich fordern: Für das Volk ohne Land ein Land ohne Volk. Der marxistisch-russische Zionist Ber Borochov war gar der Auffassung, daß Palästina, ganz ähnlich wie die Schweiz, ein internationaler Fremdenstaat sei.

1922 lebten im Mandatsgebiet insgesamt etwa 750000 Menschen, unter ihnen etwas mehr als 80000 Juden, im gleichen Jahr befanden sich 594 Quadratkilometer in jüdischem, mehr als 25000 indessen in arabischem Besitz. Mehr als 25 Jahre später, nach dem Zweiten Weltkrieg, nach der Vertreibung der Juden aus Deutschland, von denen ein kleinerer Prozentsatz nach Palästina gegangen war, und vor dem Unabhängigkeitskrieg von 1947/48 befanden sich knapp 1800 Quadratkilometer in jüdischem Besitz, also etwa sieben Prozent der bewirtschaftbaren Böden, während die inzwischen etwas mehr als 600000 jüdischen Einwohner Palästinas ein gutes Drittel der Gesamtbevölkerung ausmachten.

Es ist an dieser Stelle nicht ein weiteres Mal die heftig debattierte Frage nach der Legitimität der zionistischen Landnahme durch Landkäufe und des vereinzelten Vertreibens von Fellachen von ihren Böden aufzunehmen, ebensowenig wie die Problematik der Errichtung eines »jüdischen« Wirtschaftskreislaufs mit der Forderung an jüdische Unternehmer, nur jüdische Arbeiter einzustellen, oder dem Aufruf an jüdische Groß- und Kleinkonsumenten, nur von jüdischen Herstellern produzierte Waren zu kaufen, zu erörtern ist. Als Fazit bleibt gleichwohl festzuhalten, daß trotz vereinzelter größerer und im Alltag ganz erheblicher kleinerer ökonomischer

Kooperation zwischen Juden und Arabern absehbar war, daß das zionistische Siedlungs- und Nationalstaatsprojekt von einem wesentlichen Teil der palästinensischen Araber und ihrer Eliten nicht akzeptiert wurde, obwohl ein kleinerer Teil dieser Eliten sich durchaus vorstellen konnte, die jüdische Ansiedlung als Katalysator für ein eigenes Modernisierungsprojekt zu nutzen. Die ebenso realistische wie pessimistische zionistische Rechte freilich war schon früh vom Scheitern aller Kooperationsprojekte ebenso überzeugt wie von der Unausweichlichkeit bewaffneter Auseinandersetzungen und eines letztlich entscheidenden Krieges.

Der charismatische Führer der rechtsnationalistischen Zionisten, der Vorsitzende der sogenannten Revisionisten, Vladimir Jabotinsky, hatte sich in den zwanziger Jahren ausführlich mit dem griechisch-türkischen Bevölkerungsaustausch auseinandergesetzt und ihn als einen möglichen Lösungsweg auch für den drohenden ethnischen Konflikt in Palästina betrachtet. Dabei widersprach Jabotinsky jeder erzwungenen Auswanderung vehement, glaubte aber, daß moderne Bodenwirtschaft in Verbindung mit einer finanziell motivierten Abwanderung von Arabern aus jüdischen Bevölkerungszentren zur Entstehung in sich jeweils geschlossener Siedlungsgebiete führen könnte.

Kurz nach Ausbruch der offiziellen Kriegshandlungen im Mai 1948 durch die Kriegserklärungen Ägyptens, Syriens, des Irak, des Libanon und Jordaniens gegen den neu gegründeten israelischen Staat konstituierte sich in der Leitung des damals sozialdemokratisch regierten Jischuw ein erstes inoffizielles Transferkomitee, dem unter anderem Josef Weitz angehörte, der Direktor der Abteilung für Ländereien des Jüdischen Nationalfonds. Weitz hatte schon im Dezember 1940 seinem Tagebuch anvertraut, daß es klar sein müsse, daß in dieser Region kein Platz für zwei Völker sei. »Wenn die Araber«, so versicherte Weitz sich selbst, »das Land verlassen, wird es für uns groß und weiträumig sein. Die einzige Lösung ist ein Land Israel, wenigstens ein westliches Land Israel ohne Araber. Hier ist kein Raum für Kompromisse.« Weitz' Überlegungen nahmen im folgenden eine konkrete strategische Form an: »Dazu steht kein anderer Weg offen, als die Araber von hier in die Nachbarländer zu transferieren, sie alle zu transferieren, vielleicht mit Ausnahme jener aus Betlehem, Nazareth und der Altstadt von Jerusalem. Kein Dorf darf ausgelassen werden, kein einziger Beduinenstamm. Der Transfer muß in den Irak, Syrien und Transjordanien gerichtet werden – ein Ziel, für das Fonds einzurichten sind. Nur nach diesem Transfer«, so beschloß Weitz seine Ausführungen, »wird das Land in der Lage sein, Millionen unserer Brüder aufzunehmen, und dann wird das jüdische Problem aufhören, zu existieren. Es gibt keine andere Lösung.« (Zit. nach Morris 1987, 27)

Nun liefern Pläne und Absichten einzelner historischer Akteure allein keine zureichende Erklärung für spätere politische Handlungen, und allzu leicht verfällt eine historische Betrachtung dem Trugschluß, historische Ereignisse durch das Auffinden dieser oder jener Absichtserklärung zu erklären und damit die Komplexität des historischen Verlaufs unzulässig zu verkürzen. Stand der zionistische Sozialdemokrat mit seinen Plänen allein? Immerhin konnte Weitz seinem Tagebuch 1942 anvertrauen, daß verschiedene Politiker des Jischuw seine Überlegungen sorgfältig geprüft hätten und der eine oder andere ihnen sogar »absolut« zugestimmt habe.

Die Transfer-Idee beschäftigte nach dem Krieg auch die öffentlichen Debatten sowohl in Palästina als etwa auch in Großbritannien, wo ein Ausschuß der Labour Party 1945 ein »Post War Settlement« erwog, das die finanziell geförderte Auswanderung von palästinensischen Arabern vorsah. Der spätere israelische Ministerpräsident David Ben Gurion gab vor UN-Gremien im Sommer 1947 zu Protokoll, daß er diesen Vorschlag ablehne. Ein halbes Jahr später, etwa zum Zeitpunkt des UN-Teilungsbeschlusses, machte sich auch Ben Gurion seine Gedanken über die Loyalität der Araber innerhalb der Grenzen eines jüdischen Staates. Er hätte es vorgezogen, ihnen allen grundsätzlich eine arabisch-palästinensische Staatsangehörigkeit zuzuerkennen, um sie gegebenenfalls ausweisen zu können. Wären sie nämlich Bürger des jüdischen Staates, könnten sie eine »fünfte Kolonne« bilden, und es bliebe keine andere Möglichkeit, als sie einzusperren, es sei doch besser, »sie zu vertreiben als sie einzusperren«. (Morris 1987, 28) Aber auch hinter solchen Überlegungen stand noch kein offizieller Transfer-Plan.

Die demographische Realität jedoch motivierte entsprechende Pläne wieder und wieder: 1947 lebten im von den UN für einen jüdischen Staat vorgesehenen Gebiet 520000 Juden und 350000 Araber. »Lage und Schicksal des Jischuw«, so erklärte Ben Gurion, »erzwingen einen neuen Denkansatz, um unserer neuen Zukunft zu entsprechen. Wir müssen wie ein Staat denken.« (Ebd.)

Vor diesem Hintergrund konstituierte sich im Mai 1948 das inoffizielle Transferkomitee, ein Komitee, das bereits von der Tatsache einer beginnenden Fluchtbewegung eines Teils der arabischen Bevölkerung infolge des von rechts- und linksnationalistischen jüdischen Freischärlern in Deir Yassin begangenen Massakers ausgehen konnte. Ende Mai wurde Weitz bei Moshe Shertok mit der Bitte vorstellig, das Kabinett möge ihn und die anderen Mitglieder des inoffiziellen Transferkomitees damit beauftragen, einen ausführbaren Plan zum Transfer der Araber aus dem neugegründeten Staat zu entwerfen. Weitz selbst hielt später fest, daß ihm Shertok, der später unter dem hebraisierten Namen Sharett als Außenminister wirkte, zu seinen Überlegungen gratuliert und festgehalten habe, daß die günstige Situation einer arabischen Fluchtbewegung ausgenutzt und in eine vollendete Tatsache umzuwandeln sei. Dennoch kam ein förmlicher Kabinettsbeschluß in dieser Sache nicht zustande.

Im Juni immerhin übergab Weitz Ministerpräsident Ben Gurion ein Memorandum, das feststellte, der Krieg habe die arabischen Massen aus ihren Städten und Dörfern entwurzelt– ein Prozeß, der anhalten werde, solange der Krieg dauere und »unsere Armee vorrückt«. (Morris 1987, 136) Der Krieg selbst steigere die arabische Feindschaft so sehr, daß die Existenz von Hunderttausenden von Arabern im jüdischen Staat undenkbar geworden sei. »Die Entwurzelung der Araber«, so das Memorandum wörtlich, sollte »als eine Lösung der arabischen Frage im Staat Israel angesehen werden und muß – in Übereinstimmung damit – von jetzt ab in einen kalkulierten Plan mit dem Ziel eines retroaktiven Transfers münden.« (Morris 1987, 136)

Der Plan zielte darauf, geflüchtete Araber davon abzuhalten, zu den von ihnen verlassenen Orten zurückzukehren und ihnen dabei behilflich zu sein, sich anderswo anzusiedeln. Das bedeutete konkret, möglichst viele arabische Dörfer zu zerstören und eventuell dort verbleibende oder zurückkehrende Araber daran zu hindern, ihr Land zu bebauen oder ihre Ernte einzubringen, sowie in einer Anzahl von Dörfern Juden anzusiedeln, um ein Bevölkerungsvakuum zu vermeiden. Zudem sollten Gesetze verabschiedet werden, die die Rückkehr von Arabern verhinderte und eine Propaganda betrieben werden, die die Araber davon überzeugte, daß es besser war, nicht zurückzukehren. (Morris 1987, 63)

Ben Gurion legte – abweichend von der Linie des Memorandums – vor allem Wert auf dessen vertreibende Aspekte: Die Zerstörung arabischer Dörfer, der Aufbau jüdischer Siedlungen und die Verhinderung der Bodenbestellung durch Araber hatte für ihn Vorrang vor allen Wiederansiedlungs- und Absorptionsplänen, die Weitz und seine Mitstreiter noch erwogen. Ben Gurion, dem die politische und moralische Problematik derartiger Pläne durchaus bewußt war, vermied es weitestgehend, sich zu diesen Fragen explizit zu äußern, weshalb bei der Bewertung der Quellen äußerste Vorsicht geboten ist. Ben Gurions Haltungen und Meinungen zu diesem Komplex schienen zunächst durch keinerlei von ihm selbst beglaubigte Dokumente, sondern durch Berichte von Augenzeugen belegt, bei denen eine projektive Wahrnehmung bzw. eine im Eigeninteresse vorgenommene Interpretation durchaus wahrscheinlich ist. Seine Einlassungen finden sich vor allem in den privaten Aufzeichnungen von Josef Weitz. Freilich liegt auch eine von Jitzhak Rabin glaubwürdig bezeugte

Äußerung aus dem Juli 1948 vor, als es um die in der Nähe von Tel Aviv gelegene Stadt Lydda ging, die heftig umkämpft war und die als eine Gefahr für die damals größte jüdische Stadt galt. Bei einer Besprechung der höheren Generalität am 12. Juli, an der außer Ben Gurion noch Yigal Yadin, die Generäle Ayalon und Allon sowie der junge Jitzhak Rabin teilnahmen, schlug Yigal Allon vor, die Einwohner zu vertreiben. Ben Gurion soll in dieser Situation zunächst nichts gesagt haben, so daß keine Entscheidung gefällt wurde. Als Ben Gurion, Allon und Rabin nach der Besprechung den Raum verließen und Allon fragte, was mit den Arabern zu tun sei, soll Ben Gurion mit einer energischen, wegweisenden Handbewegung gesagt haben: »Vertreibt sie!« (Morris 1987, 207) Inzwischen hat die neuere Forschung eindeutige Belege für den Willen auch der gemäßigten zionistischen Führung, die Araber Palästinas umzusiedeln, vorgelegt. In der monumentalen, unter dem Titel »Righteous Victims« 1999 von Morris vorgelegten Geschichte des arabisch-zionistischen Konflikts wird das Bild der Fluchtbewegung in gewisser Weise jedoch noch unübersichtlicher, weil jetzt einerseits die von Fall zu Fall einschlägigen Bewegungen israelischer und arabischer Fronten genauer beleuchtet werden. Andererseits belegen neue nicht klassifizierte Akten, daß die zionistische Führung insgesamt davon überzeugt war, daß der Transfer der Araber eine legitime Lösung des arabischen Problems darstelle. Überdies zeigt sich, daß Ben Gurion schon 1938 erklärt hatte, für einen Transfer zu sein und darin nichts Unmoralisches sehen zu können, um 1944 in einem geschlossenen Treffen der Jewish Agency gleichwohl zu Protokoll zu geben, daß ein öffentliches Bekenntnis zu diesem Ziel im Rahmen internationaler Politik Mißverständnisse auslösen könne. Dennoch stellte er fest: »Die Araber zu transferieren ist bei diesem Volk leichter als bei jedem anderen. Es gibt ringsherum arabische Staaten, und es ist klar, daß es den Arabern Palästinas, wenn sie transferiert sind, besser gehen wird.« (Morris 2003, 279)

So wenig es im Krieg von 1948 einen klar artikulierten Befehl zur Vertreibung gab, sosehr war doch den meisten Kommandeuren der Hagana klar, was sie zu tun hatten, bzw. daß jene Vertreibungsakte, die sie bei der Eroberung arabischer Dörfer vollzogen, politisch gewollt waren. Die militärischen Operationen, auf die sich Weitz und sein inoffizielles Komitee bezogen, fanden im Rahmen des von dem späteren israelischen Chefarchäologen Yigal Yadin, damals Generalstabschef der Hagana, entworfenen »Tochnith Daleth«, d.h. »Plan D« statt. Plan D war, anders als man meinen könnte, kein politischer Masterplan zur Vertreibung der Araber Palästinas, sondern vor allem eine militärische Strategie zur Sicherung jüdischer Wohngebiete in einer Gegend, die durch die große Nähe zwischen jüdischen und arabischen Siedlungen gekennzeichnet war. Strategisches Ziel von Plan D waren »Operationen gegen feindliche Siedlungen, die im Rükken oder in der Nähe unserer Verteidigungslinien liegen, mit dem Ziel, ihren Gebrauch als Basis eines aktiven militärischen Widerstandes zu verhindern«. (Morris 1987, 63) Das bedeutete im einzelnen, arabische Dörfer zu erobern und auf Dauer zu besetzen oder dem Erdboden gleichzumachen. Arabische Dörfer waren demnach zu umzingeln sowie nach Waffen und irregulären Kombattanten abzusuchen. Im Falle bewaffneten Widerstandes sollten die feindlichen Streitkräfte vernichtet und die Einwohner vertrieben werden.

Plan D war zu abstrakt, um als spezifische Anweisung zur Vertreibung gelesen werden zu können, und gleichwohl in all seiner Vagheit deutlich genug, um den Feldkommandeuren – von der Generalität bis hinab zu den Bataillonskommandanten – eine militärtechnisch gehaltene Legitimation für das politische Ziel der Vertreibung an die Hand zu geben. Auf jeden Fall ist bis zum April 1948 mit Ausnahme von Plan D keine Planung für die Vertreibung nachweisbar, was sich später ändern sollte.

Im Juli erließ der Generalstab der israelischen Armee einen allgemein gehaltenen Tagesbefehl folgenden Inhalts: »Außerhalb konkreter Kampfhandlungen ist es verboten, ohne spezielle Erlaubnis oder ausdrückliche Anweisung des

Verteidigungsministers in jedem Einzelfall arabische Dörfer zu zerstören, anzuzünden oder abzureißen und die Einwohner zu vertreiben«. (Morris 1987, 163) – was sich auf den ersten Blick wie ein kategorisches Verbot liest und schon in der Form des Verbots immerhin für möglich erklärt, daß auf spezielle Anweisung kriegsvölkerrechtlich verbotene Handlungen vollzogen werden können. So bedenklich das auch sein mag, so kann doch der Subtext dieses Tagesbefehls so gelesen werden, als sollten die grundsätzlich verbotenen, politisch indes als sinnvoll erachteten Handlungen dann eben im Kampf vollzogen werden.

Ethnische Säuberungen in Palästina

Wie in einer Nußschale findet sich in diesem Befehl der israelischen Armee die Logik aller ethnischen Säuberungen seither – was unter Bedingungen des Friedens deutlich erschwert ist, läßt sich, wenn die Waffen sprechen, mehr oder minder reibungslos vollziehen. Ethnische Säuberungen bedürfen in aller Regel bewaffneter Auseinandersetzungen, weshalb, wie sich beim Krieg der NATO gegen Serbien gezeigt hat, die vermeintlich rettende bewaffnete Intervention überhaupt erst jenes Klima schafft, in dem das, was es ja angeblich zu verhindern gilt, erst recht exekutiert werden kann.

Wie meist bei Bürgerkriegen oder ethnischen Auseinandersetzungen kam es auch im israelisch-arabischen Krieg von 1948 zu unerhörten, beiderseitigen Grausamkeiten, die auf jüdischer Seite nicht auf das von nationalistischen Freischärlern am 9. April 1948 begangene Massaker von Deir Yassin beschränkt blieben, sondern gleichermaßen von regulären Truppen begangen wurden. Im November 1948 berichtete etwa der der MAPAM zugehörige Minister Galili über verbrecherische Formen der Kriegsführung durch die jüdischen Streitkräfte im Oktober: In dem Dorf Safsaf wurden 52 Männer mit einem Seil gefesselt, in einen Brunnen geworfen und erschossen. Berichtet wurden ferner drei Fälle von Vergewaltigung, ein Mädchen von vierzehn Jahren wurde vergewaltigt und ihr Baby getötet. Elf weitere Personen wurden getötet. Aus dem Dorf Saasa wurde ebenfalls ein Massenmord berichtet, obwohl die 1000 Einwohner sich mit weißen Fahnen und erhobenen Händen ergeben hätten. Ebenfalls im Galil gelegen, wurden in dem Dorf Saliha 94 Menschen mit ihren Häusern in die Luft gesprengt.

Daß diese Kriegsverbrechen, die in Umfang, Ausmaß und Zeit begrenzt waren, bewußt dem Ziel einer durch Furcht motivierten Flucht dienen sollten, läßt sich nicht nachweisen, obwohl die Schreckensmeldungen, die sich unter der arabischen Bevölkerung schnell verbreiteten, genau dies zur Folge hatten. Der präzisen Studie »The Birth of the Palestinian Refugee Problem« von Benny Morris ist die folgende Beschreibung arabischer Flüchtlinge aus der Feder des Oberkommandierenden der Nordfront der israelischen Armee entnommen:

»Sie verlassen die Orte ihrer Geburt und ihrer Vorfahren und begeben sich ins Exil [...]. Frauen, Kinder, Babies und Esel – alles bewegt sich in Richtung Norden, in Schweigen und Trauer, ohne nach rechts oder links zu schauen. Die Gattin findet ihren Mann nicht und das Kind nicht seinen Vater, niemand kennt das Ziel dieses Zuges. Viele Habseligkeiten liegen am Wegrand zerstreut; je länger die Flüchtlinge gehen, um so müder werden sie und werfen weg, was sie auf ihrem Weg ins Exil zu retten suchten. Plötzlich erscheint ihnen alles klein, überflüssig und unwichtig im Vergleich mit der jagenden Furcht und dem Drang, Leib und Leben zu retten. Ich sah einen Jungen im Alter von acht Jahren, der zwei Esel vor sich her trieb. Sein Vater und sein Bruder waren gefallen und seine Mutter verschollen. Ich sah eine Frau, die ein zwei Wochen altes Baby in ihrem rechten Arm hielt und ein zwei Jahre altes Baby in ihrem linken Arm und hinter ihr ein vierjähriges Mädchen, das sich an ihre Kleider klammerte.« (Morris 1987, 231)

Die im Oktober 1947 begangenen Grausamkeiten lösten eine Koalitionskrise in der israelischen Regierung aus, als vor allem die linkssozialistische MAPAM auf der Aufklärung dieser Kriegsverbrechen bestand, die Ben Gurion ohne großen Schock zur Kenntnis zu nehmen schien – hatte er doch in dieser Phase des Krieges, als es um Sein oder Nichtsein des eben gegründeten Staates zu gehen schien, die Soldaten stets verteidigt. Landwirtschaftsminister Zisling, der ebenfalls der MAPAM angehörte, schrieb in einem Brief, daß er angesichts dieser von der israelischen Armee begangenen Grausamkeiten die ganze Nacht nicht schlafen konnte: »Das ist etwas, das den Charakter der Nation bestimmt; Juden haben ebenfalls Naziverbrechen begangen.« (Morris 1987, 233) Auf Betreiben der MAPAM wurde ein aus drei Personen bestehender Untersuchungsausschuß eingerichtet, dessen Kompetenzen äußerst begrenzt waren und dessen Aktivitäten schließlich in einem Kompetenzwirrwarr zerrieben wurden. Am Ende stand angesichts der Winteroffensive im Süden und im Negev, eine Ergänzung zum Operationsplan, die sich auf die unglücklichen Vorfälle der Vergangenheit bezog und feststellte, daß wo möglich auf jeden Fall Gefangene gemacht werden sollten, daß ungerechtfertigte Tötungen von Zivilisten als Mord betrachtet würden und daß die Folter unbescholtener Zivilisten streng geahndet werde. »Die arabische Bevölkerung«, so endete diese Instruktion, »darf nicht vertrieben werden, es sei denn auf das spezielle Kommando des jeweiligen Hauptquartiers.« (Morris 1987, 234) Alle Kommandeure bis hinunter zu den Bataillonen hatten den Erhalt dieses Befehls zu quittieren. Die von der israelischen Armee bis dahin begangenen Grausamkeiten waren wesentlich für die Flucht der arabischen Bevölkerung aus Galiläa und einigen Ortschaften im Süden verantwortlich und richteten sich übrigens vor allem gegen muslimische Ortschaften.

Nach dem Ende des Unabhängigkeitskrieges waren etwa 800 000 palästinensische Araber geflüchtet oder vertrieben und fanden sich in Flüchtlingslagern der arabischen Nachbarstaaten Israels wieder, Flüchtlingslager, die ihrem Status nach blieben, was sie waren, aber ihre äußere Form vom Zelt- über das Barackenlager und die Wellblechhüttenstadt bis zur in ihrem Baubestand meist minderwertigen Großstadt änderten. Flucht und Vertreibung dieser 800000 Menschen erweisen sich im Rückblick als ein komplexes, vielfach überdeterminiertes Geschehen, das weder auf den gelegentlich gezielten Terror der israelischen Armee noch gar auf eine gezielte Abwanderungspolitik der politischen Führung der palästinensischen Araber zurückgeführt werden kann.

Die erste Phase der Fluchtbewegung begann in den Monaten Dezember 1947 bis März 1948 mit dem Aufbruch des arabischen Honoratiorenbürgertums aus Haifa und Jaffa, Städten also, von denen nach der UN-Abstimmung zur Teilung Palästinas klar war, daß sie im jüdischen Staat liegen würden. Mit diesem politisch motivierten, freiwilligen Exodus verloren die auf jüdischem Territorium lebenden Araber ihre politische Elite. Die Offensiven der Hagana in den Monaten April/Mai des Jahres 1948 markieren die zweite Phase, in der die arabische Bevölkerung von Tiberia, Haifa, Jaffa und Safed sowie vieler Dörfer nach den bitteren Erfahrungen der vorherigen Monate und der dramatischen Niederlage arabischer Streitkräfte vor der jüdischen Armee oft panikartig die Flucht ergriff. In dieser zweiten Phase spielten Vertreibungsbefehle der israelischen Streitkräfte sowie die gezielte Zerstörung arabischer Dörfer bereits eine erhebliche Rolle. Gelegentlich forderten arabische Kommandeure in dieser Phase des Krieges die Einwohnerschaft einiger Dörfer auf, sie zu verlassen, um ein übersichtlicheres Schlachtfeld gegenüber den israelischen Truppen zu haben – gleichwohl kann inzwischen als erwiesen gelten, daß es für einen von der israelischen Propaganda wieder und wieder behaupteten Radioaufruf arabischer Führungen an die eigene Bevölkerung, ihre Dörfer zu verlassen, um nach dem Sieg über die Juden zurückzukehren, nicht den geringsten Beweis gibt.

In den Monaten April und Mai und noch einmal im Oktober 1948 spielte dann der sowohl von jüdischen Freischärlern als auch von regulären Streitkräften ausgeübte Terror, Massaker und Vergewaltigungen eine erhebliche Rolle. Dabei »wußten« die israelischen Kommandeure im Rahmen des ihnen vorgegebenen Plan D, was sie zu tun hatten, ohne daß es hierzu eines ausdrücklichen, zentral erteilten Vertreibungsbefehls bedurft hätte. Vom Juli des Jahres 1948 an neigten die Kommandeure der israelischen Truppen dann immer stärker dazu, militärische Geländegewinne durch die Vertreibung der jeweils ansässigen arabischen Bevölkerung zu arrondieren – auch dies ohne offiziellen Befehl. Dieses Fehlen expliziter Befehle ist im übrigen für ethnische Säuberungen seit dem Ersten Weltkrieg der Normalfall gewesen, die ausführlichen und öffentlich diskutierten Pläne zu Aussiedlung und Vertreibung von Deutschen aus den ehemaligen Ostgebieten und Süd-Ost-Mitteleuropa stellen hier eine einsame Ausnahme dar. Der oben erwähnte »postzionistische« Historiker Benny Morris, dessen bahnbrechendem Werk über »Die Geburt des palästinensischen Flüchtlingsproblems« aus dem Jahr 1987 diese Darstellung folgt, faßte die Ereignisse selbst zusammen:

»Das, was in Palästina/Israel in den Jahren 1947 bis 1949 geschah, war so komplex und in sich unterschiedlich, die Situation änderte sich von Zeitpunkt zu Zeitpunkt und von Ort zu Ort so radikal, daß sich eine auf eine Ursache beschränkende Erklärung des Exodus als unhaltbar erweist. Das äußerste, was sich sagen läßt, ist, daß bestimmte Ursachen in bestimmten Zonen zu bestimmten Zeiten bedeutsam waren, mit einer allgemeinen Verschiebung im Frühjahr 1948 von internen Beweggründen auf arabischer Seite: eines Mangels an politischer Führung, ökonomischer Probleme, dem Zusammenbruch von Recht und Ordnung zu einem Überwiegen externer zwanghafter Faktoren – den Vertreibungen durch Hagana und israelische Armee, Furcht vor jüdischen Angriffen und Grausamkeiten, mangelnder Unterstützung der arabischen Welt und des ›Higher Arab Committee‹ und einem allgemeinen Gefühl von Ohnmacht und Verlassenheit, sowie Aufforderungen arabischer Institutionen und Kommandeure, aufzubrechen. Im allgemeinen«, so schließt Morris, »waren in den meisten Fällen die Angriffe von Hagana, israelischer Armee, von Ezel und Lechi oder die Angst vor solchen Angriffen das letztlich entscheidende, auslösende Moment zur Flucht.« (Morris 1987, 294)

Morris' nüchterne und abgewogene, jedoch am Faktum einer wie auch immer beabsichtigten und entsprechend exekutierten jüdisch-israelischen Vertreibungspolitik keinen Zweifel lassende Darstellung ist, obwohl vor bald zwanzig Jahren in der renommierten Cambridge University Press erschienen, bisher nicht ins Deutsche übersetzt, und man mag über die Ursachen dieser Nicht-Publikation spekulieren. Festzuhalten ist zudem, daß dem Autor, dessen akademische Reputation niemals und zu keiner Zeit angefochten wurde und dessen Ergebnisse auch niemals ernsthaft bezweifelt wurden, die eigenen Forschungsergebnisse unheimlich wurden und auch er sich in seinen späteren öffentlichen Einlassungen auf die Logik der Lausanner Verträge bezog.

Diese Logik beanspruchte die israelische Regierung selbst, als sie nach dem förmlichen Angriff fünf arabischer Armeen im Mai 1948 am 16. Juni beschloß, den arabischen Flüchtlingen jede Rückkehr auf israelisches Gebiet zu verwehren. Der Generalstab der israelischen Armee erließ einen Befehl, wonach auf zurückkehrende Flüchtlinge mit scharfer Munition zu schießen sei. (Morris 2003, 282) Zugleich wurden die verlassenen Ländereien durch eine Reihe von Gesetzen und Anordnungen dem Jüdischen Nationalfonds übertragen, dessen Auftrag darin besteht, die von ihm treuhänderisch verwalteten Territorien ausschließlich jüdischen Siedlern zur Verfügung zu stellen. Das 1950 beschlossene Gesetz über die Ländereien Abwesender bestätigte die im Dezember 1948 vom israelischen Finanzminister durchgesetzte Notstandsbestimmung, wonach die Ländereien »abwesender Besitzer« an den Staat fielen. Als abwesender Besitzer galt nach dieser Regelung »jede Person, die – zu irgendeinem Zeitpunkt zwischen dem 29. November 1947 und dem Tag, an welchem eine Erklärung veröffentlicht wird […] ein Bürger Palästinas war und seinen normalen Wohnsitz in der Absicht verlassen hat, um a) vor dem 1. September 1948 außer Landes zu gehen, b) in den Teil Palästinas zu gehen, der von den Mächten besetzt ist, die die Gründung des Staates Israel verhindern wollen bzw. nach seiner Gründung gegen ihn kämpfen.« (Geries/Lobel 1970, 118)

Die Frage der Repatriierung der Flüchtlinge beschäftigte die internationale Gemeinschaft von Anfang an. Sowohl die Vereinten Nationen als auch die Großmächte, namentlich die USA, waren um eine Lösung der Flüchtlingsproblematik bemüht, und schon eine frühe Resolution der UN (194, vom 11. Dezember 1948, knapp ein Jahr nach der Resolution, die Palästina teilte) hielt fest, daß »jenen Flüchtlingen, die den Wunsch haben, nach Hause zurückzukehren und in Frieden mit ihren Nachbarn zu leben, dies zum frühestmöglichen Zeitpunkt erlaubt werden sollte.« (Morris 1987, 254)

Gegen diese und später wiederholte Ansinnen sperrte sich Israel von Anfang an kategorisch, aus Gründen, die vor allem der Selbstbehauptung des jüdischen Staates galten, aber auch aus der Überzeugung heraus, daß der arabische Lebenszusammenhang in Palästina in jeder Hinsicht, ökonomisch, demographisch und kulturell, unwiderruflich zerstört sei. Bei den 1948 herrschenden demographischen Verhältnissen hätte eine Repatriierung der Flüchtlinge das unmittelbare Ende des jüdischen Staates und keineswegs nur ein Sicherheitsrisiko bedeutet.

Das war den Gründern des israelischen Staates ebenso bewußt wie den Regierenden seiner arabischen Nachbarstaaten, die es von Anfang an kategorisch ablehnten, die palästinensischen Flüchtlinge in ihre Gesellschaften zu integrieren. Bei der Beurteilung dieser Jahrzehnte und letztlich bis heute währenden Weigerung sind – zumal wenn man die Situation des Jahres 1948 in den Blick nimmt – zwei unterschiedliche Fragen zu stellen: 1. Waren die Nachbarstaaten Israels, also Ägypten, Syrien, Libanon und Jordanien überhaupt ökonomisch in der Lage, eine derartige Integration vorzunehmen, und 2. sogar wenn sie dazu in der Lage gewesen wären: war ihnen eine politische und moralische Verpflichtung zur Integration zuzurechnen?

Die letzten Flüchtlinge und Vertriebenen aus den Sudetengebieten und den polnischen Ostgebieten erreichten in den späten vierziger Jahren die Bundesrepublik Deutschland, und tatsächlich kann die von der jungen Bundesrepublik, einem Teilstaat, der eben dabei war, eine verheerende, katastrophale Kriegsniederlage in wirtschaftlichen Aufbau und eine wenn auch von vielen Lebenslügen geprägte Gesellschaftsentwicklung zu transformieren, geleistete Integration von Flüchtlingen und Vertriebenen nur als eine sozialpolitische Großtat bezeichnet werden. Dabei half allen Zerstörungen zum Trotz nicht nur der von den USA aufgelegte, vor allem Westdeutschland zugute kommende »Marshallplan«, sondern auch jener durch Raub, Zwangsarbeit und Ausplünderung der Juden erzielte gesellschaftlichen Reichtum, Werte, die in vielen Fällen physische Zerstörung und Währungsreform überdauert hatten. Die Bundesrepublik absorbierte und integrierte annähernd zehn Millionen Menschen, warum also – mag man sich fragen – waren die arabischen Nachbarstaaten Israels nicht in der Lage, knapp 800 000 Flüchtlinge zu integrieren? Wären sie es mit internationaler Hilfe gewesen – mit einer dem Marshallplan ähnlichen Entwicklungsstrategie?

Tatsächlich waren die Großmächte zwar an einer Lösung des Flüchtlingsproblems bedingt interessiert, aber nicht so sehr, daß sie dafür größere Mittel aufzuwenden bereit waren, sondern allenfalls dazu, auf internationalen Konferenzen einen Rahmen bereitzustellen, um den mit den Flüchtlingen geschaffenen Konfliktherd entschärfen zu können – ein letztlich fruchtloses Bemühen, da sowohl Israel als auch seine Nachbarstaaten jeweils gute Gründe hatten, den Status quo aufrechtzuerhalten. Für Israel hätte eine Rückkehr von 800 000 arabischen Flüchtlingen das Ende der jüdischen Hegemonie auf seinem Staatsgebiet bedeutet, während die palästinensischen Flüchtlinge den Aufnahmestaaten nicht nur internationale Hilfsgelder sicherten, sondern ihnen zugleich einen strategisch jederzeit sinnvoll einsetzbaren Trumpf in die Hand gaben, Israel moralisch zu diskreditieren, als auch am Beispiel ihrer Existenz und ihres Elends panarabische Stimmungen zu steuern, was in einem gewissen Ausmaß auch als Ablenkung vom je eigenen politischen Versagen dienen konnte. Gegen eine Integration sprach auch die 1948 noch weitgehend unbegründete Furcht, daß die palästinensischen Flüchtlinge die Stabilität der meist militärdiktatorisch regierten Staaten erschüttern könnten.

Dennoch: das Flüchtlingsproblem beschäftigte die internationale Gemeinschaft seit Anbeginn, und zwar auch und gerade auf internationalen Konferenzen. So wurden zwischen Dezember 1948 und September 1949 eine Reihe internationaler Verhandlungen geführt, deren wichtigste sinnigerweise in Lausanne stattfanden, jener wohlhabenden Stadt mit landschaftlich reizvoller Umgebung, am Genfer See, wo gerade fünfundzwanzig Jahre zuvor der Bevölkerungsaustausch zwischen Griechenland und der Türkei besiegelt worden war. Im Dezember des Jahres 1948 hatte die Generalversammlung der Vereinten Nationen ihre Resolution 194 verabschiedet, die das Recht der Flüchtlinge auf Rückkehr beglaubigte. Als wesentliche Akteure in diesen Verhandlungen traten die von der UNO eingesetzte Palestine Conciliation Commission (PCC) sowie die USA und Großbritannien auf. Die Sowjetunion, deren politische und – indirekt – militärische Unterstützung wesentlich zur Gründung und Behauptung des jungen Staates Israel beigetragen hatte, spielte dabei keine Rolle.

Die beharrliche Weigerung der israelischen Regierung, bei diesen Verhandlungen auch nur symbolische Zugeständnisse zu machen, ließ bei dem einen oder anderen US-amerikanischen Diplomaten ohnehin vorhandene antisemitische Einstellungen in offen judenfeindliche Äußerungen umschlagen. Die lange Reihe unangemessener Gleichsetzungen der israelischen Politik mit der Vernichtungspolitik der Nationalsozialisten nahm damals ihren Anfang. So erklärte der von Präsident Truman in das PCC entsandte Mark Ethridge, ein der Southern Baptist Church angehörender evangelikaler Christ, daß die israelische Haltung dem ähnele, was er über Hitlers Haltungen aus dem Jahr 1933 gehört habe – ginge es doch um eine Art Antisemitismus gegen die Araber. Aber auch die jüdische Seite – und auch das sollte sich bis heute fortsetzen – konnte und wollte Vergleiche mit der Politik des Nationalsozialismus und des Zweiten Weltkriegs nicht vermeiden: »Jetzt«, so sagte etwa der politische Berater des ersten israelischen Außenministers Sharett, Leo Kohn, »nachdem der Exodus der Araber aus unserem Land stattgefunden hat, fragt man sich, mit welchem moralischen Recht jene, die mit aller Energie die Vertreibung der Sudetendeutschen aus der Tschechoslowakei betrieben haben, fordern, daß wir diesen Arabern entgegenkommen?« (Morris 1987, 261)

In den langwierigen und quälenden Verhandlungen gab es auch damals einen Gazaplan, der darauf zielte, daß Israel den ägyptisch besetzten Streifen auf friedlichem Wege zugesprochen bekommen sollte, ein Territorium, auf dem damals etwa 240 000 Menschen, meist Flüchtlinge, lebten, um dort noch weitere 200 000 Flüchtlinge anzusiedeln. Der Vorschlag schien verlockend, offerierte er doch allen Beteiligten nur Vorteile: Ägypten hätte sich von einem schwer regierbaren Unruheherd befreit, Israel hätte endlich förmlich, aber auch symbolisch Verantwortung für die Flüchtlinge übernommen und damit die stagnierenden Lausanner Verhandlungen wieder in Gang gebracht, und die UN sowie die USA und Großbritannien hätten unter Beweis stellen können, daß sie zu einem Zeitpunkt, da der sowjetische Einfluß langsam, aber sicher zunahm, immer noch das Heft in der Hand hielten. Doch scheiterte auch dieser Plan wie alle anderen an den vitalen Interessen der beteiligten Akteure: Israel lehnte – unter welchen Umständen auch immer – eine größere arabische Population innerhalb seiner Grenzen ab, und Ägypten mochte schließlich doch nicht von dem für den Konflikt mit Israel strategisch günstig gelegenen Streifen lassen. Daß Israel im Krieg von 1967 den Gazastreifen eroberte und ihn dieser Tage, nach mehr dreißig Jahren, wieder verlassen will, liegt allem Anschein des Neuen zum Trotz immer noch auf jener Linie, die bereits 1948/49 gezogen wurde: nach Möglichkeit zu vermeiden, größere arabisch-palästinensische Massen zu inkorporieren.

Am Ende ging es in Lausanne – abgesehen von quantitativ unerheblichen Quoten für Familienzusammenführung – schließlich nur noch um die Frage, ob Israel sich nicht dazu bereit finden könne, eine Anzahl Flüchtlinge, die weit größer als nur eine symbolische Zahl, aber doch auch so klein war, daß sie den demographischen Status des jungen jüdischen Staates nicht erschüttern konnte, aufzunehmen. Vertreter der Flüchtlinge in Lausanne hatten endlich dem israelischen Polizeiminister Elias Sasson, einem in Damaskus geborenen Juden, den Vorschlag gemacht, daß Israel den Gazastreifen und die Westbank annektieren, der dort ansässigen arabischen Bevölkerung politische Autonomie einräumen und darüber hinaus 100000 Flüchtlingen die Rückkehr gestatten solle – ein Vorschlag, der nach Sassons Meinung vor allem zum Rückzug aller arabischen Armeen von palästinensischem Territorium sowie zu einer substantiellen Friedensperspektive führen könne. Nach vielfältigen Gesprächen und Rückverhandlungen mit den USA bot die israelische Delegation dann tatsächlich die Repatriierung von 100000 Flüchtlingen an, was bei der überwiegenden Mehrheit der zionistischen Parteien, einschließlich der regierenden Arbeitspartei, zu wütenden Protesten führte. In einer erhitzten Debatte in der Knesset gab Moshe Sharett eine vor allem historisch gehaltene Begründung des Vorschlags, indem er darauf hinwies, daß man es immer für normal gehalten habe, daß die Araber zurückkehren wollten, daß aber auch dieser natürliche Wunsch ganz und gar unerfüllbar war, gleichwohl könne der Vorschlag von Lausanne jetzt die steckengebliebenen Verhandlungen wieder in Bewegung bringen. Heftigen Debatten im israelischen Parlament und in der Arbeitspartei folgte endlich das Zugeständnis des israelischen Außenministers, daß auch diese Repatriierung auf keinen Fall vor einem endgültigen Friedensvertrag erfolgen werde. Wie erwartet, wiesen die arabischen Staaten das Angebot bald als ungenügend zurück und reklamierten die Rücknahme einer nun ihrerseits überhöhten Zahl, nämlich von einer Million Flüchtlingen. Israel widerstand in dieser Frage schon damals dem US-amerikanischen Druck und war nicht bereit, über die angebotene Zahl von 100000 Flüchtlingen hinauszugehen – und das dem Umstand zum Trotz, daß sogar die USA öffentlich bekundeten, daß das israelische Angebot ungenügend sei. Auch weitere, nun koordinierte Verhandlungsangebote der USA und des PCC, sowohl in Richtung eines »Marshallplans« für den Mittleren Osten, die in der Einrichtung einer regionale Projekte unterstützenden »Economic Survey Commission«, die die Beschäftigung von Flüchtlingen fördern sollte, gipfelte. Dieser Plan blieb ebenso wie andere ähnlich gelagerte Pläne erfolglos, und die gescheiterte Konferenz von Lausanne blieb für mehr als fünfzig Jahre der letzte ernsthafte Versuch, das palästinensische Flüchtlingsproblem zu lösen, das sich in den folgenden Jahren zu einem Sicherheitsrisiko sowohl für Israel, mehr aber noch für jene arabischen Staaten, die Flüchtlinge aufgenommen hatten, entwickeln sollte.

Es waren terroristisch agierende Flüchtlinge, die mit ihren Grenzgängen nach Israel in den Jahren 1955 und 1956 diesem Staat nicht nur Anlaß zu harten, ja brutalen Vergeltungsaktionen, sondern auch zum Krieg gegen Ägypten im Verein mit Großbritannien und Frankreich lieferten. Dazu gehörte vor allem der aus den Flüchtlingslagern heraus rekrutierte Terrorismus sowie der Versuch der PLO, aus zu militärischen Basen transformierten Lagern in Jordanien die Macht zu übernehmen, was schließlich zur Vertreibung der PLO aus Jordanien führte. Nach Jahren des gesteigerten internationalen Terrorismus gab wiederum der diesmal von Libanon über die Grenze getragene Terror Israel Anlaß, die Grenze zum Libanon zu überschreiten – eine Aktion, die unter anderem die von der israelischen Armee geduldeten, wenn nicht gar geförderten Massaker christlicher Milizen an

Palästinensern in Sabra und Schatila ebenso zur Folge hatte wie die Vertreibung der PLO und ihrer Führung aus Beirut nach Tunis.

Achtzehn Jahre später, nach der ersten Intifada, nach der Rückkehr der PLO-Führung nach Ramallah, nach den Friedensgesprächen zwischen Arafat und Rabin 1993 und der Einrichtung einer palästinensischen Autonomiebehörde, nach Rabins Ermordung und der Wahl Ehud Baraks zum israelischen Premier, kam es zwischen dem 11. und dem 26. Juli des Jahres 2000 zu einer von Bill Clinton mentorierten Verhandlung zwischen Barak und Arafat in Camp David, die bekanntlich scheiterte und deren Scheitern nach dem provokativen Auftritt des damaligen Knessetabgeordneten Ariel Sharon die von palästinensischer Seite seit langem vorbereitete zweite Intifada auslöste. Bei diesen Verhandlungen ging die israelische Seite so weit wie noch nie seit 1967. Ehud Barak stimmte einer Teilung Jerusalems und einer Souveränitätsübertragung für Teile der Stadt an einen palästinensischen Staat zu – gleichwohl scheiterten diese Gespräche an der Frage der Souveränität über den Tempelberg, die von den Palästinensern kategorisch eingefordert wurde – eine religionspolitisch heikle Forderung, da diese Stätten gläubigen Juden ebenso teuer sind wie gläubigen Moslems, denn Juden wähnen dort und an der Westmauer des herodianischen Tempels die Basis des salomonischen Tempels, und die Muslime glauben ihrerseits, daß der Prophet von dort mit einem Pferd zum Himmel aufgestiegen sei. Ein von Clinton vorgelegter Vermittlungsvorschlag wurde abgelehnt. Vor allem aber scheiterten die Verhandlungen wie beinahe genau fünfzig Jahre zuvor an der Frage der Flüchtlinge. Die palästinensische Delegation beharrte auf der Einhaltung der Resolution 194 der UN-Generalversammlung, die das Recht der Flüchtlinge beinhaltete, in ihre Häuser, Dörfer und Städte zurückzukehren, die es in der 1948 verlassenen Form jedoch längst nicht mehr gab. Barak bot neben einer unerheblichen Bereitschaft, einige tausend Palästinenser auf der Basis der Familienzusammenführung zurückkehren zu lassen, vor allem eine finanzielle Kompensation für verlorene Güter der Flüchtlinge an. Was schließlich Israels Bereitschaft zum Rückzug aus den besetzten Gebieten betraf, so offerierte die israelische Delegation den Rückzug aus etwa 85 Prozent der Westbank und beinahe dem ganzen Gazastreifen, während die palästinensische Delegation einen vollständigen Rückzug forderte. Bis heute ist nicht klar, ob die Flüchtlingsfrage den Ausschlag für das Scheitern der Verhandlungen gab oder der Umstand, daß gemäß dem israelischen Vorschlag wesentliche Teile Ostjerusalems und das Jordantal unter israelischer Kontrolle bleiben sollten.

Eine allerletzte Verhandlungsrunde, von Bill Clinton kurz vor Ende seiner Amtszeit im Dezember/Januar 2000 im ägyptischen Taba zusammengerufen und schon unter dem Druck der Intifada stehend, brachte ebenfalls keine Ergebnisse: Das Flüchtlingsproblem schien nicht lösbar zu sein. Clinton schlug in dieser Situation vor, daß Israel die moralische und materielle Verantwortung für das Leiden des palästinensischen Volkes seit 1948 übernehmen sollte, sprach einer Rückkehr der Flüchtlinge in einen palästinensischen Staat das Wort und schlug vor, daß beide Staaten wechselseitig das Recht der Rückkehr von Flüchtlingen in ihre Heimat bzw. in das »historische Palästina« anerkennen sollten – gestützt von internationaler Hilfe. Die Unklarheit dieser auch von Barak übernommenen Vorschläge, gegen die weite Teile der israelischen Öffentlichkeit rebellierten, ließ die Verhandlungen ebenso stocken wie deren faktische Zurückweisung durch Yasser Arafat. Dieses Scheitern führte endlich zum Zerfall von Baraks Regierungskoalition und zur Wahl Ariel Sharons zum Ministerpräsidenten.

Die Folgen des Scheiterns der Gipfel von Camp David und Taba sind bekannt: nach sechs Jahren zweiter Intifada etwa 700 Terroropfer unter den Israelis und etwa 3000 unter den Palästinensern, darunter viele Kinder und Jugendliche.

Es war erst die »Genfer Initiative«, die – als Übereinkunft einer Minorität linksliberaler israelischer und palästinensischer Politiker – in dieser Frage einen neuen Anlauf wagte.

Die Initiative selbst, in Genf unter anderem von der Außenministerin der Schweiz unterstützt, wurde vor allem seitens der israelischen Regierung und ihr nahestehender Kreise außerhalb Israels heftig kritisiert: Die Vorwürfe reichten von dem des »unpatriotischen Verhaltens« bis zu dem Hinweis, daß derartige, von »niemandem« offiziell legitimierte Verhandlungen mit palästinensischen Vertretern, von denen einige der Autonomieregierung nahestanden, auf nichts anderes hinausliefen, als der eigenen Regierung in den Rücken zu fallen.

Dieser Einwand ist zwar aus der strategischen Lage der gegenwärtigen israelischen Regierung heraus ernst zu nehmen, entbehrt aber jeder Grundlage. In demokratischen Gesellschaften und einer sich zunehmend pluralisierenden und demokratisierenden Weltgemeinschaft gibt es kein Primat gewählter nationaler Regierungen und der sie tragenden parlamentarischen Mehrheiten mehr – es sei denn bei der jeweiligen nationalen Gesetzgebung. Ansonsten ist es nicht nur erlaubt, sondern entspricht geradezu dem Ziel einer sich entwickelnden Weltöffentlichkeit, daß sich Nichtregierungsorganisationen und auch Einzelpersonen in der Arena der Medien mit Vorschlägen melden, auf die dann u.a. die jeweils gewählten Regierungen reagieren können oder nicht. Die »Neue Ost-Politik« der Regierung Brandt/Scheel etwa erblickte das Licht der Welt in den Vortragssälen Evangelischer Akademien, und auch der zionistische Staatsgedanke artikulierte sich zunächst auf Kongressen, denen jede gewählte Staatlichkeit fehlte. In der vielfältigen Sache erweist sich die »Genfer Initiative«, die tatsächlich von einem politischen Personal von Israelis und Palästinensern erarbeitet wurde, das bereits in der Phase der Oslo-Verhandlungen beteiligt war, als der wohl einzig gangbare Weg eines vernünftigen Kompromisses, von dem hier – neben territorialen und sicherheitspolitischen Absprachen – vor allem die avisierte Lösung des Flüchtlingsproblems interessiert. Die Initiative enthält dazu im (gekürzten) Wortlaut die folgenden Maßgaben in ihrem »Artikel 7 – Flüchtlinge:

1. Bedeutung des Flüchtlingsproblems
(a) Die Parteien erkennen an, dass im Kontext von zwei unabhängigen Staaten, Palästina und Israel, die nebeneinander in Frieden leben, eine abgestimmte Lösung des Flüchtlingsproblems erforderlich ist, um einen gerechten, umfassenden und dauernden Frieden zwischen ihnen zu erzielen.
(b) Eine derartige Lösung wird auch zentral für den Aufbau der Stabilität und die Entwicklung in der Region sein.

2. UNGAR [4] 194, UNSC Resolution 242 sowie die arabische Friedensinitiative
(a) Die Parteien anerkennen, dass UNGAR 194, die UNSC-Resolution 242 und die arabische Friedensinitiative [...] betreffend die Rechte der palästinensischen Flüchtlinge die Grundlage für die Lösung der Flüchtlingsfrage darstellen und vereinbaren, dass diese Rechte gemäß Artikel 7 dieses Abkommens erfüllt werden.

3. Entschädigung
a) Die Flüchtlinge haben ein Anrecht auf eine Kompensation für ihren Flüchtlingsstatus und für den Verlust von Eigentum. Dies gilt freibleibend des und unabhängig vom ständigen Wohnsitz des Flüchtlings.
(b) Die Parteien anerkennen das Recht der Staaten, welche palästinensische Flüchtlinge aufgenommen haben, auf Vergütung.

4. Wahl des ständigen Wohnsitzes (»Permanent Place of Residence«/PPR)
Die Lösung des PPR-Aspektes des Flüchtlingsproblems erfolgt mittels informierter Entscheidung von Seiten des Flüchtlings, die entsprechend den in diesem Abkommen dargelegten Optionen und Modalitäten zu erfolgen hat. Die Flüchtlinge können unter folgenden PPR-Optionen wählen: (a) Der Staat Palästina [...] (b) Gebiete in Israel, die im Landtausch nach der Übernahme der palästinensischen Souveränität an Palästina transferiert werden, [...] (c) Drittländer,

[…] (d) Der Staat Israel, […] (e) Gegenwärtige Aufnahmeländer […].
i. PPR-Optionen i und ii stellen ein Recht aller palästinensischen Flüchtlinge dar und gelten entsprechend den Gesetzen des Staates Palästina.
ii. Option iii unterliegt dem souveränen Ermessen von Drittländern und gilt entsprechend der Anzahl, welche jedes Drittland der Internationalen Kommission vorlegt. Diese Zahlen stellen die Gesamtzahl an palästinensischen Flüchtlingen dar, welche das jeweilige Drittland akzeptiert.
iii. Option iv unterliegt dem souveränen Ermessen von Israel und gilt entsprechend einer Anzahl, welche Israel der Internationalen Kommission vorlegt. Als Grundlage zieht Israel den Durchschnitt der Gesamtzahlen heran, die von den verschiedenen Drittländern der Internationalen Kommission vorgelegt werden.
iv. Option v gilt entsprechend dem souveränen Ermessen der gegenwärtigen Aufnahmeländer. Wird diese Option in Anspruch genommen, so erfolgt dies im Kontext von sofortigen und umfassenden Entwicklungs- und Rehabilitierungsprogrammen für die Flüchtlingsgemeinden. Bei allen vorstehenden Punkten wird der palästinensischen Flüchtlingspopulation im Libanon Priorität eingeräumt.«

Die besondere Bedeutung dieser Abmachungen besteht darin, daß sie – politischen Gepflogenheiten und Erwartungen entsprechend – darauf verzichten, den allzu einfachen Weg einer nur moralischen Aussöhnung zu wählen, und stattdessen den Versuch wagen, den einzig gangbaren Weg eines von jeder Seite nur schwer zu erbringenden Verzichts in die Sprache einklagbarer Ansprüche, d.h. rechtlich geregelter Kompensationen zu bringen. Sich historischem Unrecht zu nähern, dazu liegen – wie oben gezeigt – heute weltgesellschaftlich unterschiedliche Methoden vor: von Bischofsworten wie im deutsch-polnischen Fall über Wahrheits- und Versöhnungskommissionen wie im Falle Südafrikas bis zu einseitigen Erklärungen verschiedener Art wie im Fall Tschechiens und Deutschlands. Die Genfer Initiative aber geht davon aus, daß nur rechtlich verbindliche politische Schritte jenes Ausmaß an Legitimation und Belastbarkeit garantieren können, derer es bedarf, um die nach mehr als fünfzig Jahren voller Haß, Krieg und Terror entstandene Feindseligkeit und Gewaltbereitschaft tatsächlich zu befrieden. Dabei steht auch eine solche rechtliche Regelung vor der Herausforderung, nicht nur politisch durchsetzbar sein, sondern auch den moralischen Ansprüchen jeder Seite gerecht werden zu können.

Indem Artikel 7 sich auch zu der lange umstrittenen und vor allem von Israel stets abgelehnten Resolution 194 bekennt und darüber hinaus einen Entschädigungsanspruch der Flüchtlinge an Israel ebenso anerkennt wie berechtigte Forderungen jener arabischen Staaten, die über vierzig Jahre hinaus palästinensische Flüchtlinge aufgenommen haben, schreibt er in rechtlicher Form – ohne das Reizwort »Vertreibungen« zu bemühen – eine gewisse moralische und politische Verantwortung Israels für die Existenz der Flüchtlinge fest. Indem er zugleich einen Kompensationsanspruch arabischer Staaten anerkennt, vernichtet er im selben Atemzug den historisch jedenfalls unbezweifelbaren Umstand, daß die arabischen Staaten ihren humanitären Verpflichtungen gegenüber den palästinensischen Flüchtlingen keineswegs immer gerecht geworden sind, und vernachlässigt zugleich die Tatsache, daß das Flüchtlingshilfswerk der Vereinten Nationen den Flüchtlingslagern über Jahrzehnte erhebliche Summen hat zukommen lassen. Das nicht unproblematische Zugeständnis ist ganz offensichtlich von dem Willen getragen, den einschlägig engagierten arabischen Staaten keine Handhabe zum Torpedieren eines Friedensschlusses zu geben.

Neu und bahnbrechend ist demgegenüber, wie die Problematik der Wahl des ständigen Wohnortes der Flüchtlinge behandelt wird. Schon die Begriffswahl, die das aus dem deutschen Zusammenhang und aus älteren Resolutionen bekannte »Recht auf Rückkehr und Heimat« vermeidet und die sehr viel genauere, nüchternere und angesichts des Umstandes, daß die Flüchtlinge von damals entweder sehr viel älter geworden sind, Kinder und Enkel haben oder gar nicht mehr am Leben sind, auch angemessenere Formulierung »Wahl des ständigen Wohnsitzes« verwendet, verweist auf eine der Sache selbst und einem künftigen Frieden dienliche Entdramatisierung. Der Entwurf unterscheidet sodann fünf Kategorien von Ländern, bezüglich derer die Flüchtlinge und ihre – so muß man wohl sagen – nachgeborenen Familien unterschiedlich verbürgte Ansprüche haben: Während das Wohnrecht in Palästina und in den durch Landtausch mit Israel hinzugekommenen Territorien unbedingt gilt, und zwar im Rahmen jener Freizügigkeit, die demokratische Staaten ihren Bürgern einräumen, unterliegt die Wahrnehmung des Rechts auf einen Dauerwohnsitz in bezug auf gegenwärtige Aufenthaltsländer, womit vor allem Israels Nachbarstaaten gemeint sein dürften, auf »Drittländer«, also Staaten, die nicht unmittelbar an Israel angrenzen, aber gleichwohl in den vergangenen vierzig bis fünfzig Jahren zum Daueraufenthaltsort palästinensischer Flüchtlinge geworden sind, etwa die Golfstaaten, Saudi-Arabien oder auch Staaten des Maghreb sowie Israel selbst, dem – wie es im Text des Vertrages heißt – »souveränen Ermessen« dieser Länder. Unter souveränem Ermessen ist hier vor allem zu verstehen, daß dieser zwischen Israel und Palästina geschlossene Vertrag – was selbstverständlich zu sein scheint – »Dritt- und Aufnahmeländer« als selbst nicht vertragschließende Parteien nicht bindet, sowie – schon minder selbstverständlich – daß der zu schließende Vertrag den Staat Israel in dieser Hinsicht auch nicht bindet. Immerhin sieht der Vertrag im Hinblick auf »Drittländer« die Einrichtung einer Internationalen Kommission vor, die auch gegenüber diesen »Drittländern« Empfehlungen aussprechen kann, Empfehlungen, die wiederum auf einer freiwilligen Vorleistung dieser Länder beruhen. Der Vertrag legt zudem fest, daß »Aufnahmeländer« – etwa der Libanon – wie in den letzten Jahrzehnten auch von sich aus bereit sind, auf Dauer eine bestimmte Anzahl palästinensischer Flüchtlinge zu akzeptieren, wobei sich dann früher oder später die Frage stellen muß, ob es sich hierbei nicht viel eher um Immigranten denn um Flüchtlinge handeln wird, um »Immigranten palästinensischer Herkunft«, die jedoch schließlich auch die Staatsangehörigkeit jener Länder annehmen würden, in denen sie auf Dauer ihren Wohnsitz nehmen. Diese Option soll durch »umfassende Entwicklungs- und Rehabilitationsprogramme« begleitet werden. Hier schiebt der Vertrag freilich ein bisher nicht gelöstes Problem vor sich her: die Integration der palästinensischen Flüchtlinge in die jeweiligen »Aufnahmeländer« – ein Schritt, ohne den bei allen sonstigen Bemühungen ein Faktor der Instabilität bleibt. Freilich ist die Initiative realistisch genug, die damit verbundenen Aufgaben anderer Staaten selbst nicht lösen zu können. Von für palästinensische Verhandlungspartner bemerkenswertem Realismus und auch politischem Mut getragen ist schließlich die Option iv. , die – wenn auch gewunden – die Repatriierung einer gewissen Anzahl palästinensischer Flüchtlinge dem souveränen Ermessen Israels unterstellt, also gegebenenfalls in Kauf nimmt, daß Israel gar keine Flüchtlinge repatriiert.

Dabei wird Israel wie ein »Drittland« behandelt, das – wenn überhaupt – Flüchtlinge im Rahmen eines vorgegebenen Zahlenschlüssels zu repatriieren hat – eine Lösung, die besonders raffiniert wirkt, hängt doch die vorgesehene israelische Repatriierungsquote unmittelbar von den Einbürgerungsquoten der Drittländer ab: Sind die Drittländer kaum oder gar nicht bereit, palästinensischen Flüchtlingen ein dauerndes Bleiberecht einzuräumen, dann entfällt auch auf Israel eine verschwindend geringe Anzahl zu repatriierender Flüchtlinge. Sind die verschiedenen Drittländer in unterschiedlichem, zum Teil vielleicht sogar sehr hohem Ausmaß bereit, Flüchtlingen ein dauerndes Bleiberecht einzuräumen, so steigt zwar die auch für Israel – im Rahmen seines souveränen Ermessens – maßgebliche Quote, gleichwohl bleibt dann noch zu berücksichtigen, daß durch hohe Aufnahmequoten von Drittländern die Gesamtzahl der

Flüchtlinge, die überhaupt nach Israel zurückkehren, deutlich sinken würde.

Die gewundene Arithmetik mit der inkonsistenten Konstruktion einer »souveränem Ermessen« unterliegenden empfohlenen Quote stellt wenig anderes dar als eine raffiniert camouflierte Absage an ein solches Rückkehrrecht, und es fragt sich, ob es dann nicht besser und ehrlicher gewesen wäre, auf eine derartige Konstruktion ganz zu verzichten, zumal sie ganz und gar von der nicht oder nur schwer beeinflußbaren Innenpolitik der »Aufnahmeländer« abhängt. Umgekehrt stellt diese Abhängigkeit allerdings auch das realistische Korrektiv der gesamten Abmachung dar: nämlich das stets mitlaufende Bewußtsein, daß die Lösung des Israel-Palästina-Konflikts und der mit ihm verbundenen Flüchtlingsfrage nicht von diesen beiden Partnern, sondern sehr wesentlich von jenen arabischen Staaten abhängt, die 1948/49 einerseits gar nicht anders konnten als die palästinensischen Flüchtlinge aufzunehmen, die aber andererseits ebensowenig gewillt waren, sie zu integrieren. Zugrunde liegt eine unter vielen ungelösten Schwierigkeiten der politischen Organisation der Länder des sogenannten Nahen Ostens. Es handelt sich um das Spannungsverhältnis von – in deutschen Begriffen – hegemonialer arabischer Kulturnation, die so weit reicht wie die arabische Hochsprache und den seit der Entkolonialisierung entstandenen souveränen und mit partikularen Interessen und ganz unterschiedlichen Entwicklungen begabten Staaten, die als moderne »Nationalstaaten« zu bezeichnen gleichwohl nur schwer zutrifft. Schließlich stellen Israel und der künftige Staat Palästina in ideeller Hinsicht Produkte der europäischen Nationalstaatsidee des 19. Jahrhunderts, in territorialer Hinsicht indes Zerfallsprodukte des Osmanischen Reiches dar.

Der künftige palästinensische und auch der gegenwärtige israelische Staat stellen – wie der New Yorker Politologe Tony Judt (2003) überzeugend gezeigt hat – zu Beginn des 21. Jahrhunderts nichts anderes als verspätete Nationalstaatsprojekte dar. Anders als Spanien, Portugal und Frankreich, die sich seit dem frühen Mittelalter territorial festigten, konnten jene Staaten, die aus dem Zerfall der großen Imperien, des russischen Reiches, des osmanischen Reiches und der österreichisch-ungarischen Doppelmonarchie entstanden, die Voraussetzung einer einigermaßen homogenen Bevölkerung nicht aufweisen – mit der Folge einer bis in die jugoslawischen Nachfolgekriege nicht abreißen wollenden Kette von Massakern, Bürgerkriegen und ethnischen Säuberungen. Imperien zeichneten sich eben genau dadurch aus, daß sie zwar geschlossene Siedlungsgebiete einzelner Ethnien aufwiesen, diese Siedlungsgebiete aber oft so ineinander verzahnt waren, daß sie größere ethnisch homogene Territorien nicht aufwiesen. Wo verblendete bürgerliche Mittelschichten dann gleichwohl einen »klassischen« Nationalstaat errichten wollen, ist die ethnische Säuberung nicht fern. Der Kleinteiligkeit vor allem der ostmitteleuropäischen Verhältnisse entsprach im östlichen und südlichen Teil des Osmanischen Reiches eine ungeheure, vom Atlantik im Westen bis zum Persischen Golf im Osten reichende sprachliche Homogenität des Arabischen auf der Basis meist islamischer Religiosität; und das in einem geographischen Raum, der für ein herkömmliches Nationalstaatsprojekt einfach zu groß, für eine vielfältige Welt auch kulturell unterschiedlicher Nationalstaaten gleichwohl nicht heterogen genug war. Der Umstand, daß in dieser Region eben auch Türken, Perser, Kurden, Berber und Juden in mehr oder minder geschlossenen Siedlungsgebieten lebten, verstärkt die dadurch hervorgerufene Instabilität eher als sie abzufedern. Ausdruck dieser Spannungen war bis zum Ende der sechziger Jahre des 20. Jahrhunderts ein ideologisch überspannter Panarabismus in Form aller möglichen Varianten eines vom Staatssozialismus bis zum Faschismus reichenden nationalen Sozialismus, der freilich mit der mehrfachen militärischen Niederlage arabischer Staaten gegen Israel in sich zusammenfiel und endlich seine Leitfunktion an unterschiedliche Formen des Islamismus abgeben mußte. Unabhängig davon spielten und spielen die tatsächlich von den Gastländern keineswegs gut behandelten palästinensischen Flüchtlinge stets die Rolle eines Symbols panarabischer Verbundenheit. Mit dem Ende des Panarabismus blieb der Symbolträger, doch wurde ihm nun eine neue Bedeutung zugemessen, nämlich als Inbegriff islamischen Leidens durch Zionismus und angelsächsischen Imperialismus. Indem das Schicksal Palästinas und der Palästinenser vom Iran im Westen bis nach Malaysia im Osten, vom radikal islamistischen, antisemitischen, von Ajatollah Khomeini proklamierten »Jerusalemtag« bis zur antisemitischen Rede des ehemaligen malaysischen Premier Mahatir, der Israel mit modernsten Waffen militärisch besiegen will, als Symbol islamischer Erniedrigung gepflogen wird, scheint die Lösung des Palästinakonflikts tatsächlich der Schlüssel zu einer Befriedung der gesamten »Region« zu sein. Indes: wer das tatsächlich glaubt, verwechselt ideologische Argumentation mit realen Problemlagen: Tatsächlich haben nämlich die realen Entwicklungsprobleme vieler, nicht aller Staaten der islamischen Welt mit ihrem Demokratiedefizit, ihrem gewaltigen Bevölkerungswachstum, ihren defizitären Bildungssystemen und ihren ungenügend entwickelten Zivilgesellschaften ursächlich und in der Sache mit dem Palästinaproblem nicht das mindeste zu tun, wobei von ökonomischen Fragen wie der Abhängigkeit vom Öl, einer nach wie vor traditionellen Landwirtschaft o.ä. noch gar keine Rede war. Die Lösung des Palästinakonflikts ist – man kann es nicht deutlich genug betonen – nicht die Lösung der Modernisierungskrise der arabisch-muslimischen Welt, sondern allenfalls – wenn überhaupt – eine unter vielen Voraussetzungen zur Entideologisierung politischen Handelns in diesen Gesellschaften: Erst nach einer auf jeden Fall die Maximalansprüche sowohl von Israelis wie Palästinensern enttäuschenden »Lösung« dieses Konflikts, etwa im Rahmen eines Abkommens wie der »Genfer Initiative«, wird sich zeigen, wie bedeutsam dieser Konflikt wirklich war.

Israel und Palästina sind im oben angesprochenen Sinn verspätete Nationen, und es ist nur als tragisch zu bezeichnen, daß die zu Beginn des 21. Jahrhunderts ihrem Ende entgegentaumelnde Nationalstaatsidee es Juden und Palästinensern aufnötigt, ihre Form aufzunehmen, obwohl doch absehbar ist, daß sie ihre Funktion als gesellschaftliche Organisationsform objektiv zu verlieren beginnt. Doch ist gesellschaftliche Organisation nicht alles. Der nur als religiös zu bezeichnende Glaube an die heilende, Trost und Zugehörigkeit, ja Lebenssinn spendende Kraft der nationalen Gemeinschaft hat im alten Europa durchaus mit ihrem eigenen Einverständnis Abermillionen Tote gefordert. So lange liegt diese Zeit nicht zurück, als daß man hier darüber schon spöttisch lächeln könnte.

Die palästinensische Flüchtlingsfrage stellt damit einen letzten, freilich überaus prägnanten Ausdruck der verspäteten und gleichwohl unübergehbaren Durchsetzung der Nationalstaatsidee dar, weshalb nun abschließend erörtert werden soll, ob sie – wie es der geschichtliche Verlauf zu suggerieren scheint – tatsächlich eine sachliche und historische Parallele mit der Vertreibung und Aussiedlung der Deutschen aus den Ostgebieten und aus dem Sudetenland aufweist.

Auf den ersten Blick jedenfalls scheint der gemeinsame Ursprungskontext auf der Hand zu liegen: die Geschichte des nationalsozialistischen Deutschland, das ja nicht nur die Völker Ostmitteleuropas mit Krieg und Mord überzog, sondern auch sechs Millionen europäische Juden ermordete und damit die Gründung eines jüdischen Staates erforderlich zu machen schien und – in gewissem Ausmaß – auch zur Folge hatte. Man kann mit plausiblen Gründen darüber streiten, ob es ohne den nationalsozialistischen Judenmord jemals zur Gründung eines israelischen Staates gekommen wäre – ausschließen läßt sich diese Denkmöglichkeit auf keinen Fall, da die zionistische Bewegung sich keinesfalls nur als philanthropische Rettungsbewegung, sondern durchaus auch als in sich selbst wertvolles Nationalstaatsprojekt begriff. Über die außenpolitischen Randbedingungen, unter denen auch ohne die Folgen des Zweiten Weltkrieges ein jüdischer Staat im ehemaligen Mandatsgebiet Palästina entstanden wäre, läßt sich ebenfalls nur spekulieren – als unmöglich wird sich dieser Gedanke nicht erweisen. Fest steht nur, daß aufgrund der Siedlungsbedingungen 1947/48 ein ethnisch homogenes Territorium zur Gründung eines jüdischen Staates nicht zur Verfügung stand, daß sich die Konflikte inzwischen so verschärft hatten, daß die etwa von der linkssozialistischen MAPAM und ihr nahe stehenden Gruppen von Intellektuellen noch eine Zeitlang favorisierte Vorstellung eines binationalen Staats von der Mehrheit sowohl der Juden als auch der Araber abgelehnt wurde und daß der Angriff von fünf – wenn auch militärisch durchaus unterschiedlich gerüsteten – arabischen Staaten es dem im Entstehen begriffenen israelischen Staat ermöglichte, ein entsprechendes Territorium militärisch zu erobern. Im Vollzug dieser Eroberung kam es dann zu Flucht und Vertreibung von mehr als 800000 palästinensischen Arabern, denen infolge des Junikrieges 1967 noch etwa 200000 Menschen folgten, die aus den nunmehr von Israel besetzten, vormals von Jordanien annektierten Territorien nach Transjordanien und in den Gazastreifen flüchteten. Ohne daß es 1967 zu ähnlichen Vertreibungshandlungen wie 1948 gekommen wäre, steht doch fest, daß die israelische Armee Araber zur Flucht, zum Transfer ermutigte. (Morris 2003, 369)

Allerdings sind mit der allgemeinen Problematik des ethnisch homogenen Nationalstaats und dem Leiden an physischer Entwurzelung die Parallelen zwischen vertriebenen und geflüchteten Palästinensern, vertriebenen Ostdeutschen und ausgesiedelten Sudetendeutschen bereits erschöpft, und es ist nur ein weiterer Beweis für die in Deutschland vielfach vorkommende Verdrängung der eigenen Geschichte, daß diese Parallele immer wieder gezogen wird. Tatsächlich gab es nämlich auf der arabisch-palästinensischen Seite niemals ein Programm zur ethnischen oder gar rassischen Homogenisierung der ganzen Region und der Errichtung eines Imperiums, wie das im Falle des nationalsozialistischen Deutschlands der Fall war. Auch der unbezweifelbare Judenhaß eines Teils der Führung der palästinensischen Araber in den dreißiger Jahren, zumal des Mufti von Jerusalem, den man getrost als einen arabischen Faschisten und offen antisemitisch motivierten Politiker bezeichnen kann, ja sogar die Mordaufrufe von Politikern der arabischen Liga im Vorfeld des Krieges von 1948 können nicht zur Feststellung einer auch nur vergleichbaren historischen Schuld der palästinensischen Araber hinzugezogen werden, wie das für das nationalsozialistische Deutschland der Fall war. Dabei geht es – man kann es nicht oft genug betonen – nicht um »Kollektivschuld«, da dieser Begriff ohnehin sinnlos und auch empirisch gar nicht einzulösen ist, wohl aber um die hunderttausendfache Schuld vieler Deutscher vor allem jenseits der Grenzen des Deutschen Reiches, die aktiv an der Zerstörung der Staaten, in denen sie sich nach dem Ersten Weltkrieg als Bürger wiederfanden, beteiligt waren: vor allem und am deutlichsten im Fall der wenn auch beinahe tragisch verstrickten Sudetendeutschen. Der unbezweifelbare Umstand, daß seit den dreißiger und vierziger Jahren bis weit in die siebziger Jahre und neuerdings im Gewande des radikalen Islamismus ein ebenso entliehener wie auch genuin arabischer Judenhaß, der keineswegs nur als Reaktion auf den Staat Israel und seine Politiken zu verstehen ist, in weiten Teilen der arabischen, ja auch der muslimischen Welt epidemisch geworden ist, kann nicht dazu führen, den geflüchteten und vertriebenen Arabern Palästinas eine ähnliche Verantwortung zuzurechnen wie »den Deutschen« nach dem Zweiten Weltkrieg. Um es überdeutlich auszudrücken: Während es für die Westverschiebung Polens ebenso zwingende wie nach dem grausamen Regime des nationalsozialistischen Deutschlands im besetzten Polen sogar nachvollziehbare und bezüglich der Aussiedlung der massenhaft illoyalen sudetendeutschen Bevölkerung sogar gute Gründe gab, läßt sich beides im Fall der vertriebenen und geflüchteten Palästinenser nicht behaupten. Hier ist nichts anderes festzustellen als die »normale« Logik ethnischer Homogenisierung und Nationalstaatsbildung, die sich nach dem Ersten Weltkrieg mit den Verträgen von Lausanne und dem Bevölkerungsaustausch von Griechen und Türken 1923 durchzusetzen begann.

Derlei Homogenisierungspolitiken waren auch nach dem Zweiten Weltkrieg und bis heute – man denke nur an das Hunderttausende von Toten fordernde Auseinanderbrechen Jugoslawiens – gang und gäbe. Auf dem indischen Subkontinent etwa ging es nach dem Zweiten Weltkrieg und nach dem Ende der britischen Herrschaft nicht um ethnische, sondern um religiöse Homogenisierung, um die Gründung eines islamisch-indischen Staates: Pakistan. Als dieser Plan, der Jahrzehnte vorher von Politikern und Intellektuellen erdacht wurde, 1947/48 praktisch umgesetzt, und in Bengalen im Osten und in »Pakistan« im Nordwesten ein muslimischer Staat gegründet werden sollte und sich gleichwohl schnell zeigte, daß sowohl auf dem Subkontinent als auch an seinen Rändern die muslimische und die Hindubevölkerung eng verzahnt neben- und miteinander lebte, kam es auch hier zu einem von Massakern begleiteten Bevölkerungsaustausch, dem Hunderttausende von Muslimen, Hindus und Sikhs mit dem Ergebnis endloser Flüchtlingsströme zum Opfer fielen. (Bose/Jalal 1997, 155) Nach der Teilung Britisch-Indiens flohen so etwa 8,5 Millionen Muslime nach Pakistan und etwas weniger als 9 Millionen Hindus und Sikhs aus den pakistanischen Gebieten nach Indien. Auf beiden Seiten wurden je etwa eine Million Menschen aus fanatischer Religiosität heraus getötet. Im Unterschied zum Fall des im Zweiten Weltkrieg unterlegenen Deutschland und auch im Unterschied zu Flucht und Vertreibung der Palästinenser stellten sich hier freilich kein Integrations- und mit Sicherheit auch kein Flüchtlingsproblem. Die Logik dieses überaus opferreichen, mörderischen Bevölkerungsaustauschs bestand ja gerade darin, in einem religiös homogenen Staat zu leben, wobei dies schließlich für Pakistan zutraf, für Indien hingegen, das nach wie vor mehr Muslime zählt als Pakistan, nicht. Aber auch ohne Flüchtlingsprobleme waren die Konflikte zwischen diesen beiden atomar gerüsteten Staaten erheblich: etwa der Streit um Kaschmir, der Befreiung Bangladeshs von pakistanischer Herrschaft durch Indien nach einem Genozid der pakistanischen Militärführung an Bengalen und Hindus im Jahre 1971 (Rummel 2003, 267ff.) Auch hier war es das Auseinanderfallen eines Imperiums: des britischen, das diesmal dem Inhalt nach religiöse, der Form nach nationalstaatlich organisierte politische Gebilde hervorbrachte, deren auf Homogenität zielende Formation zahllose Opfer forderte.

Angesichts all dessen leuchtet der Vorschlag zur Einrichtung eines »Zentrums gegen Vertreibungen« in Deutschland zwar grundsätzlich ein: Erinnerung mit dem Zweck, politische Verantwortung zu fördern, sollte durchaus konkret und an der eigenen Nationalgeschichte orientiert sein. Andererseits fällt auf, daß das Zentrum gleichwohl die Geschichte der Vertreibungen in Europa zum Thema machen will, sich aber einem globalen Kontext noch verschließt und – aus verständlichen Gründen – das so brisante Palästinaproblem weitestgehend vernachlässigt.

Dieser Inkonsequenz, die – wie gezeigt – letztlich nur darauf zielt, ein halbiertes nationales Gedenken mit zugespitzter Schuldzuweisung an ost- und mitteleuropäische Staaten zu institutionalisieren, wäre nun allerdings nicht nur ein dezentralisiertes Netzwerk verschiedener europäischer Gedenkstätten entgegenzusetzen, sondern eine auf den Menschenrechten gegründete, auf die globale Geschichte bezogene Dokumentationsstätte. Strukturell war es die Logik der Nationalstaatsbildung mit ihrem Gedanken des »Selbstbestimmungsrechts der Völker« und den daraus entwickelten, fragwürdigen Politiken des Bevölkerungsaustauschs, wie sie in den Verträgen von Lausanne niedergelegt wurden – Vertragsvorgaben, die immer wieder so umgesetzt wurden, daß das, was erzielt werden sollte, nämlich am Ende ein friedliches

Einvernehmen, im Vollzug systematisch verzerrt und zur Quelle neuen Unfriedens wurde.

So wie es in Genf im alten Völkerbundsgebäude eine sehenswerte Dokumentation zur Geschichte der UN gibt, wäre es doch denkbar, in Lausanne ein »Zentrum gegen Vertreibungen« einzurichten, das die verhängnisvolle Wirkung der dort geschlossenen Verträge dokumentiert und in Forschung und Debatte auf politische Ordnungen hinwirkt, die nach dem Ende des Souveränitätsanspruchs der Nationalstaaten ethnischen und religiösen Partikularismen ihr Recht zumißt, ohne darum all jene Fehler noch einmal zu begehen, die mit der Idee der Minderheitenschutzrechte am Ende nur zu Krieg und Vertreibung führten.

Deutschland aber, in dessen Geschichte der Gedanke des zunächst ethnisch, dann sogar rassisch homogenen Nationalstaats eine besonders verhängnisvolle Rolle spielte und nicht zuletzt das Leid von Millionen vertriebener, geflüchteter und ausgesiedelter Deutscher verursachte, wäre womöglich gut beraten, durch einen letzten Verzicht, den Verzicht auf eine nationalistisch mißbrauchbare und ohnehin verspätete Gedenkstätte jene Idee zu verdeutlichen, die – wenn überhaupt – auch Israelis und Palästinensern nicht Frieden, aber mindestens doch »Nicht Krieg« bescheren könnte: die Einsicht nämlich, daß auch Rechte und Ansprüche ihre Zeit haben und gleichsam verwelken können, ja – mehr noch – daß gerade im Verzicht auf ein Recht eine ganz besondere moralische Erfahrung zu machen ist. »Ergebung«, so schrieb Friedrich Nietzsche in der »Morgenröte«, sei »die bequemste Lage eines Kranken, der sich lange unter Martern herumgeworfen hat, um sie zu finden, der dadurch müde ward – und sie nun auch fand!« (Nietzsche 1988, 300)

Will man diese Haltung als »Resignation« denunzieren oder gar als Ausdruck von Klugheit, ja von Weisheit preisen? Läßt sich beides miteinander verbinden: Aufrichtige, ja schonungslose historische Erinnerung an selbst verursachtes und von anderen erlittenes Unrecht hier und ein Verzicht, ein förmlich ausgesprochener, rechtlich gültiger Verzicht auf womöglich noch bestehende rechtliche Ansprüche dort? Gegen Ende seiner beeindruckenden Autobiographie schrieb der palästinensisch-ägyptische Intellektuelle Edward Saïd, ein US-Bürger, daß ihn der Krieg von 1967 dorthin zurücktrieb, wo alles angefangen hatte, nach Palästina, und ihn dieser Krieg in eine »völlig verwandelte nahöstliche Landschaft« zurückgeführt habe, eine »Erfahrung, die sich aus der unruhigen, weitgehend verborgenen Seite meines früheren Lebens nährte: dem Anti-Autoritarismus, dem Wunsch, ein aufgezwungenes Schweigen zu durchbrechen, vor allem jedoch das Bedürfnis, sich auf eine Art Urzustand alles miteinander Unversöhnlichen zurückzuziehen und dabei eine ungerechte etablierte Ordnung zu zerschlagen und zu verjagen«. (Saïd 2002, 449) Saïd, der bis zu seinem Tod in New York lebte, kam schließlich zu der Einsicht, daß es gar nicht mehr wichtig oder gar wünschenswert sei, am »richtigen« Ort zu sein (etwa zu Hause). »Besser ist es«, so schloß er, »fehl am Platze durch die Welt zu wandeln, kein Haus zu besitzen und sich nirgends allzu sehr zu Hause zu fühlen ...« (Ebd., 450)

So läßt sich sprechen, wenn – wie es bei den inzwischen in Deutschland gut integrierten Vertriebenen der Fall ist, die materiellen Belange ebenso garantiert sind wie persönliche Freiheit. Gleichwohl: auch dort, wo diese Bedingungen noch einzulösen sind, kommt wohl alles darauf an, den »Urzustand alles Unversöhnlichen« sein zu lassen, wo er ist: nämlich in der Vergangenheit.

Verwendete Literatur

Agamben, Giorgio: Homo sacer. Die souveräne Macht und das nackte Leben. Frankfurt a. M. 2003.

Akcam, Taner: Armenien und der Völkermord. Hamburg 2004.

Alvarez, Alex: Governments, Citizens, and Genocide. Bloomington/Indianapolis 2001.

Aly, Götz: »Endlösung«. Völkerverschiebung und der Mord an den europäischen Juden. Frankfurt a. M. 1999 (erstmals erschienen 1985).

Aly, Götz: Theodor Schieder, Werner Conze oder die Vorstufen der physischen Vernichtung. In: Winfried Schulze/Otto Gerhard Oexle (Hrsg.): Deutsche Historiker im Nationalsozialismus, 4. Aufl. Frankfurt a. M. 1999. S. 163–182.

Arendt, Hannah: Elemente und Ursprünge totaler Herrschaft. München 1998.

Arendt, Hannah: Vita activa oder vom tätigen Leben. München 1981.

Baberowski, Jörg: Der Feind ist überall. Stalinismus im Kaukasus. München 2003.

Bartov, Omer: Mirrors of Destruction. War, Genocide and Modern Identity. Oxford, New York 2000.

Beestermöller, Gerhard: Die Völkerbundsidee. Leistungsfähigkeit und Grenzen der Kriegsächtung durch Staatensolidarität. Stuttgart, Berlin, Köln 1995.

Benjamin, Walter: Über den Begriff der Geschichte. In: ders.: Gesammelte Schriften. Bd. I, 2. Frankfurt a. M. 1980.

Benz, Wolfgang: Potsdam 1945. Besatzungsherrschaft und Neuaufbau im Vier-Zonen-Deutschland. München 1986.

Borodziej, Wlodzimierz: Der Warschauer Aufstand 1944. Frankfurt a. M. 2001.

Borodziej, Wlodzimierz (Hrsg.): Deutsch-polnische Beziehungen 1939–1945–1949. Eine Einführung. Osnabrück 2000.

Borodziej, Wlodzimierz: Terror und Politik. Die deutsche Polizei und die polnische Widerstandsbewegung im Generalgouvernement 1939–1944. Mainz 1999.

Bose, Sugata/Jalal, Ayesha: Modern South Asia. London 1997.
Brandes, Detlef: Der Weg zur Vertreibung 1938–1945. Pläne und Entscheidungen zum ›Transfer‹ der Deutschen aus der Tschechoslowakei und aus Polen. München 2001.
Browning, Christopher: Die Entfesselung der »Endlösung«. Nationalsozialistische Judenpolitik 1939–1942. Berlin 2003.
Bund der Vertriebenen: www.bund-der-vertriebenen.de
BM 1984 I= Bundesministerium für Vertriebene, Flüchtlinge und Kriegsgeschädigte (Hrsg.): Dokumentation der Vertreibung der Deutschen aus Ost-Mitteleuropa. I. Die Vertreibung der deutschen Bevölkerung aus den Gebieten östlich der Oder-Neiße. Bände 1–2. München 1984 (Unveränderter Nachdruck der Ausgabe von 1954).
BM 1984 IV= Bundesministerium für Vertriebene, Flüchtlinge und Kriegsgeschädigte (Hrsg.): Dokumentation der Vertreibung der Deutschen aus Ost-Mitteleuropa. IV. Die Vertreibung der deutschen Bevölkerung aus der Tschechoslowakei. Band 1. München 1984 (Unveränderter Nachdruck der Ausgabe von 1957).
BM 1984 V= Bundesministerium für Vertriebene, Flüchtlinge und Kriegsgeschädigte (Hrsg.): Dokumentation der Vertreibung der Deutschen aus Ost-Mitteleuropa. V. Das Schicksal der Deutschen in Jugoslawien. München 1984 (Unveränderter Nachdruck der Ausgabe von 1961).

Dadrian, Vahakn N.: The History of the Armenian Genocide: Ethnic Conflict from the Balkans to Anatolia to the Caucasus. Oxford 2003.
Davies, Norman: Aufstand der Verlorenen. Der Kampf um Warschau 1944. München 2003.
Der Prozeß gegen die Hauptkriegsverbrecher vor dem internationalen Militärgerichtshof. Nürnberg 1947.
Derrida, Jacques: Das Jahrhundert der Vergebung. Verzeihen ohne Macht – unbedingt und jenseits der Souveränität. In: Lettre International (Frühjahr 2000). S. 10–18.
Dimitroff, Georgi: Tagebücher 1933–1943. Berlin 2000.
Dönhoff, Marion Gräfin von: Kindheit in Ostpreußen. Berlin 1998.
Dokumente zur Deutschlandpolitik, hrsg. vom Bundesministerium für innerdeutsche Beziehungen. Reihe I. Bd. 4: Amerikanische Deutschlandpolitik 1. Januar bis 31. Dezember 1942.

Franzen, Günter: Wie die deutsche Linke ihre Geschichte entsorgt. In: Neue Gesellschaft. Frankfurter Hefte, 12/2003, S. 4–9.

Franzen, K. Erik/Lemberg, Hans: Die Vertriebenen. Hitlers letzte Opfer. Berlin 2001.
Freud, Sigmund: Gesammelte Werke, hrsg. von Anna Freud, Edward Bibring und Ernst Kris. Frankfurt a. M. 1999.
Freud, Sigmund: Das Unheimliche. In: ders.: Gesammelte Werke XII. Frankfurt a. M. 1999.
Freud, Sigmund: Totem und Tabu. In: ders.: Gesammelte Werke IX. Frankfurt a. M. 1999.
Freud, Sigmund: Trauer und Melancholie. In: ders:. Gesammelte Werke X. Frankfurt a. M. 1999.
Frisé, Maria: Meine schlesische Familie und ich. Erinnerungen. Berlin 2004.

Genfer Initiative, Zit. nach www.uni-kassel.de/fb10/frieden/regionen/Nahost/genf-deutsch.html
Geries, Sabri/Lobel, Eli: Die Araber in Israel. München 1970.
Giordano, Ralph: Berliner Rede im Französischen Dom. In: Frankfurter Allgemeine Zeitung vom 19. Juli 2003.
Giordano, Ralph: Die zweite Schuld oder von der Last, ein Deutscher zu sein. Hamburg 1987.
Giordano, Ralph: Ostpreußen ade. Reise durch ein melancholisches Land. Köln: 2004.
Glotz, Peter: Die Vertreibung. Böhmen als Lehrstück. München 2003.
Glotz, Peter: Editorial, In: Neue Gesellschaft. Frankfurter Hefte, 12/2003.
Goebbels, Joseph: Die Tagebücher, hrsg. von Elke Fröhlich, Teil I: Aufzeichnungen 1923–1941, Bd. 7: Juli 1939–März 1940. München 1998.
Grass, Günter: Im Krebsgang. Göttingen 2002.
Grass, Günter: Die Blechtrommel. München 1993 (erstmals erschienen 1959).
Grass, Günter: Hundejahre. München 1999 (erstmals erschienen 1963).
Grass, Günter: Unkenrufe. München 1994 (erstmals erschienen 1992).
Greb, Tillmann u. a.: Das Erleben von Krieg, Heimatverlust und Flucht in Kindheit und Jugend bei einem Kollektiv bypass-operierter Herzinfarktpatienten. In: Radebold, Helmut (Hrsg.): Psychosozial 92, Kindheit im II. Weltkrieg und ihre Folgen. Gießen 2003, S. 39–44.

Hein, Christoph: Landnahme. Frankfurt a. M. 2004.
Henke, Klaus-Dietmar, Der Weg nach Potsdam – Die Alliierten und die Vertreibung. In: Benz, Wolfgang (Hrsg.): Die Vertreibung der Deutschen aus dem Osten. Ursachen, Ereignisse Folgen. Frankfurt a. M. 1985. S. 49–69.
Hupka, Herbert: Wichtigtuerei (Leserbrief). In: Frankfurter Allgemeine Zeitung vom 11. August 2004.

Imhof, Michael: Die Vertriebenenverbände in der Bundesrepublik Deutschland. Geschichte, Organisation und gesellschaftliche Bedeutung (Dissertation). Marburg 1975.

Jankelevich, Vladimir: Das Verzeihen. Frankfurt a. M. 2003.
Jaspers, Karl: Die Schuldfrage. Ein Beitrag zur deutschen Frage. Zürich 1946.
Jaworski, Rudolf, Die Sudetendeutschen als Minderheit in der Tschechoslowakei 1918–1938. In: Benz, Wolfgang (Hrsg.): Die Vertreibung der Deutschen aus dem Osten. Ursachen, Ereignisse Folgen. Frankfurt a. M. 1985. S. 29–38.
Jerouschek, Günter: Vertreibungsschicksale in Psychoanalysen. In: Radebold, Helmut (Hrsg.): Psychosozial 92, Kindheit im II. Weltkrieg und ihre Folgen. Gießen 2003, S. 45–50.
Judt, Tony: Israel – The Alternative. In: New York Review of Books. 50 (16). 2003.

Kiernan, Ben: The Pol Pot Regime. Race. Power and Genocide in Cambodia under the Khmer Rouge 1975–1979. New Haven, London 2002.
Kieser, Hans-Lukas/Dominik J. Schaller u. a. (Hrsg.): Der Völkermord an den Armeniern und die Shoah. Zürich 2002.
Kloke, Martin W.: Israel und die deutsche Linke. Zur Geschichte eines schwierigen Verhältnisses. 2. Aufl. Frankfurt a. M. 1994.
Kohut, Karl (Hrsg.): Der eroberte Kontinent. Historische Realität, Rechtfertigung und literarische Darstellung der Kolonisation Amerikas. Frankfurt a. M. 1991.
Kotek, Joel/Rogoulot, Pierre: Das Jahrhundert der Lager. Gefangenschaft, Zwangsarbeit, Vernichtung. Berlin 2001.
Krockow, Christian Graf von: Begegnung mit Ostpreußen. München 1993.

Lehndorff, Hans Graf von: Ostpreußisches Tagebuch. Aufzeichnungen eines Arztes aus den Jahren 1945–1947. München 1961.

Lemkin, Raphäel: Axis Rule in Occupied Europe: Laws of Occupation, Analysis of Government. Proposals for Redress. Carnegie Endowment for International Peace. Washington/D.C. 1944.

Levi, Primo: Ist das ein Mensch? Die Atempause. München 1991.

Lübbe, Hermann: »Ich entschuldige mich«. Das neue politische Bußritual. Berlin 2003.

Mazurski, Okręg: W raportach Jakuba prawina. Wybór dokumentów 1945 r. Olsztyn 1996.

Meri, Lennart: www.swg-hamburg.de (Staats- und Wirtschaftspolitische Gesellschaft e. V. Hamburg).

Mitscherlich, Alexander/Mitscherlich, Margarete: Die Unfähigkeit zu trauern. Grundlagen kollektiven Verhaltens. München 1968.

Morris, Benny: The Birth of the Palestinian Refugee Problem, 1947–1949. Cambridge 1987.

Morris, Benny: Victimes. Histoire revisitée du conflit arabo-sioniste, Editions complexe, Paris 2003.

Naimark, Norman M.: Flammender Haß. Ethnische Säuberung im 20. Jahrhundert. München 2004.

Nietzsche, Friedrich: Morgenröte. In: ders.: Sämtliche Werke. Kritische Studienausgabe in 15 Einzelbänden, Bd. 3: Morgenröte. Idyllen aus Messina u. a. München 1988.

Nußbaum, Martha: The upheaval of thought. The intelligence of emotions. Cambridge 2003.

Ohandjanian, Artem: Armenien. Der verschwiegene Völkermord. Wien 1989

Özdemir, Cem. Interview. In: Frankfurter Allgemeine Zeitung vom 5. April 2001.

Pohl, Dieter: Verfolgung und Massenmord in der NS-Zeit 1933–1945. Darmstadt 2003.

Rexin, Manfred/Gerhard Schoenberner (Hrsg.): Die unheilige Allianz. Stalins Briefwechsel mit Churchill 1941–1945. Reinbek bei Hamburg 1964.

Ricœur, Paul: Das Rätsel der Vergangenheit. Erinnern – Vergessen – Verzeihen. Göttingen 1998.

Ricœur, Paul: Symbolik des Bösen, Phänomenologie der Schuld. Freiburg 2002.

Ross, G. (Ed.): The Foreign Office and the Kremlin. British Documents on Anglo-Soviet Relations 1941–1945. Cambridge 1984.
Rummel, Rudolph: Demozid – der befohlene Tod. Massenmorde im 20. Jahrhundert. Münster 2003.
Rüsen, Jörn: Trauer als historische Kategorie. In: H. Loewy (Hrsg.): Erlebnis – Gedächtnis – Sinn, Frankfurt a. M. 1996, S. 57–78.

Saïd, Edward W.: Am falschen Ort. Autobiographie. Berlin 2002.
Schabas, William A.: Genozid im Völkerrecht. Hamburg 2003.
Schäfer, Barbara (Hrsg.): Historikerstreit in Israel. Die ›neuen‹ Historiker zwischen Wissenschaft und Öffentlichkeit. Frankfurt a. M. 2000.
Schmidt, Arno: Die Umsiedler. In: Arno Schmidt Werke (Bargfelder Ausgabe). Bd I/1: Romane, Erzählungen, Gedichte, Juvenilia. Zürich 1987 (erstmals erschienen 1966).
Scholz, Hans: Am grünen Strand der Spree. So gut wie ein Roman. Hamburg 1955.
Schwan, Gesine: Politik und Schuld. Die zerstörerische Macht des Schweigens. Frankfurt a. M. 1997.
Shavit, Yaacov: Jabotinsky and the Revisionist Movement 1925–1948. London 1988.
Shaw, Martin: War & Genocide. Cambridge 2003.
Simpson, William von: Die Barrings, Gütersloh. o. J.
Sofsky, Wolfgang: Traktat über die Gewalt. Frankfurt a. M. 1996.
Sofsky, Wolfgang: Zeiten des Schreckens. Amok. Terror. Krieg. Frankfurt a. M. 2002.
Sontag, Susan: Das Leiden anderer betrachten. München 2003.
Später, Erich: Gez. NSDAP, SA und SS. In: konkret 04/2004.
Steinbach, Erika: Ein kaltes Herz bleibt gegen jedermann kalt. In: Frankfurter Allgemeine Zeitung vom 3. Oktober 2004.
Stein, Bertram von der: Charakteristische Abwehrformen bei Kindern von Flüchtlingen aus den ehemaligen Ostgebieten. In: Radebold, Helmut (Hrsg.): Psychosozial 92, Kindheit im II. Weltkrieg und ihre Folgen. Gießen 2003, S. 67–72.
Stiftung »Zentrum gegen Vertreibungen«: www.zentrum-gegen-vertreibungen.de
Sykes, Gresham/Matza, David: Techniques of Neutralization: A Theory of Delinquency. American Sociological Review. 22 (6). 1957, S. 664–670.

Taylor, Telford: Die Nürnberger Prozesse. Zürich 1951.
Timm, Uwe: Am Beispiel meines Bruders. Köln 2003.

Urban, Thomas: Die Vertreibung der Deutschen und Polen im 20. Jahrhundert. München 2004.

Wackwitz, Stephan: Ein unsichtbares Land. Frankfurt a. M. 2003.

Walser, Martin, Händedruck mit Gespenstern. In: Habermas, Jürgen (Hrsg.): Stichworte zur »Geistigen Situation der Zeit«, 1. Bd. Nation und Republik. Frankfurt a. M. 1979, S. 39–50.

Walser, Martin: Rede des Preisträgers Martin Walser vom 11. Oktober 1998. In: Börsenverein des deutschen Buchhandels, Frankfurt a. M. 1998.

Weitz, Eric D.: A Century of Genocide. Utopias of Race and Nation. Princeton 2003.

Werfel, Franz: Die vierzig Tage des Musa Dagh. Frankfurt a. M. 1953.

Werfel, Franz: Das Geschenk der Tschechen an Europa. In: ders.: Zwischen oben und unten. Prosa, Tagebücher, Aphorismen, Literarische Nachträge, hrsg. von Adolf D. Klamann. München, Wien 1975.

Zayas, Alfred M. de: Die Angloamerikaner und die Vertreibung der Deutschen. 8. Aufl. München 1996.

Über den Autor

Micha Brumlik, geboren 1947, Studium der Philosophie, Pädagogik, Soziologie und Psychologie in Jerusalem und Frankfurt am Main, 1977 Promotion im Fach Philosophie in Frankfurt, 1996/97 Fellow am Kulturwissenschaftlichen Institut des Landes Nordrhein-Westfalen in Essen, seit 2000 Professur für Theorien der Bildung und Erziehung an der Universität Frankfurt, Ernennung zum Direktor des Fritz Bauer Instituts – Studien- und Dokumentationszentrum zur Geschichte des Holocaust und seiner Wirkung. Forschung und Publikation auf den Gebieten moralischer Sozialisation, der Erziehungs- und Bildungsphilosophie, der jüdischen Kultur- und Religionsphilosophie.

Veröffentlichungen u. a.:

Weltrisiko Naher Osten, Hamburg 1991;
Advokatorische Ethik – Zur Legitimation pädagogischer Eingriffe, Bielefeld 1992;
C. G. Jung zur Einführung, Hamburg 1993;
Gerechtigkeit zwischen den Generationen, Berlin 1995;
Kein Weg als Deutscher und Jude, Berlin 2000 ;
Deutscher Geist und Judenhaß, München 2000;
Die Gnostiker, Berlin 2000 (3. Auflage);
Vernunft und Offenbarung, Berlin 2001;
Bildung und Glück. Versuch einer Theorie der Tugenden, Berlin 2002;
Aus Katastrophen lernen, Berlin 2004